까칠한 남자의 횡설수설

| 이승건 수필집 1 |

새문화출판사

지은이

이 승 건

- 1978. 2　부산대학교 공과대학 졸업
- 1980. 6　ROTC 기갑 장교 전역
- 1980. 10　부산문화방송 입사
- 1985. 2　부산대학교 교육대학원음악교육과 졸업
  음악교육학 석사학위 취득
  중등 2급 음악 정교사 자격증 취득
- 1989. 5. 10　제11회 MBC 계열사 라디오 작품 경연대회
  우수 작품상 수상
  (작품명: 우리의 장단! 그 현대화를 위한 첫걸음)
- 1990. 12. 1　제12회 지방 MBC 라디오 작품 경연대회
  동상 수상 (작품명: 오선 위에 우리의 숨결을)
- 1992. 5. 2　경찰청장 감사장 수상
- 1994. 9. 7　대통령 표창 수상 (교통안전 공로상)
- 2012. 6. 30　부산문화방송 프로그램 제작 PD 정년 퇴임
- 2018. 5. 20　잡문집 1권 까칠한 남자의 부드러운 이야기 발간
- 2019. 4. 14　잡문집 2권 까칠한 남자의 진솔한 이야기 발간
- 2019. 8. 30　잡문집 3권 까칠한 남자의 할매 할배 이야기 발간
- 2020. 9. 22　수필집 1권 까칠한 남자의 횡설수설 발간

까칠한 남자의 횡설수설

| 이승건 수필집 1 |

새문화출판사

여는 글

(내 인생의 샾을 위해 …)

잡문집 1권『까칠한 남자의 부드러운 이야기』에 이어,
2권『까칠한 남자의 진솔한 이야기』
그리고 3권『까칠한 남자의 할매, 할배 이야기를』 출간했다.
2018년에 첫 출판을 한 후 2여년 만에 4번째 책,
수필집『까칠한 남자의 횡・설・수・설』이 나온다.
성악가가 자신이 낼 수 있는 고음에서 한 음정을 높이는 데는,
수년간의 발성 연습을 해야 가능하다.
창을 하는 국악인도 득음하기 위해선,
목에서 피를 토하는 훈련이 없이는 불가능할 것이다.
삶이란 이렇듯 쉬운 게 하나도 없다.
글도 쓸수록 어렵다는 것을 느낀다.
내 인생의 샾(#)을 위해 책을 내긴 하지만,
발간이 거듭될수록 어려움도 배가된다.
그동안 쓰잘데기 없는 글을 읽어준 모든 분들께,
먼저 감사의 말씀을 드린다.

수필집『까칠한 남자의 횡 · 설 · 수 · 설』도 헛소리 일변도의 글이다.
일기를 쓰듯 매일 한편씩 써 왔다.
전에 발간한 책보다 한 단계 업그레이드된 내용이어야 하는데,
그렇지 못한 것 같아 안타깝다.
하지만 진흙 속에서도 예쁘게 피는, 연꽃 같은 글을 쓰려고 했다.
잠꼬대 같은 얘기 속에 웃음도 있고, 슬픔도 함께 하는 …
때로는 감동도 주고, 또 다른 한편으론 삶을 되돌아 볼 수 있는,
그런 글을 희망했다.
볼품없는 글이지만 끝까지 읽어 준다면, 더 없는 영광으로
여길 것이다.
모든 분들이 행복하길 바라며 …
인사드린다.

2020년 7월의 마지막 날에

恒初 이 승 건 올림

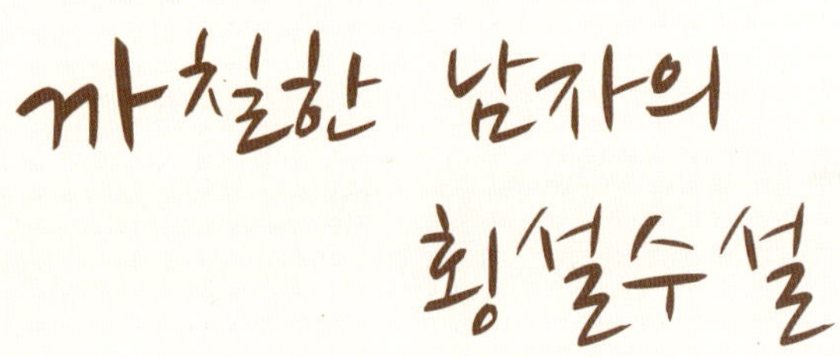

님께

사랑하고 존경하는 분에게
마음을 담아 이 글을 드립니다

목 차

橫, 들꽃 이야기

說, 바닷가에서

竪, 예쁜 단풍처럼

說, 벌거벗은 나목

들꽃 이야기

이제 철지난 도다리야! 묻지 마!

(진즉에 임플란트만 했어도 …)

나이 들어 어떻게 살아야할 것인지.

한번 생각해 보는 기회를 갖고자 한다.

먼저 사례를 들어 본다.

개와 이빨 빠진 호랑이가 한판 붙는다.

상상도 못할 일이라고 호랑이는 생각하지만,

개는 이빨 빠진 넘이라고 무시한다.

호랑이는 왕년을 생각하며, 개를 용서하지 않는다.

그런데 싸움이 예전 같지 않다.

한주먹도 되지 않는 넘한테 당하고 만다.

결과가 어떻게 됐나요?

진즉에 임플란트만 했으면 이렇게 지지 않았을 것이라고 말하며,

의식을 잃었다고 한다.

앰블런스에 실려 갔는데 전치 3주가 나왔다는 얘기도 있고

죽었다는 말도 들리던데, 자세히는 모르겠단다.

틀니로 투견을 상대해? 그건 착각이지.

이게 노인의 모습이 아닐까? 싶다.

그런데 아직까지 그 옛날을 잊지 못하고 있는 분들이 많다.
왕년에를 얘기하며 …
반상이 엄격하던 시절! 조선시대쯤 일 것 같다.
양반 둘이 김씨네 푸줏간을 찾는다.
한 양반은 어이 백정, 소고기 한 근 대령해!
이렇게 이야기를 한다.
다른 양반은 이보게 김씨, 나도 한 근 주시게.
이렇게 말하며 기다린다.
백정은 말없이 한근을 달아, 먼저 주문한 양반에게 던진다.
다른 양반에게는"어르신 여기 있습니다"라고
공손히 말하며, 육질 좋은 고기를 건넨다.
먼저 양반이 왜 고기가 다르냐며 화를 내자,
백정은 이렇게 맞받아친다.
그쪽은 백정이 자른 것이고, 이쪽은 김씨가 자른 것이라
그렇습니다.
인터넷에 올라와 있는 얘기를 베꼈다.
상대를 존중하는 말은 듣는 이의 마음을 움직이고,
세상을 훈훈하게 한다는 뜻이다.
입은 화를 불러들이는 빨대다.
그래서 많이 듣고, 적게 말하라고 했다.
교만이 섞인 말투는, 설득력이 없다.
아무리 옳은 말을 해도, 누구도 들으려 하지 않는다.
얘기의 내용보다 반감이 앞서기 때문이다.

백정한테 무시당하는 첫 번째 양반처럼,
그런 꼴을 당하게 되지 않을까?
교만은 겸손을 이길 수 없다.
칼잡이한테 대나무와 풀밭에 가서 이것들을 벤다면,
둘 중 어느 것을 쉽게 제거할 것 같은가?
이렇게 물을 때 뭐라고 하겠나?
빳빳이 들고 있는 것을 치기가 쉬울 것이다.
같은 이치가 아니겠나?
조선시대 갖바치는 천민이다.
짐승의 가죽으로 신을 만드는, 요즘으로 치면 구두 제작자이다.
드라마를 보면 갖바치가 도인으로, 또 정신적 스승으로
나오는 것을 볼 수 있다.
양반이 그의 목소리에 귀를 기울인다.
상것들은 말을 많이 하는데 비해,
양반은 남의 말을 먼저 경청하거든. 양쪽 귀로 …
그래서 양반이라고 하나?
돈 있다고 갑질하고, 권력을 가졌다고 함부로 말하는 사람들이 많다.
조선시대의 양반에게 배웠으면 좋겠다.
다시 이야기를 본론으로 옮긴다.
진행을 위해 살아가는 방식이 다른, 두 노인을 등장시킨다.
한 노인은 편견과 아집 그리고 교만으로 똘똘 뭉친 분이다.
그래서 편 노인으로 지칭하겠다.
다른 노인은 남을 배려하고 후배들을 존중하며,

충고도 예쁘게 잘 하는 배움이 있는 어르신이다.
그래서 배 노인으로 표현한다.
우리 사회엔 앞서 말했던 이빨 빠진 호랑이 같은 사람!
교만과 편견에 사로잡혀 있는 편 노인 같은 분이 많다.
그런가 하면 백정의 얘기도 존중하고, 들어주는 배 노인 같은 분도 계신다.
물론 편 노인도 존중한다.
그분을 지탱하고 지금까지 있게 한 것이,
편견과 아집 그리고 교만이었기 때문이다.
그러나 그분의 얘기는 별로 하고 싶지 않다.
편 노인에 박수치고, 따르는 사람이 없기 때문이다.
그런 사람 얘기는 들어 봐야, 도움이 되지 않는다.
엊그제 황혼이혼 방지법이란 주제로,
KBS 심야토론에서 방송을 했다고 한다.
전부를 소개할 수는 없고, 몇 가지만 얘기할까? 한다.
부부가 함께 하는 시간을 줄여라.
그래야 의견 충돌로 다툴 일이 적어진다.
서로가 하는 일에 간섭을 하지 마라.
그리고 같은 취미를 가지지 말아 라고 한다.
아내는 등산가고, 남편은 골프 치러 가는 것이 좋다는 것이다.
서로 가급적 만나지 말라는 얘기다.
그리고 식사는 각자 알아서 챙겨 먹어라.
대충 이런 결론에 도달했다고 하는 데,

황혼 이혼은 방지할 수 있을지는 몰라도, 이게 옳은 삶일까?
그건 그렇고 사회생활을 하다 보면, 인간으로 인한 스트레스가
대부분이다.
그 인간 때문에 짜증 폭발이라며, 가슴 치는 사람을
가끔 볼 수 있다.
하지만 우리 집 개 때문에, 스트레스 받아 죽겠다고 말하는
사람을 보았는가?
부부 사이도 가까이 하지 않는 것이 좋다고 하는 데,
그렇게 까지 하면서 가정생활이나 사회생활을 어떻게 하나? 고민이다.
현명하게 대처할 방법이 없을 지 …
세상을 예쁘게 살고 있는 배 노인을 만나,
소주 한잔하며 얘기를 나눠 본다.
세 가지만 말하겠다며, 해탈하라고 한다.
해탈은 어떤 일이 생겨도 구애받지 않는 것을 말한다며,
해탈의 내공을 쌓으라는 얘기이다.
그러려면 절에 가서 도道부터 닦아야겠네.
108배도 하고 … ㅋㅋ
그리고 가르치려 하지 마라.
요즘 젊은이는 우리 보다 더 많이 공부했다.
교만이 가득 차서인지 어른의 말을 들으려 하지 않는다며,
훈시성 발언은 금기라고 한다.
그리고 마지막으로 스트레스는 피해야 할 대상이지,
싸울 상대가 아니라고 말한다.

앞서 말한 호랑이처럼, 싸우려고 하면 안 된다는 말도 던진다.
그러면서 이제 나이가 드니, 이런 질문을 받는 것도
스트레스로 다가 온다며, 얘기를 그만하자고 한다.
그렇게 해 술자리를 파하고 일어섰다.
헤어지면서 한마디 던지고 간다.
무슨 말을?

•

•

•

•

이제 철지난 도다리야! 묻지 마!
마지막으로 던진 한마디가 노년을 어떻게 살아야 할 것인지,
여기에 대한 정답이 아닐까?

20여년 넘게 간병인으로 …

(천사가 재림했다며 아내를 예뻐했다)

30여년 전 나는 그를 만났다.

집안이 몰락하고 가족들은 뿔뿔이 흩어져, 살길을 찾아 나섰다.

집은 차압당했고 먹고 살길이 막막했던 부모님은,

우리를 두고 사라졌다.

그때의 나이가 28청춘, 16세 때이다.

아는 아주머니의 도움으로 식당에서 먹고, 자며 일할 수 있는 곳을

소개받아 생활했다.

그것도 잠시 IMF로 식당은 문을 닫게 됐고,

어떻게 살아야 할 지 막막했다.

경제력은 없어도 옆에 부모님이라도 계셨으면,

그때의 좌절감은 느끼지 않았을 것이다.

나중에 알았지만 부모님은 사라진 게 아니라,

사기로 구속이 됐던 것이다. 경제 사범이다.

엄마, 아빠를 많이 원망했다.

그녀가 기댈 곳은 하느님 말고는, 어디에도 없다.

삶의 고통을 주일날 성당에 나가서 잊는 게 전부다.
자식을 버리고 어찌 갈 수 있나?
하지만 부모님은 어쩔 수 없는 일을 당했고,
자식에게 알릴 시간적 여유가 없었던 것이다.
얘기를 앞으로 돌려, 식당이 망하고 문고리가 잠길 때!
그녀의 인생도 기댈 언덕이 없어졌다.
이때 도움을 준 사람이, 지금의 남편이다.
남편은 그 당시 내가 다니던 성당의 교우라고 한다.
그는 갈 곳이 없어 한숨만 쉬고 있는 내게,
여인숙에서 하룻밤을 묵도록 했다.
그러고는 앞으로의 일을 생각해 보자고 말한다.
먹지 못하고 굶고 있는 내게, 구멍가게에서 빵까지 사 온다.
그는 마음이 순수한 남자다.
슬픈 일을 보기만 해도, 눈물부터 먼저 흘린다.
그 후 하늘과 제일 가까운 달동네의 조그만 방 한 칸을 얻어
달세로 살며, 하루 2끼를 라면으로 때웠다.
오빠의 소개로, 조그마한 편물점의 보조로 들어간다.
고등학교를 중퇴하고, 먹고 살기 위해 닥치는 대로 일을 했다.
편물 뿐 아니라 식당에서 설거지도 하며,
양장점에서 옷 짓는 기술도 배운다.
검정고시로 고등학교 학력을 갖게 된 것도, 오빠의 배려 덕분이다.
부모님은 연락이 없다.
물론 내 거주지가 확실하지 않기 때문이기도 하다.

하지만 출소 후 아파트 경비 일을 하고 있다는 소문이다.
그렇게 해 많은 세월이 흘렀다.
오빠는 내가 그저 불쌍하고 어렵게 살기 때문에,
도와준 것으로 생각했다.
그런데 나를 여자로 보고 있었던 것이다.
우리 함께 결혼해서 살면 어떻겠느냐?
이런 말을 내게 던진다.
남편도 어렵게 살았다고 한다.
일찍이 부모님을 여의고 삼촌댁에서 얹혀 살다가 독립을 했다며,
부모님을 만날 수 있다면 낳아준 부모 이상으로 효도를 하겠다나?
그리고 나만 허락한다면 백방으로 수소문해서,
부모님을 찾겠다고 한다.
난 그날의 환희를 잊을 수가 없다.
말을 하지 않았지만 오빠를 무척 좋아했고,
어느 순간 넘지 말아야 할 사랑의 감정도 느끼고 있었다.
거기에 부모님까지 찾겠다니 …
이 보다 더한 로또가 어디 있겠나?
난 그의 요구를 눈물로 대신했다.
그렇게 해 부모님은 물론이고 하객도 주례도 없는
결혼을 둘이서 했다.
양가 부모님은 빛바랜 흑백 사진이 대신했고, 라면 한 그릇과
소주 한 병으로 축배의 잔을 들며 그들의 밤은 깊어가고 있었다.
그는 장인의 사진을 자세히 본다.

물론 그 후에 아버지도 찾았다.
남편이 전국(?)의 아파트 단지 경비실을 돌고 돌아,
거기서 일하고 있는 아버지를 만난다.
집념이 대단한 남자다.
전국의 아파트가 몇 채나 될까?
찾을 길은 없고 배는 고프고 해서,
포기하고 집으로 발걸음을 돌린다.
욕심을 버리고 내려놓으면, 심 봉사가 눈을 뜨고
헬렌 켈러가 듣고 말을 한다고 성경(?)에 나와 있던가?
반야심경(?)에 쓰여 있다고 했던가?
혹시나 싶어 그들 부부가 살고 있는 뒷동을 탐문하다가,
낯익은 얼굴을 본다. 등잔 밑이 어둡다는 말이 있다.
그런데 이게 웬일일까?
거기서 당당하게 서 있는, 아버지를 발견한다. 사기꾼도 아니요.
대한민국의 남아로 푸른 제복에 이파리 두개를 달고 …
이를 줄 알았으면 집 주변부터 찾아보는 것인데,
후회가 몰려온다.
더운 날씨에 걷고 뛰지 않으며, 살랑살랑 부채를 흔들며
슬리퍼 끌고 찾아도 되는데 …
물론 아버지도 어렵게 산다.
경비원 월급이 얼마나 되겠나?
그 돈으로 아내 간병하고 먹고 살려면, 하루 2끼 이상 먹기는
힘들어 보인다.

형편만 되면 도와 드리고 싶다.

엄마는 구속될 때의 충격으로, 풍을 맞아 고생을 많이 했다고 한다.

3년 정도 야채인가! 아니 식물인간으로 살다가,

생을 마감했다며 아버지는 눈물을 훔친다.

다 내가 잘못해서 그래 …

내가 죽일 넘이야.

이 부부의 얘기로 넘어간다.

그들은 순수한 사랑을 했다.

서로가 서로를 위하는 그야말로 아내는 남편에게,

남편은 아내에게 충견忠犬 노릇을 한다.

그렇게 해 행복이 모두 그들의 것 인양 살았다.

하느님도 이 부부의 사랑을 시기, 질투했나?

어찌 이런 형벌을 … 결혼생활 10여년 쯤 됐을 때!

남편이 쓰러진다. 뇌출혈이다.

그것도 유전이라고 하던데 …

엄마가 그 병으로 저 세상으로 갔다고 하지 않았소?

그 엄마하고, 이 엄마는 다른가? 헷갈리네.

하느님이 미워진다.

그녀는 20년 넘게 남편을 보살폈다.

이제 간병인으로 아내의 지위는 추락한다.

그녀는 미사 보를 쓰고 하느님 앞에서, 불쌍한 영혼을

구해달라고 간절히 기도한다.

옛날에 남편은 미사 보를 쓰고 있는 아내의 모습을 보고,

천사가 재림했다며 예뻐했다.
주님의 기적이 이 집에 찾아온 것일까?
몇년 전부터 조금씩 나아지기 시작해, 지금은 불편하지만
지팡이를 짚고 걸을 수 있을 정도다.
젊음을 한 남자에게 송두리째 바치고 사는 그녀의 모습에,
많은 친지들이 훌륭한 삶을 살았노 라고 격려한다.
또 한편으로는 불쌍하다는 표정도 짓는다.
그러고는 자식들은 없느냐고 물으며 표정을 바꾼다.
자식도 있고 남편도 있으며, 없는 게 없는 부자라고 말한다.
그리고 그녀는 그들에게 한마디 던진다.

•

•

•

•

난 그래도 행복해!
시련이 없는 행복은, 가짜 행복이다.
그녀를 두고 하는 말이 아닐까?
가진 만큼 만족하는 삶!
오래토록 남편과 함께 행복하길, 하느님께 빌어 본다.

가난한 나라에 태어난 죄밖에 없다!

(헤어짐을 슬퍼할 겨를도 없이 …)

이 글은 "아빠 찾아 삼만리"란, TV 프로그램을 보고 쓴 글이다.
우리도 이런 시절이 있었다.
독일 광부와 간호사가 그렇고, 열사의 나라 중동에서
건설 노동자로 일했던 시절도 마찬가지다.
지금 우리나라에 와서 일하는, 그분들과 같은 어려움을 겪었기에
더 공감이 가는 얘기다.
우리의 후손들이 기억했으면 좋겠다.
그러면 그의 얘기로 가 본다.
그는 가족을 뒤로하고, 비행기에 몸을 싣고 있다.
머릿속엔 헤어짐을 슬퍼할 겨를도 없이,
가족에 대한 책임감으로 가득 차 있다.
어쩌면 그런 감정도 그에겐 사치스러울 것이다.
30대 중반인 그는 누나 2명이 있고, 막내이자 장손으로 태어났다.
부모님 모시고 두 딸과 함께, 캄보디아에서 그동안 살았다.
몸이 불편한 아버지를 위해 운동도 함께 하며,

지극 정성으로 간호하는 효자 중의 효자였다.
뿐만 아니라 모스크에 열심히 다니며,
봉사 활동도 많이 하는 착한 친구다.
그런 그가 지금 기약 없는 외출(?)을 왜 하는 것일까?
그는 고등학교 역사 교사로 그동안 일해 왔다.
동료 교사인 아내를 만나 가정을 꾸렸고,
그 결과 딸 둘을 얻었다.
유치원에 다니는 첫 딸은, 의사가 되고 싶단다.
둘째는 아직 핏덩이로, 태어난 지 백일도 채 되지 않는다.
그는 하늘을 날면서, 두 딸에 대한 예쁜 추억들을
하나씩 둘씩 끄집어낸다.
퇴근하고 귀가하면 장난감을 가지고 노는 딸을 볼 수 있다.
아빠를 보면 달려와 안기면서, 체온계를 귀에 댄다.
아빠! 열이 39도야.
그러고는 청진기를 가슴에 대며 자궁암이라고 한다.
빨리 치료 받지 않으면 죽어!
이러면서 슬피 우는 모습을 한다.
그리고 엄마도 이리 와 봐. 내가 검사해줄게.
엄마는 전립선이 부었어. 오줌이 잘 나오지 않지?
이렇게 얘기한다.
어디서 듣긴 들었는데 … 혼돈이 온 모양이다. 귀여운 녀석!
이러면 의사 못 되는데, 큰일 났다.
이 뿐이랴. 할아보지에겐, 보지가 아니라 버지에겐 …

큰딸 아이가 평소 할아버지를 할아보찌! 할아보찌!
이렇게 부른다. 그래서 나도 헷갈렸다. ㅋㅋ
당신도 그렇다 고요?
딸레미가 한국 아이인지, 캄보디아 아이인지 …
그리고 할아버지! 젖이 왜 그래 축 쳐졌어.
그러면서 엄마 젖 같다고 해, 시아버지와 며느리를 민망케 한다.
사랑스런 우리 딸!
둘째는 말은 못해도, 몸으로 의사 표현을 한다.
까꿍 하면 답을 한다.
방긋방긋 웃는 모습이 너무 귀엽다.
캄보디아에서의 행복한 생활! 학생들 가르치고 집에 오면
이런 즐거움이, 보너스로 기다리고 있다.
그는 아이들과의 추억을 생각하며, 한없이 슬퍼한다.
왜, 헤어져야하나? 함께 있고 싶은데 …
그에게 죄가 있다면, 가난한 나라에 태어난 죄밖에 없다.
그는 돈벌이를 위해 한국행을 선택했다.
고국에서 부부가 맞벌이 교사라면, 크게 어려움이 없을
것으로 보인다.
또 교사라면 지식인으로, 존경 받고 살 수 있을 것이다.
그런데도 그는 미지의 세계에 몸을 던지고 있다.
그에겐 지식인이나 존경!
이런 사치스런 말보다, 돈이 우선이다.
아버지가 몸이 불편해 경제력을 상실했고,

또한 약값도 만만치 않게 드는 형편이다.
몇년 전에 가벼운 중풍이 아버지를 덮쳤기 때문이다.
여기에 큰 딸까지 간이 좋지 않아, 병원비가 많이 지출된다.
고민 끝에 내린 결론이, 돈을 많이 벌 수 있는 곳으로 가서
일을 해야겠다는 것이다.
캄보디아에서 교사 월급을 우리 돈으로 환산하면
15만 원 정도이다.
한국에서는 그 돈의 10배는 준다고 하던데,
거기에 초과 근무까지 하면 한 달만 일해도 캄보디아에서
일 년 일하는 것과 같지 않는가?
그는 손가락으로 세어 본다.
빨리 돈을 벌어 집에 보내줘야지.
그러면 아내도 좋아할 것이야.
젊어서는 고생을 사서도 한다는데,
난 이렇게 많은 돈을 받고 있잖아.
눈을 감고 이런 저런 생각에 잠겨 있는데,
비행기가 인천 공항에 착륙할 것이란 스튜어디스의
안내 멘트가 나온다.
그렇게 해 그는 가족의 미래와 함께 할 축복의 나라!
한국에 온 것이다.
그런데 어떻게 말도 통하지 않고, 일자리도 보장되어
있지도 않은 곳으로 가려고 마음을 먹었을까?
아무리 사람이 많이 살아도 말과 글을 모른다면,

무인도에 가 있는 것과 다를 바가 없을 것인데 …

나는 못 갈 것 같다.

속된 표현으로 차라리 적게 먹고, 적게 싸는 편을 택했을 것이다.

소도 비빌 언덕이 있어야 비빈다는 말도 있지 않는가?

그렇다.

그에겐 비빌 언덕이 하나 있었다.

몇년 전 동료 교사가 사표를 내고 한국행을 택해,

여기서 일하고 있다.

그는 그를 만났고, 지금 7년째 함께 일하고 있다.

물론 그동안 한 번도 고향 집을 다녀오지 못했다.

부모 형제 그리고 처자식이 얼마나 보고 싶었을까?

아버지, 어머니는 괜찮을까?

모처럼 화상 통화라도 되면, 아버지는 빨리 죽어야

너희들에게 짐이 되지 않을 것이란 말을 어눌하게 한다.

70대 초반의 아버지가 너무 가엾다.

그리고 아내와 자식들은 잘 지내고 있는지 … 궁금하다.

또 귀염둥이 큰딸의 애교도 느끼고 싶다.

하지만 그는 스마트 폰! 화상 통화로 만족할 수밖에 없다.

선물이라도 사서 한번 다녀오려면, 그 비용이 만만치가 않다.

그는 먹고 싶은 빵도, 커피도 사먹지 않는다.

자기 나라 돈으로 환산하면, 너무 큰 액수이기 때문이다.

거주도 공장 기숙사에서 밥도 구내 식당에서 먹으며,

하루에 13시간 이상을 일한다.

서서 하는 일이라 다리도, 허리도 아프지 않은 곳이 없다.
그래도 젊음 하나로 버티며, 기껏해야 파스 한 장 붙이는 정도다.
병원비도 아깝기 때문이다.
첫 딸이 빨리 커야할 텐데.
그땐 진짜 청진기를 들고, 치료를 해 줄 것이기 때문이다.
그는 아이들 생각만 해도, 또 얘기만 들어도 눈물을 흘린다.
얼마나 보고 싶으며, 안고 싶을까?
아빠가 마시는 술잔엔 눈물이 절반이다.
그를 두고 하는 말이 아닐까? 싶다.
그런데도 그는 한국어 공부를 열심히 한다.
한국어 시험에 합격하면, 여기서 1~2년 더 일할 수 있기 때문이다.
아직까지 스마트폰으로 하는 화상통화가
그런대로 효험(?)이 있나?
굴비 한번 쳐다보고, 밥 한 순갈 입에 넣는 것과
무엇이 다르겠나?
가족에 대한 그리움은 또 접기로 한다.
그렇지만 그는 그렇게 해 저 푸른 초원 위에 그림 같은
집을 지으려고, 오늘도 열심히 일하고 있다.
뿐만 아니라 고국에 돌아가면, 역사 선생님이 아닌
한국어 강사로 일하고 싶다고 한다.
역사! 그것을 왜 가르쳐!
왜곡하면 하루 아침에 충신이 역적으로
그리고 역적이 충신으로 바뀌는데 …

그렇다고 돈이 되나?

한국어 강사가 훨씬 낫지. ㅋㅋ

•

•

•

•

가족을 그리는 이 친구뿐만 아니라, 외국인 노동자 여러분!

모두가 힘내시기를 바래본다.

돼지 수육에 소주 한잔 사고 싶은데, 먹으려나? ㅋㅋ

엄마가 딸에게

(나보다 더 나를 사랑한 님/ 엄마!)

하루가 너무 빨리 지나간다.
나이 드신 분들의 시계엔, 모터가 달린 게 아닐까? 싶다.
이렇게 얘기를 하자, 옆에서 듣고 계신 분이
밥 3그릇만 먹으면 하루가 지나는데 빠르지, 안 빨라?
그래서 난 매일 술 까지 마시며 세월을 끌어안아 보지만,
그 넘은 끄덕도 않는다. 정말 매정한 넘이다.
가수 양희은과 수현이 부른 "엄마가 딸에게" 란 노래가 있다.
이곡의 첫머리에 나오는 가사가,
난 잠시 눈을 붙인 줄만 알았는데 벌써 늙어 있었고,
넌 항상 어린 아이일 줄만 알았는데, 벌써 어른이 다 되었고 …
이렇게 노래하고 있다.
나만 그런 게 아니고, 나이 드신 분들은 다 그렇게 느끼는 것 같다.
양희은씨도 1952년산이니, 우리 나이로 69살이다.
그 다음 가사는 또 이렇다.
난 삶에 대해 아직도 잘 모르기에 너에게 해 줄 말이 없지만,

네가 좀 더 행복해지기를 원하는 마음에,
내 가슴 속을 뒤져 할 말을 찾지.
자식이 아프면 대신 아파주고 싶은 게, 부모의 심정이다.
장애를 가진 자식이 있는 부모는,
자식보다 하루만 더 살게 해 달라고 기도한다.
그리고 이렇게 이어진다.
공부해라! 아냐 그건 너무 교과서야,
사랑해라! 아냐 그건 너무 어려워, 너의 삶을 살아라.
공부하라고는 말하지만, 어머니 자신도 열심히 공부하지
못했다고, 솔직히 얘기한다.
그러면서 너의 삶을 살아 라고 말한다.
오늘을 사는 부모들은, 공부가 전부인 것처럼 말하는
사람이 많다.
왜 공부를 열심히 해야 하나?
행복하기 위해서가 아닐까? 생각된다.
엄만 또 늘 같은 말만 되풀이하며, 내 마음의 문을
더 굳게 닫지.
공부해라! 그게 중요한 건 나도 알아.
열공하지 않는다고 잔소리나 체벌을 하면,
더 큰 자물쇠로 마음의 문을 잠근다.
얼어버린 가슴이 해동되려면, 길게는 수십 년이 지나도
어려울 수가 있다.
부모에 대한 트라우마는 쉽게 지워지지 않는다.

조금 무관심해질 필요가 있다.

다음 가사 내용을 보면,

부모에 대한 원망의 강도가 높아지고 있다.

왜 엄만 내 마음도 모른 채 매일 똑같은 잔소리로,

또 자꾸만 보채.

난 지금 차가운 새장 속에 갇혀 살아갈 새처럼 답답해 …

딸은 이렇게 절규한다.

제발 나를 내버려두라고 왜 애처럼 보냐고,

아무리 노력해 봐도 난 엄마의 눈엔 그저 철없는

딸인 거냐고, 나를 혼자 있게 놔둬.

또 철부지 딸은 이렇게 엄마에게 하소연 한다.

그런데 끝까지 들어보니 철부지 엄마를 딸이 꾸짖는 것 같다.

엄마도 이렇게 반성하며, 용서를 구한다.

엄마도 태어나 엄마를 처음 해보니, 서툴 수밖에 더 있겠나?

내가 좀 더 좋은 엄마가 되지 못했던 걸, 용서해줄 수 있겠니?

딸은 엄마의 말에 화답한다.

걱정하지 마요. 말하지 않아도 난 알고 있다고,

엄만 그 누구보다 나를 사랑한단 걸.

그래서 난 자신 있게 말할 수 있어.

엄마처럼 좋은 엄마 되는 게, 내 꿈이란 거.

엄마를 행복하게 해 주는 게, 바로 내 꿈이란 거야.

나보다 더 나를 사랑한 님! 그 님은 바로 엄마입니다.

하느님이 하지 못하는 일을 하라고, 어머니를 보냈다고 했던가?

어머니의 마음은 하해와 같다고 한다.
양희은과 수현이 부른 "엄마가 딸에게" 이 곡의 노랫말이
우리의 삶을 이야기하는 것 같아, 중략을 하긴 했지만
끝까지 살펴봤다.
산에서 불이 나자 어찌할 줄 모르는 아홉 마리 새끼를,
날개 안에 품는다.
그렇게 해 털끝 하나 상하지 않게 지켜주고,
자신은 불에 타 죽은 어미 까투리 이야기가 있다.
새끼를 살리기 위해서라면, 자신의 목숨을 아까워하지 않는
어미의 본능은 동물이나 사람이나 매 한가지다.
실제로 오래 전에 이와 비슷한 일이 있었다.
의정부에 있는 어느 아파트에 불이 났다.
그러자 그 아파트에 살던 어머니는, 다섯 살 아들을
품에 안아 살려낸다.
하지만 방패막이가 된 자신은, 온몸에 화상을 입고
사경을 헤매다가 끝내 숨지고 만다.
자식을 살리고 숨진 어머니의 나이는, 겨우 이십대 중반이었다.
어머니는 자녀가 위험에 처하면 불속이라도,
물속이라도 뛰어든다.
여자는 약해도, 어머니는 강하다.
여기에서 어머니는 부모를 대표하는 이름이다.
아버지가 마시는 술잔엔 눈물이 절반이라고
김현승 시인은 얘기했다.

어찌 어머니만 그렇겠느냐?
이렇게 얘기하자, 은근 슬쩍 젓가락 하나 더 놓지 말라고 질책한다.
어머니의 유전자는 남다르다고 한다.
짐승도 불구덩이로 뛰어드는 어미는 있어도, 애비는 못 봤다나?
호주에 산불이 났을 때도 수컷이 대피소에서 커피 마시고 있을 때,
암컷은 새끼 코알라를 안고 불을 피해 뛰어 다녔다고
외신은 전한다.
그러니 애비가 큰 소리를 칠 수 있겠나?
글을 쓰고 있는데 TV에 "아빠 찾아 삼만리" 란
프로그램이 방송된다. 줄거리는 이렇다.
아내와 사별한 필리핀 남자는, 우리나라에서 6년째
일하고 있다.
고향 필리핀엔 세 자녀와 어머니가 살고 있다.
아이들은 8살과 5살 그리고 막내가 3살이란다.
엄마 없이 할머니의 보살핌으로 크고 있는 아이들이
불쌍하다며, 눈물 짓는다.
그러면서 열심히 일 해, 아이들이 대학까지 다닐 수 있도록
하겠단다.
30대 초반에 아이들 곁을 떠난 아내에게도,
잘 키울 것이니 걱정하지 말라고 얘기하며,
떠나보냈다고 한다.
이래도 아버지는 아무 것도 아니란 말인가?
어머니가 뜨고 아버지는 지는 시대!

모계사회로 접어들고 있는 것 같다.

이 불명예를 어찌 해야 할까?

•

•

•

•

사람들이 착각하고 있는 거지.

아버지가 얼마나 중한 디.

그의 시계는 2년 전에 멈추어 서고 …

(당신만을 사랑해!)

그는 오늘도 산길을 걷고 있다.

산을 오를 땐 흐린 날씨였지만, 정상에서 담배 한 모금을

폐부 깊숙이 빨고 하산하자, 보슬비가 조금씩 내리기 시작한다.

축 처진 어깨로 걷는 그의 모습에서 인생의 끝자락을 보는

슬픔이 배여 있다.

그의 시계는 2여년 전에 멈추어 서고,

사랑하는 아내의 슬픈 시간들이 주마등처럼 스쳐 지나간다.

그는 산을 좋아하는 아내와 함께 늘 산행을 했다.

그런데 건강하던 아내가 기침을 하며, 평상시와

다른 모습을 보였다.

그녀는 살이 빠지기 시작했고, 혈색도 창백하며

각혈까지 하기 시작한다.

병원을 찾아 정밀 검사를 해 보니, 폐암 말기로

남은 시간이 6개월 정도란다.

이 일을 어찌 해야 할꼬?

이때가 그의 나이! 60대 초반이었고, 그녀는 60을
앞두고 있었다.
한 가정의 어머니였고, 사랑하는 남편의 아내였다.
이대론 갈 수 없다.
아이들 끈이라도 붙여주고, 그녀는 가고 싶었다.
하지만 이승의 삶을 누가 마음먹은 대로 재단할 수
있겠는가?
카톨릭 신자였던 그녀는 하느님께 우리 아이들
시집, 장가 갈 때 까지 만이라도 생명의 끈을
이어달라고 간절히 기도한다.
남편 역시 그녀를 위해 공기 좋은 시골로
보금자리를 옮긴다.
그래서 인지 6개월이란 의사의 선고를 넘어,
1년이 다 되어 가는 데도 숨을 쉬고 있다.
혈색도 정상을 찾아가고, 몸도 조금씩 나아지며 …
그래서 남편은 생각한다.
친하게 지내는 지인들 부부를 초청해 함께 저녁이라도
하면서, 아내를 기쁘게 해야겠다고 마음을 먹는다.
이렇게 해서 정한 날이 아내의 생일이다.
그는 지금까지 살면서, 아내가 이 세상에 온 날을
한 번도 잊은 적이 없다.
친구들도 몇십 년 계속된 그의 모습을 지켜보면서,
애처가도 저런 애처가를 보지 못했다며

그녀를 부러워했다.
모두들 술이 한잔 되자, 노래방에 가서 한곡 뽑자고 한다.
아내도 암으로 인해 우울증까지 겪고 있으니,
나쁠 것은 없을 것이란 생각이 들었다.
돌아가며 한곡씩 부르는데, 그에게 차례가 돌아 왔다.
그는 아무 생각 없이 60번을 눌렀다.
그런데 전주가 솔솔솔 솔파미레도!
계명을 적었으니, 잘 모를 것이다.
곱고 희던 그 손으로 넥타이를 매어 주던 때
어렴풋이 생각나오 …
어느 60대 노부부의 이야기란 곡이다.
갑자기 분위기가 숙연해진다.
그래도 그는 노래를 계속 부른다.
세월은 그렇게 흘러 여기까지 왔는데,
인생은 그렇게 흘러 황혼에 기우는 데
노랫말이 여기까지 오자,
그는 울먹이며 가사를 이어 나간다.
그의 아내도 흐느끼기 시작했고, 이 부부의 사연을 아는
친구들 역시 하나씩 둘씩 손수건을 꺼내든다.
여기 날 홀로 두고 어찌 혼자 가려하오. ㅠㅠ
노래가 끝을 향하자, 아내도 남편도 어린애처럼
엉엉(?) 울기 시작한다.
남편은 이렇게 절규한다.

날 혼자 두고 가면 안 되오.
하지만 아내는 말이 없다.
그저 그녀의 뺨에 흐르는 눈물만이, 대답을 대신할 뿐이다.
부부 금슬이 좋았던 그들에게, 하느님도 시샘을 했던 것일까?
그렇게 해 …
몇달 후 그녀는 돌아올 수 없는 언덕을 넘고 말았다.
여보! 안녕히 잘 가시게 …
그날도 오늘처럼 비가 부슬부슬 내렸다.
그 비는 사랑하는 남편과 자식을 두고 떠나는
아내의 슬픔이라고 말하며, 남편은 눈물 짓는다.
그렇게 가고난 후, 유품에선 봉투 하나가 남는다.
그녀는 이렇게 썼다.
저승에 가서도 당신 같은 남자를 만나고 싶다며 …
그리고 당신 같은 남자는, 당신밖에 없겠죠?
이렇게 덧붙인다.
그녀는 그렇게 해서 하늘나라로 갔다.
사랑하는 아내처럼 비를 온 몸으로 감싸 안으며
산을 내려오는 그의 모습에서, 인생은 과연 무엇일까?
이런 생각을 해 본다.
어느 60대 노부부의 이야기처럼 그렇게 살다가
가는 것인가?
그는 산을 내려와서 들리는 곳이 있다.
길거리 포장마차 집인데 거기에서 혼자 소주 한잔하며,

먼저 간 아내를 만난다.
포차 여주인도 60대 중반으로 남편을 10여년 전에 잃고,
생계를 위해 장사를 한다고 한다.
동병상련이 아닐까? 싶다.
그래서 인지 그녀(포차 여주인)에게도
아픔이 낯설지 않아 보인다.
앞으로 남은 시간을 위해, 친구들은 그에게 재혼을 권한다.
하지만 그럴 때마다 그는 단호히 선을 긋는다.
내 생에 재혼은 없다.
난 카톨릭 신자로 하느님 앞에 맹세를 했거든.
죽을 때까지 아내를 사랑하며,
생사고락을 함께 할 것이라고 …
그리고 많이 그립고, 보고 싶단다.
친구의 사연을 글로 적으면서 훌륭하다는 생각이
들기도 하고, 과연 난 이런 성스러운 성가정을 이루며 살았나?
반성도 해 보게 된다.
1968년 청십자 의료보험을 처음으로 만든 장기려 박사가
생각난다.
그는 "작은 예수"란 별명을 가진 분으로,
어렵고 소외된 자들을 위해 한 평생을 살다가
소천하신 분이다.
북에 두고 온 아내를 그리며, 홀로 지내다가 가신 …
우리 모두의 스승이기도 하다.

아내를 가슴에 묻은 채 쓸쓸한 노후를 보내고 있을
남편의 모습이, 애처롭게 느껴진다.
얘기의 방향을 좀 바꿔 볼까? 한다.
그렇게 사는 친구도 있는데, 난 아내가 해주는
따뜻한 밥을 먹고 있으니 행복하다고 해야 할까?
아내를 잃고 홀로 지내고 있는 그가 이 말을 들으면
뭐라고 할까?
아내의 생일을 한 번도 잊지 않고 챙겼던 그는,
사랑한다는 말도 빠뜨리지 않았다고 한다.
혜은이가 불렀던가?
"당신만을 사랑해"
이런 사랑의 세레나데를 노래하며 살기 바란다.
내일은 어떤 것도 장담할 수가 없기 때문이다.
아내는 매일 저녁마다 고기반찬에, 맛있는 술상을
내 앞에 들이 댄다.
이래 잘 먹어도 되나?
백수생활 10년이 다 되어 가는데 …
이렇게 말하면 아내는 그동안 아이들 키우고,
먹여 살리느라 얼마나 열심히 살았소?
먹을 자격이 충분 하요.
이렇게 내게 얘기한다.
남편의 기를 살려 주는 말이다.
정말 고맙다.

그러면 나는 이래 먹어선 안 되지 …
당신은 우리 가족을 위해 그동안 얼마나 종노릇을 많이 했소?
이것보다 더 맛있고, 더 훌륭한 음식을 먹어야지 …
이렇게 립 서비스를 한다.
아내와 함께 할 여분의 삶이 있다는 것이,
감사할 따름이다.
사랑한다는 말을 많이 하며 사시길 …
아내를 잃고 외롭게 살고 있는 그 친구에게도,
하느님의 따뜻한 가슴이 함께 하길 바래본다.

요즘 부업하지 않고 어찌 사나?

(증거 인멸을 위해 양치질 까지 …)

털도 안 뽑고 먹어치운다. 이런 말이 있다.

사기꾼들에게 흔히 쓰는 말이다.

소매치기로 십만원을 슬쩍한 사기꾼이,

차비와 밥값 하라며 만원 남겨 놓고 구만원만 가져가는

넘을 봤는가?

상식적이지 못한 일들이, 많이 벌어지고 있다.

교도소에 사기꾼이 수감돼 있다.

그런데 공교롭게도 학창시절 그의 스승이 이곳으로 온다.

스승은 중상모략으로 죄를 짓지 않았는데도,

죄수로 전락한다.

이곳에서 사기꾼을 만난다.

그들의 얘기를 들어 볼까? 한다.

선생님! 여긴 어쩐 일로 오셨습니까?

저는 부업을 하다가 일이 잘못돼, 지금 2년째 복역을 하고

있습니다.

소매치기 전과가 좀 있긴 합니다만, 지나친 형량이 아닙니까?
요즘 직장이 있어도 밤에 알바 하는 사람이, 천지 입니다.
대리기사, 편의점 알바, 방청객 알바를 비롯해,
심지어 애완견 중매 알바도 있다.
그리고 혼주 대행 알바도 있단다.
부득이한 사정으로 부모님의 역할을 대신하는 알바도 있지만,
사기 결혼의 중심에서 알바를 해 돈을 버는 사람도 있다.
돈만 벌면 된다는 알바는, 범죄라는 것도 알아야 할 것이다.
먹고 살기가 얼마나 어려웠으면, 이런 이색적 알바까지
등장하나?
그는 요즘 부업을 하지 않고는, 살기가 힘들다고 말한다.
이 친구는 학교 다닐 때도 체육 시간을 이용해
친구의 돈도 훔치고, 학용품도 많이 슬쩍했다.
이뿐 아니라 도시락도 친구가 자리를 비우면,
금방 다 먹고는 입을 닦는다.
정말 털도 뽑지 않고 먹어 치운다.
증거 인멸을 위해 양치질까지 한다나?
선생님은 이런 문제 학생들로, 늘 고민한다.
사랑의 매도 들어 봤고, 설득도 했다.
비누 같은 삶을 살아라!
비누는 자신의 몸을 녹이면서, 상대에게 깨끗함을
주지 않느냐?
이런 삶을 살아야 한다. 알겠느냐?

아무리 설명을 해도 대답은 예라고 하지만, 그의 몸짓은
거부하고 있다.
예수께서 길 잃은 한 마리의 양을 찾는 것과 같은 심정으로,
그가 잘 되기를 바란다.
하지만 지 버릇 개 주겠나?
그는 이런 삶을 지금까지 이어 가고 있다.
그러면서 하는 말이 "생각을 바꾸면 길이 보인다"라고 말한다.
법대(?)를 오래 다녔으니, 그 방면에선 스승을 능가하는
제자가 아닐까? 그는 계속 말을 이어 간다.
선생님은 비록 제자지만 그를 교도소 선배(?)로 예우하며,
듣기로 한다.
요즘 TV를 보면, 물고기 콜라겐 광고가 나온다.
생선 비늘을 주원료로 하여 만드는데,
피부도 탱글탱글 해지고, 건강에 좋다고 한다.
그러면서 하는 말이, 예전엔 다 쓰레기로 버렸지만,
지금은 자원으로 활용하고 있단다.
그래서 구태에서 벗어나야 한다는 것이다.
피시 콜라겐의 원료는, 방글라데시 산이라나?
가난한 나라인데, 물고기도 못 먹고 살아 비쩍
말랐지 않을까?
먹고 마시는 물도 많이 더럽던데 거기서 살던 물고기를
원료로 만들었다니, 전염병에 걸리지 않을까?
이런 걱정(?)도 해 본다.

이왕이면 선진국 산으로, 토실토실한 비늘이면
더 좋을 텐데. ㅋㅋ
십년이 가도 무슨 일이 있어도, 우리 사랑 영원할 줄 알았어!
조영남이 부른 “옛생각”이란 가요의 노랫말 첫 부분을
인용하며, 그는 변하지 않는 게 없다고 말한다.
많이 유식해졌다.
선생님께서는 왜 여기 오셨는지 모르겠지만,
죄의식을 가지지 말라고 한다.
마음 편히 지내다가 퇴소 후에도 그렇게 사시면 된다고,
그는 진심 어린 충고(?)도 한다.
제자가 많이 컸다는 생각이 든다.
도움이 되는 말도 할 줄 알고 …
여기는 밥값을 달라는 것도 아니고, 모두 공짜라며 좋단다.
음식도 옛날의 콩밥과는 달리, 쌀밥을 준다나?
말은 하지 않았지만, 니나 평생 여기에서 쌀밥 먹고 살아라!
이렇게 선생님은 생각하지 않았을까?
그러면 선생님이 아니라고요?
선생님! 세상이 많이 바뀌었습니다.
옛날엔 스승의 그림자도 밟지 않는다고 했습니다.
요즘 아이들 그렇게 하는 것! 봤습니까?
그림자 위에서 고무 줄 놀이 하고 놉니다.
그리고 하찮은 생선 비늘도 대접을 받는데,
나 같은 사람도 상종가를 칠 때가 오겠지요?

선생님은 고개를 끄덕이며, 제자에게 말문을 연다.
꽃밭에 어떤 짐승의 똥이 있다.
그러나 꽃들이 너무 아름다워, 그 똥은 잘 보이지도 않는다.
여기를 지나가던 똥파리 한마리가 좋은 똥을 발견하고는,
동료들에게 가서 말한다.
나 그 꽃밭 잘 알아. 좋은 똥을 발견했어!
이번엔 꿀벌이 날아가다가 그 꽃밭을 본다.
그리고 동료들에게 가서 말한다.
나 그 꽃밭 잘 알아. 좋은 꿀을 발견했어!
인용한 글이다.
사람은 무엇을 보고, 추구하느냐에 달렸거든.
자네는 똥파리가 아니라 꿀벌이 되길, 선생님은 지금까지
기도하고 있다네.
그는 선생님답게 장황하게 얘기한다.
고기비늘만 볼 것이 아니라, 몸통도 보시게나.
복은 지은 대로 받고, 벌은 심은 대로 거둔다네.
다른 사람에게 나쁜 짓 하지 말고, 착하게 살아야지.
그러자 선생님께서는 옛날이나 지금이나 변한 것이 없단다.
세상이 아무리 변해도 바뀌지 않는 것이 윤리고, 도덕이야.
시대가 바뀌었는데, 어찌 그렇게 옛날 그대로 입니까?
큰 소리를 친다.
그래, 니 말도 맞다. 변한 게 없지.
금이 왜 가치가 있는지 아는가?

선생님은 이렇게 제자에게 묻는다.
제자 왈, 왜 가치가 있는데요?
금값이 비싸니, 그런 것 아닙니까?
그러자 선생님은 제자가 바로 살아주기를 부처님,
하느님께 기도하며 한마디 한다.

•

•

•

•

변하지 않기 때문이지.
변할 게 변해야지, 아무 거나 변하면 되나?
내같으면 교도소에서 콩밥을 먹든, 쌀밥을 먹든
신경 끄겠는데 …
그래서 선생님을 두고 성직(?)이라고 하나?
세월이 많이 흘러도 제자에 대한 변치 않는 사랑이,
우리 모두를 가르치고 있는 것 같다.
또 금이 노란색이라 가치가 있는 것이 아니냐고 …
이런 말도 했다고 한다.
미친 넘! 상대할 가치가 없는 넘이네.

아이에게 무슨 죄가 있나?

(모르는 게, 약이요!)

남편은 젊었을 때! 다른 여자를 알고 지낸다.
거기서 태어난 아이를 아내가 키웠고,
그 아이가 지금은 대학생이 됐다.
이로 인해 가정은 파탄 직전까지 간다.
그녀는 하느님께 기도한다. 우리 가정을 지켜달라고 …
몇년 후 남편은 보자기에 싸인 애기를 데리고 온다.
그러면서 당신이 이 아이를 키워주면 좋겠다고 말한다.
이것도 하느님의 뜻인가?
딸 둘까지 키우고 있는 그녀는, 눈물을 삼키며
어린 애기를 받아 든다.
그리고는 그 아이를 지극 정성으로 보듬는다.
아이 엄마는 출산 후, 심한 출혈로 사망한다.
젖꼭지도 한번 물려 보지 못하고, 아들과 헤어진다.
이 세상에 태어나게 하는 것은 인간이지만,
죽음은 신이 결정한다.

그녀도 신의 명령에 따른 것이다.
불륜으로 낳은 아기!
아내는 증오도 미움도 한꺼번에 쏟아 부을 것 같았지만,
지금의 상황을 깊이 생각한다.
하느님께 가정을 지켜달라고 매달렸건만, 왜 이렇게 하는가?
그녀는 주님의 깊은 뜻을 이해하지 못한다.
여자는 남자의 갈비뼈로 만들었다고, 성경에 나와 있다.
태초에 하느님이 여자를 만들 때, 남자의 머리로
여자를 만들지 않은 이유는 여자가 남자를
지배할 수 없도록 하기 위해서다.
그리고 남자의 발로 여자를 만들지 않은 것은,
여자가 남자의 노예로 살지 말라는 뜻이 담겨있다고 한다.
남자의 갈비뼈로 여자를 만든 것은, 여자가 항상 남자의
마음 가까이 있도록 하기 위해서라고 탈무드는 전하고 있다.
하느님의 뜻이 이러 함에도 불구하고, 남자와 여자는
늘 삐걱거린다.
여자는 남자를 지배하려 하고, 남자는 여자를
노예로 만들려고 한다.
그래서 부부는 가까이 있는 것조차 싫어,
가끔은 벗어나고 싶을 때도 있는 것 같다.
하느님은 세상과 인간을 만드는 데 성공했으나,
인간에게 사랑을 가르치는 일은 실패했는지도 모른다.
이혼하는 가정은 남편의 갈비뼈가 아닌,

다른 남자의 것이란 생각이 든다.
남의 갈비 살이 옆에 누워 있으니, 거부 반응이 올 법도 하다.
남편은 아내가 너무 고맙다.
그녀는 자식이 있지만 불륜녀의 아이가 가엾기도 하고,
예쁘기도 하다.
우유를 타서 주면, 너무 잘 먹는다.
그리고는 눈을 맞추며, 방긋 방긋 웃음을 보낸다.
천사가 어디, 달리 있겠나?
맛있게 젖꼭지를 쪽쪽 빨며, 엄마! 너무 맛있어!
또 줘, 사랑해! 이런 표정이다.
그녀는 생각한다.
어른의 잘못이지. 이 아이에게 무슨 죄가 있어.
그렇게 그녀는 사랑을 쏟아 붓는다.
아이는 무럭무럭 자라, 아내를 무척 따른다.
아빠가 묻는다. 엄마가 좋아! 아빠가 좋아!
아이는 엄마 쪽으로 얼굴을 획 돌리며, 엄마가 좋아!
이렇게 말한다.
세상에 사랑의 나무를 심는 것은 하느님의 일이지만,
그 나무를 가꾸고 키워 가는 것은, 인간의 몫이란 말이 있다.
남편의 얘기로 화제를 바꾸어 본다.
그는 한개만 써야 할 갈비뼈를, 두개나 사용해 불륜을 저질렀다.
그래서 인지, 옆구리가 결린다는 말을 자주 한다.
어디 옆구리만 아프겠나?

아내를 볼 때마다, 심장도 벌렁거리지 않을까? 싶다.
정말 양심이 집나간 사람이다.
어찌 불륜으로 낳은 아기를, 아내에게 맡기려고 했을까?
철면피다.
그러니 그녀가 해 주는 밥을,
지금까지 씹고 있는 것이 아니겠나?
차라리 죽음으로 아내에게 속죄를 해야, 도리일 것이다.
그렇게 하면 아들이 고아가 된다나?
그러면서 하는 말이, 저승에 있는 아이 엄마가
당신에게 감사하다고 할 것이야.
당신도 죽으면 천국에 갈 것 같고 … 아무튼 고마워!
그녀는 묻는다.
당신이 죽으면 아이 엄마한테 갈 거야, 내한테 올 거야?
그러자 당연히 당신 곁으로 간다고 립 서비스를 한다.
내보고 천국에 갈 것이라면서 …
그렇게 죄를 지어 놓고, 어떻게 날 따라올 생각을 해?
아이의 얘기로 리턴 한다.
어릴 때부터 엄마, 엄마하며 아내를 많이 따랐다.
군 복무 때도 주일마다 전화를 하면서 엄마, 사랑해! 하며
하트를 날리는 녀석이다.
그녀도 피를 나누지는 않았지만, 친자 이상으로 사랑한다.
낳은 게 뭐가 그렇게 중요해 …
수학적으로 표현을 하면

"기른 정 〉 낳은 정" 이렇게 표시를 할 수 있다.
이제 군복무를 마치고, 대학에 복학을 한다.
엄마! 취직해서 돈 벌면 엄마한테 잘 할게.
그때까지 조금만 참아 달라고 말한다.
키운 보람이 있다.
심지어 아내는 없던 아들이 하나 생기자,
불륜녀가 고맙다는 마음까지 든다.
그래서 성당에 나가면 아이 친엄마의 명복을 빌고,
하느님께 좋은 곳으로 인도해 줄 것을 기도한다.
사랑은 미움도, 증오도 뛰어 넘는다.
이게 하느님의 뜻인가?
그녀는 주님의 사랑을 생각하며, 눈가에 이슬이 맺힌다.
남편은 아이가 장성하자, 뿌리는 알려야하지 않겠느냐며
친엄마에 대한 얘기를 하자고 한다.
물론 남편의 생각이 틀리다는 것은 아니다.
하지만 아내의 의견은 남편과 다르다.
그런 문제는 아이의 입장에서 판단하고 말해야 한다는
것이, 그녀의 생각이다.
지금 아이는 대학에 복학을 했고, 취직 시험에 매달리고 있다.
과연 지 뿌리를 아는 게, 무슨 도움이 될까?
엄마라고 부르던 호칭도, 어색해질 것이다.
또 정체성의 혼란을 빚을 것은, 불을 보듯 뻔한 일이다.
아내도, 남편도 고민한다.

어떻게 하는 것이 좋을까?

지인들에게 물어 보기도 한다. 대체로 반반이다.

그래서 KBS TV 프로그램 시니어 토크 쇼 "황금 연못"에

연락(?)을 한다.

결과는 "알리지 말아야한다"가 51%로 절반을 조금 넘는다.

그런데도 남편은 뿌리를 알리자며, 그의 주장을 굽히지 않는다.

밤이 많이 깊었소. 졸리네요.

그러면서 영어로 아내가 한마디 던진다.

아내는 영문학을 전공했다.

•

•

•

•

It's the medicine you don't know.

모르는 게, 약이요! 잡시다.

거짓말 하니 돈도 들어오고 …

(장모님이 둘만 되어도 집 한 채 살 수 있을 긴데 …)

오늘 장모님이 위중해, 중환자실로 급히 갔다.

추석이라 아들 차를 타고 병원까지 갔는데,

석양이 차창을 비집고 들어오는 게 아니겠나.

눈부심이 장난이 아니더라.

한낮의 햇빛은 아무리 강해도 차창을 뚫고

들어 올 수 없는데, 지는 해는 교묘히 우리 눈을 공격해 오고 있다.

그래서 늙은 쥐가 독을 깬다는 말이 나왔을까? ㅋㅋ

아들 녀석이 운전석 위의 천장에 있는

안경 보관함을 열고, 선글라스를 꺼내든다.

옆에 있던 아내가 처음 보는 듯, 당신 차에도 저런 게 있소?

이러는 게 아니겠나.

그래서 내 차는 운전석 위에도 있고,

뒷좌석 위 천정에도 있다고 뻥을 쳤다.

믿는 눈치라서 거기만 있나?

뒷 문짝에도 있다고 했다.

그때서야 장난인줄 알고는, 놀리지 말라고 한다.
내처럼 이렇게 거짓말도 잘하고,
뻥도 잘 치는 사람이 어찌 장관은 커녕
동네 이장도 하나 못하고 사는 지 …
이렇게 말했더니 장관해서 뭐 할 거요?
이러는 게 아니겠나?
욕심이 없는 사람이란 생각이 든다.
장관하면 바꿀 게 얼마나 많아.
입시 제도도 바꾸고, 사기 쳐도 떵떵거리며 살 수
있도록 할 수도 있는데 …
장난기가 발동했지.
당신 들기름과 참기름의 유래를 아나?
이렇게 물었다.
들기름은 들에서 나기 때문에 들기름이라고 했고,
참기름은 논에서 나는데, 그래서 원래는 논기름 이라고 했다네.
그런데 먹어 보니 참 고소하거든.
참 고소해서 참기름으로 이름이 바뀌었다는 것이라고 했지.
이래 얘기했더니, 또 믿더구나.
거짓을 얘기해도 속는 사람이 있으니,
거짓말을 할 수밖에 없다는 생각이 든다.
속아 주니 재미있잖아.
거짓에 중독되면, 참기름과 들기름을 구분하지 못하는 것 같더라.
나도 잠시 뻥을 쳤는데도, 묘한 쾌감을 느꼈거든.

그러니 죄의식 없이 거짓말을 밥 먹듯 하는 것이, 아니겠나?
문제는 이런 사람들이 출세하는 현실이 안타깝다는 것이지.
그건 그렇고 중환자실에 계시는 장모님이 돌아가셨다고
부고를 냈어.
추석이라 올 사람도 없을 것 같아,
부의금 보낼 계좌번호를 보냈거든.
부산은행 041－2019－913－XX
이렇게 보냈더니, 부의금이 순식간에 통장에 찍힌다.
거짓말 하니 돈도 들어오고 … 참 좋더라.
그래서 누가 정직하게 살아 라고 얘기했는지,
따져 보고 싶더구나.
현대를 살려면 거짓은 필수다.
이래 말하면 명언 집에 나오려나?
추석 핑계로 상가에 갈 필요도 없고,
돈만 보내면 충분한 성의 표시가 되니 얼마나 좋았겠어.
내 말을 믿고 돈을 보내는 …
정말 인정 많은 친구들이 많다.
지금 그 돈을 어디에 쓸까?
고민 중이라네.
친구들 행복한 시간! 많이 가지시길 …
두 번 다시 오지 않는 명절이거든.
장모님이 둘만 되어도, 집 한 채는 살 수 있을 긴데.
좀 아쉽네.

노인들이 가장 선호하는 대학

(늙어서 눈치 볼래? 쪼대로 살아라!)

대학이 사회적 신분을 바꾸는 시대는 지나간 것 같다.
노인들이 가장 선호하는 대학이 서울대가 아니라
해병대라나? 귀신 잡는 해병대!
늙어 다리에 힘 빠져 걷기도 어려운데, 우째 귀신을 잡을까?
노인들이 다니는 대학으로 글을 꾸며 볼까? 한다.
친구들아 니는 현재 어느 대학을 다니니?
우리 노인이 되면 해병대에 가자.
요즘 노인 분들 사이에 노년 생활을 대학에 비유한 말이
유행이라고 한다.
노인들이 다니고 싶지 않은 대학과 꼭 다니고 싶은
대학이 있다고 하는데, 서울공대는 무슨 뜻일까?
서럽고 울적해서 공원에 가시는 분들을 서울공대 다닌다고 한다.
서울대가 이정도 밖에 되지 않으니 격세지감이다.
한 시절 최고 좋은 대학이었는데, 어쩌다가 이리 되었을까?
정말 세상이 바뀐 것일까?

나이란 넘이 이렇게 만들었지 싶다.
나이 들었다고 서럽고 울적해 하면 세월이란 넘은
더 나쁜 악행을 저지른다.
우울증만 오겠나? 치매도 오고, 노망도 오고 …
같은 말이 아니냐꼬?
같은 것을 달리 말하니, 나도 이제 다 된 것 같구나.
기다리는 그녀는 오지 않고, 노망이 왜 기어오나? ㅠㅠ
공원 같은 곳엔 가지 않는 게 좋겠다.
서럽고 우울한 노인이 다니는 곳이라니 괜히 찜찜하다.
그것도 마스크를 써야 하나?
전염되는 것은 아닌지 모르겠다.
공원에 가서 300원 짜리 자판기 커피 한잔 빼 먹고는,
이 세상 모든 것을 다 얻은 것 같은 행복을 느끼며
사는 노인들!
그래도 한 땐 카페에서 우아하게 마셨는데, 나이와 함께
슬픔이 따라 들어오는 것 같다.
그래서 운동을 하던지 취미 생활을 권해 본다.
우울증엔 도움이 된단다.
동네 경로당에 나가면 동경대!
그리고 부부가 함께 나가면 부경대!
공원보다 더 못한 게 경로당이다.
나이 70 넘어서 가도 졸병卒兵을 면키 어려운 곳이
경로당이 아닌가?

70은 라면 끓이고 설거지 하는 젊은 세대로,
대접 받기엔 이른 나이다.
그것도 따블로 둘이서 간다고?
아무리 늙어 볼품이 없다고 해도, 라면 끓이고
설거지를 해서야 …
칼질하는 레스토랑엔 못가도 허름한 횟집에서 소주 한잔하며,
노년을 서로 달래고 위로하며 살아야하지 않겠나?
경로당에 갈 바에야 차라리 밥 봉사하는 곳에 가서
택배(배달) 일을 하는 게 낫지 않을까? 생각된다.
전철과 국철로 시간을 보내면 전국대!라고 한다.
지하철 교통공사가 노인들의 공짜표로 크게 적자를
보고 있는 현실이다.
이 세상에 왔다가, 빚지고 가는 인생은 좀 그렇지 않는가?
난 빚지고는 못사는 스타일이거든.
그리고 한마디 더 하고 싶은 것은, 공짜로 타면서
젊은 사람들의 좌석을 빼앗고 있다는 것이다.
경로석이 비어 있는 데도 거기에 앉지 않고,
일반석에 앉아 가는 노인 분들이 있거든.
그렇다고 젊은 사람들이 경로석에 앉아 갈 수는 없는 것이
아니겠나?
그러면 애 늙은이가 앉아 있다고 손가락질 할 것이다.
가끔 외국인들이 우리의 문화를 모르고 그 자리에 편하게
앉아 가는 경우가 있다.

모르는 것이 약이란 말이 그래서 나왔나?

전국대!도 좋은 대학이 아니다.

그럼 연세대!는 무슨 뜻일까?

연금으로 세상 구경하면서 노년을 보내는 분들이 다니는
대학이 연세대란다.

언뜻 보기엔 좋은 대학이다.

그런데 구경도 하루 이틀이지, 하루만 놀아 봐라.

이런 것을 두고 살아있는 지옥! 생지옥이라고 한다.

나이 들어 눈이 침침해지는 것도, 하느님의 섭리다.

아무리 아름답고 예쁜 것도 적당히 보는 게,
좋다는 얘기가 아니겠나?

나이가 들면 적당히 적게 보고, 적당히 적게 듣는 게
좋은 것 같다.

젊은 넘들이 지 애비 같은 노인에게 꼴통이라고
타박을 주는데, 다 듣고 우째 사노?

고상하게 여행을 다니면 고려대!

난 고려대가 마음에 든다.

고상하게란 말 속엔 적당히란 말을 깔고 있거든.

조금 모자란 듯이 사는 게 최고란 생각이다.

서로 위로하며 강하게 살면 서강대!

인간은 어차피 혼자다.

나이 들어 서로 위로하며 살 수 있는 절친이 있다면 좋겠지만,
쉽지 않다.

그리고 나이 들어 강하게 살아서 뭐하겠나?
젊은 사람들과 한판 붙을 것도 아닌데 … 다 헛소리다.
건강하면서 국민연금으로 살면 건국대! 학생이라고 한다.
운동이 최고의 보약이다. 늘 건강하시길 바란다.
노후에 아니 바로 지금 당신은 어떤 대학에 가고 싶으신지?
요즘 뜨는 최고로 좋은 대학은 해병대!
해피하게 평생, 병 안 걸리는 대학이라나?
우리 모두 "해병대 장학생" 됩시다.
SNS에 올라온 내용이다.
해병대보다 더 좋은 대학이 있는데, 사람들이 잘 모르고 있다.
쌩쌩하게 이백년을 사는 생리대가 훨씬 낫지 않는가?
해피하게 평생 … 병 안 걸리는 대학! 그런 대학은 없다.
의료 보험 공단이 적자를 많이 보고 있다.
그래서 빨리 가길 바라는 곳이 보험 공단이다. 나쁜 넘들!
조금씩만 일찍 가 준다면 국가 재정에 도움이 되는 것은 사실이다.
나라를 생각하면 일찍 가야하고, 나를 기다리고 있는
꽃순이를 보면 오래 살아야 하고 …
나라 사랑의 애국이냐?
꽃순이 사랑의 애민이냐? 갈등된다.
나이 들면서 난 어디로 가고 있는 것일까?
살아가는 방식에 따른 대학을 얘기해 봤다.
앞에 얘기한 대학! 가고 싶지 않다는 생각이 든다.
꼭 대학을 가야 하나?

김해 봉화 마을에 가면 상고 나와서도,
이 나라 서열 1위가 된 분이 누워 있는데 …
그것하고, 그것은 틀린다꼬?
혼란스럽다. 치매가 오려나?
또 한 대학만 다닐 필요가 있겠나?
다른 대학으로 편입해도 되는데 …
인생엔 정답이 없다고 하지 않던가?
그래서 이런 말을 드린다.

•

•

•

•

늙어서 눈치 볼래? 쪼대로 살아라!
쪼대하면 광주에 있는 조선대학교가 아닌가?
그 지방의 명문 사립대지 …
오늘도 행복하시길 …

성탄절에 받은 하느님의 큰 선물
(염주보다 묵주를 선택한 남자)

연애는 미래를 꿈꾸게 하지만, 결혼은 현실을 인내하게 한다.
그래서 일까?
요즘 젊은이들의 결혼 연령이 상당히 높아지고,
결혼하려고 하는 의지도 없다.
대학을 졸업해도 마땅한 직장을 구하기 어렵고,
많은 대졸자들이 학력을 속이고 하향 취업을 하고 있다.
이런 현실이다 보니까 결혼을 포기하는 경우도 많고,
또 결혼을 해도 의무 보다는 권리를 먼저 주장해,
이혼하는 사례도 이어지는 것 같다.
옛날엔 여자가 시집을 가면, 그 집 귀신이 되어야한다고 했다.
권리 이전에 의무가 먼저이던 시절이었다.
그런데 요즘은 어떤가?
내가 저 여자를 왜 먹여 살려야 하나?
내가 왜 저 남자를 부양해야 하나?
뭐, 이런 생각들이 팽배해 있는 것이 아닌가? 싶다.

결혼이 누굴 먹여 살리는 일이 아닌데도 …
왜 이런 사고를 할까?
이 뿐만 아니라 혼전에 동거를 해보고 결혼하면,
이혼율을 낮출 수 있을 것이라며 "선 동거, 후 결혼"이란
슬로건을 내세우는 젊은이들도 있다.
일리가 있는 말이긴 하다.
하지만 결혼 당사자가 무슨 물건이고, 상품인가?
휴머니티가 없는 발상이다.
디자인이 좋지 않거나 하자 발생시, 전액 환불 보장!
이런 광고하고 다를 게 뭐가 있느냐는 생각이 든다.
이기심의 끝판 왕이 아닌가? 생각된다.
성스런 결혼에 돈이 개입되는 경우도 허다하다.
결혼은 사랑으로 맺어진 사람과의 만남임에도,
돈과 결부시키려는 분들이 있어 씁쓸한 느낌을 받을 때도 있다.
인류는 아담과 하와의 후손인데, 아담과 하와 사이에
돈거래가 있었던가?
그들이 혼수 문제로 신문의 첫 페이지에
대문짝만한 활자로 보도된 적이 있던가?
여기에 젊은 사람들의 의식에도 문제가 많다고 본다.
실화(?)다.
결혼을 반대한 시부모가 있었다.
며느리가 마음에 들지 않아 결혼을 반대했지만,
자식 이기는 부모가 있던가?

결혼을 승낙하기에 이른다.
하지만 결혼식 때 상상치 못할 일이 벌어진다.
사회자가 신부에게, 시부모님께 인사를 드리라고 한다.
하지만 고개를 꼿꼿이 든 채 절을 하지 않자,
다시 한 번 인사를 하라고 한다.
두 번이나 얘기를 했지만, 그대로 선 채 있는 것이다.
신부는 결혼을 반대한 시부모에 대한 반감을,
이런 식으로 표현한다.
이렇게 되자 신랑 측 아버지가 일어나,
이 결혼은 없었던 것으로 하겠습니다.
저와 저희 가족을 위해 도움을 주신 축의금은
돌려 드리겠습니다.
오늘 음식 값은 제가 지불토록 할 것이니,
편안한 마음으로 즐기시기 바랍니다.
이렇게 해 그들의 결혼식은 끝나게 된다.
그런 심성을 가진 여자라는 것을 겪어 보지 않고도
알았으니 …
신랑 아버지가 역시 사람 보는 눈이 있다는 생각을 해 본다.
이런 현실에 신선한 충격을 주는 젊은 부부가 있어
소개하려고 한다.
성탄절인 오늘 이 글을 쓰는 이유가 있다.
남자가 가슴속에 품고 있던 여인이 있었다.
물론 여자도 이 남자에 대해 조금은 호감을 가졌다.

그들은 데이트를 할 때도, 커피숍 보다 산행을 하며
절을 많이 찾았다고 한다.
그러다 보니 전국의 명산과 이름 있는 절을 찾지 않은 곳이
없을 정도였다.
절을 찾는 만큼 그들의 사랑도 커져 갔고, 결혼을 해야겠다는
생각은 누가 먼저랄 것도 없었다.
그리고 그는 해마다 부처님 오신 날에 염주를
그녀에게 선물했다.
만날 때마다 손목에 염주(?)를 끼고 있었기 때문이다.
하지만 그녀는 천주교 신자로, 처음엔 장난인 줄 알았다고 한다.
남자는 그녀가 독실한 불교 신자로 오해했고,
또 부모님이 절에 나가기 때문에 결혼하면,
더없이 좋을 것이라 생각한다.
어떨 땐 나무 염주를 주다가 심지어 보석으로 장식된
염주까지 선물하자, 그녀는 부담을 느끼게 된다.
그래서 불교 신자가 아니라, 성당에 나간다고 고백한다.
그리고 흙수저로 태어났고, 아직 공부를 하고 있어
결혼할 경제적 여유가 없다며 헤어지자고 한다.
그렇게 해 그들의 결혼은 난관에 부딪히는 듯 했다.
돈도 없고 직장도 없는 여자를 아내로 맞이하는
남자는, 천연 기념물이라고 해도 지나친 말이 아닌
시대에 살고 있기 때문이다.
과연 이 남자는 어떤 선택을 했을까?

그리고 불교 집안에서 천주교 신자를
며느리로 받아드릴까?
그런가 하면 가난한 집안과 사돈을 맺으려할까?
어려움이 한두 가지가 아닐 것으로 여겨진다.
하지만 남자의 입에서 이런 말이 튀어 나온다.
난 당신이 독실한 불교 신자로 알고,
해마다 염주를 선물 했소.
그러면서 내가 오해하고, 잘못 또한 크니 영세를 받고
성탄절 날!
신부님 주례로 결혼식을 올리고 싶다고 얘기한다.
부모님이 반대를 하겠지만, 내가 설득해 당신을 며느리로
맞이할 수 있도록 하겠다며 …
결혼은 돈도 직장도 그리고 종교도 뛰어 넘는 사랑이
우선 돼야한다는 말도 덧붙인다.
그렇게 해 이들 젊은이들은 크리스마스 이브!
성탄 하루 전에 신부님의 주례로 결혼식을 올린다.
그리고 하느님의 종으로 서로 사랑하며,
검은 머리 파뿌리가 될 때까지 예쁘게 살겠다고
맹세를 한다.
염주를 버리고 묵주를 선택한 남자!
그는 그녀에게 염주를 선물했지만,
그녀는 이 세상 무엇과도 바꿀 수 없는 묵주를
받았다며 행복해 했다.

성탄절에 받은 하느님의 큰 선물!

그것은 그녀와의 결혼이었다.

•

•

•

•

결혼은 돈 따먹기가 아니라는 것을,

그들의 사랑에서 찾을 수 있을 것 같다.

내 생애 최고의 날은 …

(This is the best day of my life)

내 생애 최고의 순간은 언제였을까?
사람에 따라 다르긴 하겠지만 결혼, 취업,
자식을 봤을 때 등등 여러 가지 경우가 있을 것이다.
또 생일상을 받고 맛있는 음식을 먹거나, 좋은 사람과 함께
맥주 한잔할 때가 최고의 순간이라고 하는 사람도,
있을 수 있다고 본다.
술병이 쌓이는 만큼, 행복도 늘어난다나? 먹고 마시는 데 …
1차원적인 생각을 하는 사람도 있을 것이다.
가난하게 살던 5~60년대엔 얼마든지 있을 수 있는 일이다.
우리 어머니는 한평생 살면서, 내 날 같은 날이
하루도 없었다고 했다.
불행한 역사 속에 살았고 가난이 떠나지 않았으니,
충분히 이해가 된다.
또 10대의 어린 나이에 시집와 가부장적인 남편과
시부모를 모시고 살았으니, 충분히 그러 했을 것이다.

과연 내 인생 최고의 순간은 언제였을까?
나도 이제 나이가 드니, 그런 생각을 하게 된다.
젊었을 땐 청춘에 밀려, 늙음이 들어설 자리가 없었다.
언제까지 주름 없는 삶을 살 줄 알았다.
인생을 접을 때! 불교 신자는 49제를 치르며 보낸다.
저승에 먼저 가신 남편이나 아내가 있다면
그를 만날 수 있으니, 생애 최고의 날이 돌아가신 그 순간이
아닐까? 이런 생각도 해 본다.
불교에 대해 잘 모르면서 글을 쓰려고 하니 어렵다.
스님들은 7개의 관문을 통과해야, 극락으로 갈 수가 있다고
말한다. 7일에 한번 그리고 7개의 문!
그래서 49제라고 말하는 것 같다.
이 마지막 문에 계신 지장보살이 성불토록 도와준다는 것이다.
극락은 먹고, 입고, 자는 … 그런 걱정은 No!
불행 끝! 행복 시작으로, 이 보다 더 좋은 곳은 없다.
이뿐 아니라 발걸음 닿는 곳마다, 술집에 마사지 샵
그리고 세계 각국의 음식을 맛 볼 수 있는 곳이 있다.
행복 뿐 아니라 향락도 함께 하는 곳이 극락이기도 하다.
이 좋은 곳을 왜 가지 않으려고 할까?
전분세락轉糞世樂!
개똥밭에 굴러도 이승이 낫다 며 헛소리(?)를 한다.
그냥 가면 될 건데 … ㅋㅋ
카톨릭에선 극락을 천당이나 천국으로 표현한다.

천당으로 가기 전에 연옥에 머무는 데, 절에서 49제를
지내야 탈상을 하듯, 천당에 가도록 연미사를 올린다.
연미사라 하기도 하고 위령미사라고 불리는
이 미사가 끝나야, 천국으로 갈 수가 있다.
천당도 극락과 마찬가지로 행복 100%, 향락 100%라고 한다.
구미가 당기지 않는가?
그러고 보면 내 생애 최고의 날은, 죽는 날이라고
말을 할 법도 하다.
그래서 죽음을 서양음악에서 찾아 봤다.
서양음악에 레퀴엠이란 곡이 있다.
죽은 자를 위한 미사곡이다.
다른 말로 하면 진혼곡인 셈이기도 하다.
많은 작곡가의 곡이 있지만 모차르트, 베를리오즈,
포레 같은 사람의 곡이 많이 알려져 있다.
포레의 레퀴엠을 두고 한 비평가는 죽음의 자장가라고 평했고,
포레 자신은 "죽음이 고통스러운 경험이 아니라,
행복을 향한 기쁨에 찬 열망"이라고 표현했다.
죽음 = 행복이라면 지나친 얘기일까?
성당에 오래 다녀도 잘 모르는 분이 계셔 음악 상식!
하나 전할까? 한다.
미사는 입당송에 이어 제일 먼저 나오는 음악이
키리에(Kirie)이다.
키리에는 주여 우리를 불쌍히 여기소서! 이런 뜻이고

그 다음이 글로리아(Gloria)로 하느님의 영광.
크레도(Credo) 한분이신 하느님. 상투스(Sanctus) 거룩하시다.
그리고 아누스 데이(Agnus Dei) 하느님의 어린 양.
이런 순서로 이어진다.
다시 얘길 처음으로 돌려 본다.
가난한 사람은 부자가 됐을 때가, 어쩌면 생애 최고의
날일 수도 있다.
로또 당첨 = 생애 최고의 날이라는 등식이 성립한다.
그리고 돈은 많지만 몸이 허약하다면,
건강을 회복할 때가 그런 날이 될 것이다.
우리 집 개가 노견老犬이라 몸이 많이 부실하다.
보신탕이라도 한 번 먹여 봤으면 좋겠다. ㅋㅋ
건강이 따르면 돈이 생각나고, 전錢이 많으면
명예가 탐나고, 어쩌면 욕심이 욕심을 부르는 …
끝날 줄 모르는 Endless Love! 이다.
지금까지 살면서 욕심 없이 산 사람이 있을까?
좋지만 부작용이 있다고, 사용상 주의 사항 속에 적혀 있다.
지나친 욕심은 죽음을 부름. ㅋㅋ
부부 사이가 좋지 않은 사람은 이혼하고 새 출발을 하는 날이,
축제의 날이 될 수도 있을 것이다.
오늘은 이런 부정적 얘기를 하려는 것이 아니다.
긍정적인 말로 우리 모두에게 인생 최고의 순간이
찾아오길 바라며, 이 글을 쓴다.

음악의 어머니라 불리는 게오르크 프리드리히 헨델이 쓴,
왕궁의 불꽃놀이란 곡이 있다.
영국 조지 2세의 부탁으로 이 곡을 그가 작곡했다.
명곡 중의 명곡인 이 곡을 작곡한 헨델은 아마 콩나물(?)을
다 심고 펜을 놓았을 때가, 가장 행복한 순간이었을 것이다.
조지 2세 역시 런던의 그린 파크에서 불꽃놀이를 하며
이 음악을 들었을 때, 생애 최고의 날이라고 여겼을 수도
있었을 것이다.
헨델과 조지 2세는 Win-Win 으로 이루어진,
행복한 사람이 아닐까? 싶다.
내 생애 최고의 날! Best Five를 뽑으라고 하면,
5위에서 2위까지는 얘기할 수 있다.
그런데 Best1은 미래의 일이 될 것 같다.
혹시 죽음이 최고의 날 1위라는 것은 아니겠지요?
이렇게 묻는 사람도 있을 것이다.
앞서 죽음 예찬론자처럼 글을 썼으니,
충분히 그렇게 생각할 수도 있을 듯 하다.
개똥도 좋고, 개 오줌도 괜찮다.
이승이 최고라고 하지 않았던가?
이제 살날이 그리 많지 않기 때문일까?
급할수록 돌아가라고 하지만, 마음이 조급해지는 것은 사실이다.
죽기 전에 버킷 리스트를 작성해, 하고 싶은 것들을
하나씩 줄을 그어가며 실천하라고 한다.

난 버킷 리스트 1위부터 끝까지가 하나다.

다시 말해 하고 싶은 것은 딱 하나! 음악이다.

지금은 기타를 공부하고 있다.

몇년 후 나이 70이 될 때! 내가 할 수 있는 악기!

(피아노, 클라리넷, 색소폰, 플루트, 트럼펫, 기타)를

모두 연주해 보고 싶다.

그리고 연주 동영상도 만들면 좋겠다.

이번에 영국 런던의 딸네 집에 가서, 칠순 잔치로

가족음악회를 하고 싶다는 애비의 뜻을 전했다.

내 딸은 독일서 최고 연주자 과정까지 마친 Violinist 이다.

딸과의 멋진 이중주를 꿈꿔 본다.

그날이 내 생애 최고의 날!

(This is the best day of my life)이 될 것 같다.

그러려면 …

-
-
-
-

손목이 부러지는 한이 있어도 열심히 연습하는 수밖에 …

내 속의 내가 나를 이렇게 괴롭힐 줄 이야 …

(용서는 아름다운 고통이 아닐까?)

영국 런던에 온지 며칠이나 됐다고, 내 손에 사위가 치던
기타가 들려 있는 모습에 나도 놀랐다.
음악이 이렇게도 좋은 지, 내가 내 속을 이해할 수가 없다.
물론 어릴 때부터 음악을 좋아해 15세 때 피아노를 시작했다.
그후 클라리넷, 색소폰, 플루트, 트럼펫을 그리고
지금에 와선 클래식 기타를 배우고 있다.
악기만 봐도 지나치다는 생각이 드는데,
20대엔 화성학과 작곡까지 공부하기도 했다.
음악에 대한 이런 열정이, 비전공자인 나를 교육 대학원
음악 교육과까지 합격시켜 공부하도록 만들었다.
지금도 하루에 5시간의 연습량을 목표로, 기타 줄을 튕기고 있다.
칠순을 바라보고 있는 나이에 5시간이란,
즐거움 보다는 인고의 시간이 되고 있다는 생각이 든다.
손목이 부러지는 한이 있더라도, 열심히 할 거야.
속으로 이렇게 다짐에 다짐을 거듭한다.
그 결과 일류 연주자가 됐느냐고요?

그래 됐으면 얼마나 좋겠습니까?
결과는 손목이 부러지기 직전까지 가서, 병원 치료를
몇 달간 받아야만 했다.
그래도 기타를 안고 사니, 음악에 대한 열정은
아무도 말리지 못할 것이란 생각이 든다.
좀 편하게 살아야지 이런 겉모습과는 달리
내속엔 음악 사랑이 넘친다.
지진을 일으키는 유라시아판과 무슨 판인지는 모르겠지만,
서로 충돌하고 있는 모습과 같다는 생각이 들기도 한다.
쉽게 살자!와 아니야!가 대립한다.
열심히 연습해 칠순 때 할 수 있는 악기를 모두
동영상으로 만들어 흔적을 남겨야 할 것이 아니겠나?
손주들한테도 할아버지의 예쁜 삶을 보여 주기도 하고 …
정말 요즘 내속에 들어 있는 내가, 나를 이렇게 괴롭힐 줄은 몰랐다.
하지만 아직도 기타 줄을 튕기고 두드리고 있는 것을 보면,
음악사랑 쪽이 힘이 더 센 것 같다.
그래서 양껏 음악을 하자!에 손을 들어주고,
나를 괴롭히고 있어도 이해하고 용서하기로 했다.

•

•

•

•

그래서 용서(?)는 아름다운 고통이 아닐까?

그때도 유부녀(?)를 무척 사랑했거든 …

(저거 집 사람은 씹어서 입에 넣어준다나?)

영국에서의 생활도 반환점을 돌고나니,
더 빨리 지나가는 것 같다.
건강하게 마누라와 노년을 보내며,
자식에게 손 벌리지 않아도 될 만큼 재산이 있으면
더 할 나위가 없을 것이다.
여기에 생활의 리듬과 삶의 보람을 가질 수 있는
적당한 일거리가 있고, 나를 알아주는 참된 친구가 있다면,
이 보다 더 복 받은 인생이 있겠나?
오늘을 사는 사람들은 이 다섯 가지를,
현대판 신 오복으로 여긴다.
옛날엔 오래 살고 돈이 많은 것을, 오복 가운데
으뜸으로 여겼다.
현대판 오복과 닮은 점이 있다.
오복이란 인생에서 바람직하다고 여기는
다섯 가지 복을 말하는데, 사람마다 다를 수 있다.

사람에 따라 사랑과 명예 그리고 권력을
오복에 넣는 사람도 많다.
인생의 반환점을 돈지가 제법 되다 보니,
세월도 빨리 지나 가고 그런 만큼 조급함도
더 커지는 것 같다.
내겐 오복이 무엇일까?
부자는 아니라도 삼시세끼 밥은 먹고 있으니,
돈 욕심은 없다.
적당한 일거리도 갖고 싶은 마음이 전무全無하다.
돈 욕심이 없는 데, 일거리가 왜 필요하겠나?
일 대신 취미 생활로 음악을 배우고 있으니,
그것으로 만족한다.
나를 알아주는 참된 친구!
많으면 많을수록 좋을 것이다.
하지만 한평생 살면서, 그런 참된 친구가 몇이나 될까?
있는 친구하고 잘 지내면서 살까? 한다.
만들기엔 힘도 들고, 너무 늦었다는 생각이 든다.
몇년 전만 해도 할아버지란 말이 듣기 싫었는데,
이젠 내 생활에 자연스레 들어 와 있는 것을 보면,
나도 나이가 제법 된 것 같다.
할머니 외롭지 않으세요?
그러자 인생은 혼자야!
이렇게 말한 일본의 100세 여류 시인의 말이 생각난다.

결국 혼자 가야 하는 삶인데, 친구 욕심도 사치일 따름이다.
사랑, 명예, 권력!
이제 사랑할 나이는 지났고, 베풀 때가 아닌가? 싶다.
사탕을 주머니에 넣고 있다가, 손주들한테
하나씩 나누어 주듯이 …
사랑의 또 다른 이름은 이별이고, 배신이라는 것도
새겨야 할 것이다.
나이가 들어도 내게 꼬리치며 유혹하는 년(?)이,
딱 하나 있기는 하다.
옛날엔 수도 없이 많았는데 …
세살 버릇 여든까지 간다고 했던가?
그때도 유부녀(?)를 무척 사랑했거든.
그런데 지금은 반려견 한마리만 내게 꼬리치니,
서글프기도 하고 슬프다.
아 ~~ 옛날이여!
그녀의 모습에 가수 이선희씨가 오버랩 된다.
사랑은 이 정도로 끝내고, 명예도 젊어서 한때지
늙어서 무슨 필요가 있겠나?
경로당에 가면 학력 평준화에, 돈도 명예도 모두 소용이
없다고 한다.
권력은 모르겠다.
권력은 모든 것을 가능케 하는, 연금술사인 것 같기는 하다.
하지만 뒤끝이 좋은 넘이 아니다.

가까이 하지 않는 게 도움이 될 것 같다.
하지만 7가지 복을 타고 난 넘도 있다.
내 친구 중엔 칠복이란 넘을 키우거든.
난 칠복이라고 해서 일곱 번째 복날에 된장 바르는 줄
알았는데, 가족처럼 지내는 넘이라고 한다.
복 받은 넘이야!
벌써 그넘 본지도 십여 년이 넘었는데 …
아직까지 살아 있으니 오복 중 첫 번 째로 꼽히는
장수복은 타고난 것 같다.
우리 집에도 반려견 한마리가 있는데,
이넘은 나를 좋아한 나머지, 떨어질 줄을 모른다.
큰 것 바라지 않는다며, 같이 있어만 달라고 한다.
분리 불안이 있는 것 같다.
어쩌면 내하고 비슷한 게 있어, 정이 더 많이 간다.
어디 이것만 같겠나?
놀고 먹는 것도 마찬가지다.
이제 내 이야기로 화제를 바꾼다.
현대판 오복의 첫 번째!
건강하고 마누라와 함께 노년을 …
이글의 맨 마지막에 꺼내는 이유는 다른 것은 욕심이 없어도,
이것만큼은 양보하고 싶지 않기 때문이다.
세월은 내게 나이란 것을 해마다 한살씩 더 주면서,
대신 건강을 내 놓으라고 한다.

세상에 공짜가 어디 있느냐며, 받는 게 있으면 주는 것도 있어야 한다나?
맞는 말이다.
하지만 이넘은 내게 다른 사람의 갑절을 요구한다.
미친 넘이다.
나이에도 세금폭탄을 던지는 야비한 넘이다.
그래서 건강을 많이 빼앗겼다.
그러다 보니 죽음에 대한 생각도 하게 되고,
지금까지 살아온 인생을 정리하기에 이른다.
결론은 인생! 그것 아무 것도 아니야.
그저 그렇게 사는 게 인생이야. 여기에 이르게 된다.
하지만 갈 땐 어떻게 가지?
우리 집 개처럼 분리불안이 있는데 …
걱정이다.
마누라도 분리불안 증세를 보이기는 내하고 마찬가지다.
하지만 분리의 대상이 내하고 다르다.
그 대상이 우리 집 개처럼 내가 아니라 돈이다.
그래서 늘 지갑을 탁자 위에 놓고 산다.
돈뿐만 아니라 통장도 마찬가지다.
이러니 오복 중에서 3번째 오복!
돈에 대해선 걱정할 필요가 없다.
이렇게 밥 먹고 사는 것도, 아내 덕이란 생각이 든다.
그러고 보면 나도 복 받은 사람이다.

돈 벌지 않아도 먹고 사는데 지장이 없으니,
이보다 더 큰 복이 어디 있겠나?
그런데 하느님은 모든 것을 다 주지는 않는 것 같다.
내겐 분리불안이란 불행(?)을 줬다.
집에 편안히 있다가도 마누라가 보이지 않으면,
호흡을 거칠게 하거든.
우리 집 반려견은 내가 없을 때 거저 컹컹 짖으며
분리불안을 해결하는데, 난 숨쉬기가 어려울 정도니 …
이일을 어찌 해야 하나?
개보다 정도가 훨씬 더 심각하다.
이런 증세를 해결할 수 있는 사람은 오직 하나! 아내다.
상태가 중증이다 보니, 마누라는 가끔 내게 이런 얘기를 한다.
당신 혼자 저승길엔 어찌 갈라요?
내가 먼저 죽지 못하고 사는 이유다.
아내는 내 분리불안의 심각성을 알고는, 먼저 가려고 한다.
그러면 밥은 누가 해 줄 것인데, 절대로 먼저 죽으면
안된다고 손사래를 친다.
계란이 먼저냐? 닭이 먼저냐?
뭐, 끝없이 이어지는 그런 이야기 같다.
닭과 계란 얘길 하다 보면, 또 하루가 지난다.
이러다 보니 노년을 함께 보내는 오복 중의 두 번째는,
계속 이어질 것 같다.
아는 지인과 술 한잔 하며, 아래와 같은 얘기를 했다.

아내는 매일 저녁마다 술상을 차린다.

술 한잔 털어 넣을 때 마다 안주를 입에 넣어준다고 했더니,

그 양반 왈! 저거 집 사람은 씹어서 준다나?

삼키기만 하면 되도록 …

그 양반은 이가 없거나 아니면 틀니가 시원찮은 것 같다.

안주를 그냥 주던, 씹어서 입에 넣어주던

함께 하는 행복한 노년의 모습이다.

당신의 노년이 행복하기 위해선 …

•

•

•

•

분리불안이 답이다.

삶은 소대가리는 싫다며 …

(오늘은 뭘로 손주의 환심을 사 볼까?)

나라에선 애기 울음소리가 들리지 않는다고 난리다.
고령화 사회가 급속도로 진행되고 출산율이 1%이하로
떨어지다 보니, 대한민국의 존재 자체가 불투명하기 때문이다.
다시 말해 국력은 인구수에서 나온다는 얘기다.
아기의 웃음소리가 힐링이 된다면, 아기의 울음소리는
국력이 되고 있다.
절간 같은 집에 살다가 영국 딸네에 오니,
손주들의 울음소리가 내 정신을 쏙 빼놓는다.
육아 지옥이란 말이 실감난다.
하이 톤으로 때로는 중모리, 중중모리로 내 귀를 때린다.
거기서 중머리가 왜 나오요?
듣는 중이 기분 나쁘겠소?
중머리가 아니고 중모리입니다.
서양 음악에서 빠르기를 나타내는 Andante나 Allegro 같은
것으로 우리 국악에 나오는 용어이니, 오해하지 마시기 바랍니다.

그건 그렇고 손주 얘기로 돌아간다.
이래 울어 대니 작년보다 더 어른스러워졌을
것이란 기대는, 여지없이 무너졌다.
울음이란 단어에 사랑을 넣어 본다.
손주의 사랑소리!
그렇게 해 오늘도 저물어 가고 있다.
내일도 그 녀석들의 울음은 계속될 것이다.
몇십 년 경험하지 못한 소리를 들으려니,
인내심에 한계가 오기도 한다.
세나개의 개통령 강형욱씨 같으면 어떻게 할까?
간식을 주고 교육하면 좀 나아질까?
그런데 그것도 아닌 것 같다.
인기를 얻어 볼 요량으로, 어제는 선물도 사줬다.
그것도 그때뿐 먹혀 들지 않는다.
이젠 대 놓고 할아버지는 싫다고 한다.
형욱씨! 이 일을 어찌 해야 되겠소?
질긴 포 같은 개 간식을 주거나, 아니면 개 껌으로
아이를 달랠 것은 아니냐고요?
내가 미친 사람이 아니고서야 어떻게 손주 입에
그런 것을 물리겠소.
애들이 즐겨 먹는 마이쮸 라는 사탕을 줘도 그때 뿐 이니,
이일을 어떻게 해야 할지 답이 보이지 않는다.
이렇게 해 또 하루가 저문다.

내일은 무엇으로 꼬셔 인기를 만회해 볼까?
잠이 오지 않는다.
그래서 날이 밝자 마자, 삶은 소대가리와 소주를 준비했다.
손주 둘을 앉혀 놓고 소주 한잔 하자고 한다.
삶은 소대가리는 싫다며, 쳐다보지도 않는다.
술도 어린이에게 준다며 할아버지 미쳤어!
할아버지 싫어! 하며, 또 울기 시작한다.
할아버지 싫어 란 말은 항상 옵션으로 따라 다닌다.
정말 백약이 무효다.
이 일을 어찌 해야 할꼬?
손주보다 내가 먼저 취해 헤롱거린다.
오늘도 "우리 손주들 사랑해"를 되 뇌이며 잠자리에 든다.
내일은 무엇으로 또 손주의 마음을 얻어 볼까?
담배를 권해 보라고요?
옛날엔 사람을 만날 때, 담배부터 한대 권하며
인사를 하지 않았소.
첫 인사부터 잘못 된 것 같다고요?
담배는 아닌 것 같소.
손주들이 제일 싫어하는 게, 담배 냄새 입니다.
할아버지 가까이 오지 마! 막대 사탕(?)은 싫어.
그리고 냄새 안 좋아! 담배 피우지마!
이래 얘기하는 넘들한테 담배를 권하는 것은
정말 아닌 것 같소.

그런 담배가 아니라 마리화나를 권해 보라고요?
그래서 어렵사리 마리화나를 구해 피워 보라고 했지만,
그것도 혹시나가 역시나로 끝났다.
그러면서 할아버지가 이상하단다.
초등생이 되면 몰라도, 유치원생에게 어떻게 담배를 권해 …
그리곤 머리 위로 손가락을 돌리는 퍼포먼스까지 한다.
이렇게 구애를 해도 받아주지 않으니,
이제 슬슬 지치기 시작한다.
피로가 몰린다.
밥보다 잠이 더 귀한 시간이다.
일단 자고 내일 또 다른 대책을 마련해 볼까? 싶다.
오늘은 손주가 좋아하는 여친과 남친을 구해
대령해 볼까? 한다.
어렵게 지 또래의 여자 아이와 남자 아이를 데려 왔지만,
그것도 실패했다.
유치원에 가면 영국 아이들이 많다며 시큰둥하다.
아이들 취향도 모른 채 동양계 외국 아이를
모셔(?) 왔으니, 실패는 당연한 일이다.
손주들이 "난 코 크고, 노랑머리 친구들이 좋단 말이야"
이러는 게 아니겠냐?
오늘도 손주의 마음을 사기엔 역부족이다.
이럴 땐 잠이 최고지.
꿈속에선 제발 울고 떼쓰지 않는 모습을 기대하며 …

그리고 다음날! 무엇으로 환심을 사 볼까?
작년 이맘 때 손주들에게 선물한 악기로,
그 녀석들의 울음을 그치게 하면 어떨까?
이런 생각이 들었다.
기타를 꺼내 코드를 잡으며 리듬을 쳤다.
의외의 반응이었다.
할아버지 근처에도 오지 않던 넘들이 우르르 몰려오더니
할아버지 쳐줘! 캐롤 연주해줘.
이러는 게 아니겠나?
역시 피는 못 속인다는 사실!
그 녀석 어미가 어릴 때부터 바이올린을 해,
독일에서 최고 연주자 과정까지 마친 바이올리니스트가 아닌가?
내가 왜 그 생각을 못하고 이렇게 몇날 며칠을 고생했는지 …
다리에 힘이 쫙 빠진다.
한편으론 좋은 경험을 했다는 생각도 든다.
삶은 소대가리를 싫어하는 것을 보면 나라에 충성하는
건강한 국가관을 가지리라 여겨지며, 술 담배도 거부하니
몸에 좋지 않은 것은 즐겨하지 않을 것으로 보인다.
그리고 여자 친구도, 남자 친구도 별로 관심이
없는 것을 보니 커서는 아내나 남편만 바라보며,
행복하게 살 것으로 여겨진다.
아울러 음악을 사랑하니 순도 100%의 순수함도 있을 것이고,
인생을 즐기며 살 것이라고 미래를 점쳐 보기도 한다.

손주의 울음소리는 국력이야. 많이 울어.
할아버진 앞에서 얘기한 대로 울음에 사랑을 넣어
듣고 있거든.
그래서 하나도 시끄럽지 않고, 짜증스럽지도 않단다.

•

•

•

•

울고 싶으면 크게 소리 지르며 마음껏 울어.
우리 손주들! 사랑한다.

노숙자와 노숙견

(그들의 행복한 삶이 계속 이어지길 …)

개는 일만 년 전부터 인간과 함께 해 온, 동물이다.
주인에게 충성하고, 잘 따르는 사회적 동물이기도 하다.
먹이를 얻어먹는 대가로, 주인을 끝까지 지키는 …
글자 그대로 밥값을 하는 그런 넘이다.
진도 개가 몇 백리 떨어진 거리에서도 주인을 찾아
오는가 하면, 주인이 화마에 갇혀 있어도 불길로 뛰어드는
넘이 개이기도 하다.
요즘엔 이런 개를 고속도로에 버리고 가는 사람도 있다.
이왕 버릴 것 같으면 민가가 있는 곳에 유기하면
그래도 먹고, 자고는 할 수 있을 것 같은데,
고속도로에 버리면 어찌 살아라고 그러는 지
이해가 되지 않는다.
개보다 못한 넘이 아닐까? 이런 생각도 든다.
영국에 온 지 며칠이 지났다.
연말 런던 시내 관광을 하다 보니,

종이에 I'm hungry 라는 글을 써 놓고 구걸을 하는
노숙자를 볼 수가 있었다.
이런 선진국에서 배가 고프다고 …
오늘 따라 유난히 날씨가 춥다.
손도 시리고 그 감각이 발끝까지 전해진다.
또 다른 곳으로 가니, 노숙자와 함께 노숙견도 있었다.
차디찬 바닥에 얇은 천 조각 하나 깔고, 주인과 함께
구걸을 하고 있었다.
주인을 잘 만났으면 넓은 잔디밭에서 뛰어 놀고,
맛있는 고기반찬에 온돌방에서 살고 있을 텐데.
차디찬 겨울 바닥에 망사 옷을 걸치고, 사료 한 점 없는
현실에 망연자실한 모습으로 주인을 지키고 있는 것이
안쓰럽게 보인다.
전생에 반려견한테 밥도 주지 않고, 학대를 했나?
이승에 오면 역할이 바뀌어 거꾸로 된다고 하던데 …
그넘이 사람이었던 전생에, 지가 키우던 반려견을
고속도로변에 버린 악행을 저질러서 그런 것은 아닐까?
이런 생각도 해 본다.
런던의 많은 사람들이 이런 모습을 보고도 그냥 지나친다.
인권을 중요시 하는 선진국에서도, 어찌 보면
인권의 사각지대에 놓여 있는 사람들이 눈에 많이 띈다.
추위에 떨고 있는 노숙자를 보며, 내 윗도리라도 벗어
주고 싶은 마음이 든다.

따뜻한 국물이 있는 컵라면이라도 권하며,
추위를 이겨 보라고 하고 싶었다.
하지만 주변에 컵라면 파는 가게도 없었고,
패딩을 파는 상점도 보이지 않아 도와 줄 방법이 없었다.
개도 마찬가지다.
펫샵도 보이지 않을 뿐더러, 그넘은 비싼 옷을 사줘도
아마 배가 고파 물어뜯기 바빴을 것이다.
노숙자와 노숙견을 쳐다보며, 담배 한대를 물었다.
불쌍한 넘들!
흙수저가 대부분이었던 60년 전만해도, 많은 사람들이
저렇게 살았는데 …
머릿속은 그 옛날로 돌아가 있었다.
당시 배불리 먹고 산 사람들이 별로 없었다.
옷도 성장 속도에 따라 언니가 입던 옷을 동생이 입고,
그 아래 동생은 옷이 낡아 우라까이 해 입었다.
우라까이는 일본 말로 바깥이 헤어져 못 입을 정도가 돼
옷을 뒤집어 입는 것이다.
먹고, 입고, 자던 것이 어려웠던 그 시절!
런던 거리의 노숙자를 보며 내 어린 시절을 떠 올려 본다.
다시 그 노숙자와 노숙견의 얘기를 해 볼까? 한다.
I'm hungry! 배가 고픕니다.
도와주세요.
이렇게 써 놓고 있는 영국 신사는, 우리나라 노숙자와

다를 바가 없었다.
그래도 선진국 노숙자는 뭐가 달라도 다를 것이라
생각했는데, 꾀죄죄한 모습도 그렇고 얼굴에 배고픔이
서려 있는 것도 마찬가지다.
빵과 커피를 마시며 지나는 행인들이 많은 런던의 중심가!
그는 이 모습을 보며, 어떤 생각을 하고 있을까?
흙수저로 태어난 것을 원망하고 있을까?
아니면 재산을 주색잡기로 말아 먹은, 자신을 반성하고 있을까?
이런 저런 생각을 해 본다.
이제 그와 함께 동고동락을 함께 하고 있는
개 이야기를 해 볼까? 한다.
개가 무슨 죄가 있어 스팀이 쫙쫙 나오는 집에서 살지 못하고,
추운 런던의 찬바람과 싸우며 밤이슬을 맞아야 하나!
개 팔자가 상팔자라는 말이 있지만, 개생이 견생이 아냐!
슬퍼할 것 같기도 한데 주인을 향한 일편단심은,
일만 년 전이나 지금이나 변함이 없는 것 같다.
가끔 지나가는 행인이 빵을 던져 주긴 하나,
숙자는 외면하고 숙견이 에게 준다.
숙자를 무시하는 이유가 뭘까?
숙자는 개 대가리(?) 보다는 지능이 높아,
지 살 길은 지가 찾을 것이라고 생각하는 것 같다.
아니면 살려고 노력하지 않고, 얻어 먹는 거지 근성을
질타하고 있는 것은 아닐까?

아니면 동물을 사랑하는 사람으로, 노숙자가 데리고 다니는 개가 학대를 받고 있다는 느낌 때문에, 그렇게 하는 것은 아닐까?

이런 생각도 해 본다.

숙견이는 빵을 받고는, 꼬리를 흔들며 감사합니다.

이런 인사를 보낸다.

양반집에서 자라진 못해도, 인사성은 상 넘이 아닌 것 같다.

그 넘은 빵을 주인이 먹을 때까지 기다린다.

배가 많이 고플 텐데 …

공자한테 삼강오륜을 배웠던 것일까?

참을성 또한 개 같은 넘보다 훨씬 낫다.

주인이 먼저 입맛을 다신 후에야 먹는다.

숙자 한입! 숙견이 한입!

이렇게 서로 나누어 먹으며, 그들의 하루가 저물고 있다.

배고픔은 인간의 존엄성까지 집어 삼킨다.

그리고는 요하고 이불을 개고, 주인을 따라 퇴근길에 나선다.

능력 없는 주인을 배신하면 지금 보다 먹고, 자고 하는 것이 더 나을 텐데.

좀 더 잘사는 주인에게 꼬리치면, 배부른 개가 될 수도 있을 텐데.

인물도 빠지지 않는데, 왜 이리 살아야 하나?

좋은 신랑감만 만나도, 배는 굶지 않을 것인데 …

개라고 이런 생각을 못할까?

세월 따라 돈 따라가 아니라, 세월 따라 의리 따라!

이런 점은 숙견이 한테 배워야 할 것 같다.
배가 고파도 추위가 자신을 괴롭혀도,
주인을 배신하지 않고 충성을 다 하는 녀석!
내일은 또 어디서 먹고, 자고 할런 지 …
숙자와 함께 고행의 길은 계속될 것이다.
하지만

•

•

•

•

주인님 힘내세요. 내가 있잖아요!
이러면서 내일엔, 그들의 삶이 더 행복하길 기대해 본다.
숙견이 힘네!

바닷가에서

시댁도, 친정도 가지말자! 공평하게

(내게 세뱃돈 줄 사람은 아무도 없다)

명절날! 가장 듣기 싫은 말이, 요즘 뭐하냐?

장가는 언제 가려고 그러냐?

애는 언제 낳으려고 하냐?

맨날 게임만 하면 나중에 어쩌려고 그러냐?

작년보다 살이 많이 쪘다.

술, 담배는 언제 끊을 거야?

이런 말이라고 한다.

백수로 사는 내보고 요즘 뭐 하냐?고 물으면,

어떻게 대답할까?

묻는 지(?)가 그르지.

장가는 언제 가려고 그러냐?

아직 마누라가 살아 있는데 무슨 그런 말씀을 하는 지,

이해가 되지 않는다.

애는 언제 낳으려고 하냐?

마누라는 유통기한이 끝났는데, 나보고 어쩌란 말인가?

그러면 이혼이라도 하고 애를 만들어 라는 얘기인가?
나도 한번 그렇게 해 봤으면 좋겠는데,
돈이 있어야 여자도 올 긴데 … 돈이 웬수다.
맨날 게임만 하면 나중에 어쩌려고 그러냐?
백수가 게임도 하지 않으면, 뭐 하고 살아 라는 것인가?
낙이라고는 그것 밖에 없는데 …
정말 잔인하다는 생각이 든다.
작년보다 살이 많이 쪘다.
먹고 노니까, 느는 것은 살밖에 더 있겠나?
내보고 먹지 말란 말인가?
술, 담배는 언제 끊을 거야?
간식이라곤 이것 밖에 없는데, 지(?)같으면 끊겠나?
욕 나오네 … 헛소리 한번 해 봤다.
이런 말은 글자 그대로 영양가 없는 얘기이다.
서로가 서로에게 하지 않는 것이, 행복한 명설로 가는
지름길이 아닐까? 싶다.
못 살던 60여 년 전만 해도 명절 때가 되면 엄마들은
차례 상에 올릴 고기며 생선이며, 과일을 사러
재래시장을 오고 갔다.
그때 덤으로 바지나 상의를 얻어 입는 게 최고의
기쁨이었다.
그저 명절이 좋아 전부치는 엄마 곁에 있으면, 맛있는 것도
한입 얻어먹을 수 있는 기회가 온다.

개도 명절이란 것을 알고 있었을까?
꼬리를 흔드는 것도 더 빨라지고 상하, 좌우로 …
거기에다 돌리기까지 한다.
지도 먹고 싶었겠지 …
요즘 주부들의 최대 고민이, 시댁에 가는 것과
음식 만들기 이다.
얌체 같은 며느리는, 직장을 핑계로 밤늦게 시댁을
찾기도 한다.
모두에게 즐거워야 할 명절이다.
그런데도 이런 것들로 불편하다.
해결 방법이 없는 것도 아니란, 생각이 든다.
며느리 마다 분담을 해서, 고향을 찾을 땐 음식을
가져 오도록 하는 것이다.
집집마다 10킬로그램으로 정하고 시아버지가 대문 앞에서
저울을 들고, 보초만 서면 해결 된다.
시아버지가 백수인데 할 일이 뭐가 있겠나?
그리고 시댁에 갈 것인지, 친정에 갈 것인지 …
이 문제로 갈등을 빚는 부부도 많다.
결혼해 지금까지 내가 친정에 몇 번 갔느냐?
시댁만 찾았지 …
이렇게 서로 삿대질(?)을 하며 싸우기도 한다.
출발도 하기 전에 마음이 상한다면, 어찌 즐거운 명절이 될꼬?
이 문제도 간단하다.

공평하게 시댁도, 친정도 가지 말자! 이러면 될 것 같다.
뭐하려고 싸워 가며 고향을 찾으려 하나?
우리 집 개는 고향을 찾지도, 찾으려고 하지도 않는다.
그래도 먹고 자고, 마음 편히 잘 살고 있다.
한 아이를 두고 두 여인이 서로 자기 자식이라고 우기자,
솔로몬은 병사에게 아이를 반으로 나누어 주라고 명 한다.
왕명이 떨어지자 한 여인이 엎드려 울면서,
저 아이는 제 자식이 아닙니다.
저 여인에게 주십시오.
자식을 살리기 위해 거짓말을 했던 것이다.
다른 여인도 무릎을 꿇고 말한다.
왕의 말씀이 옳습니다.
똑같이 반으로 나눠 주세요.
솔로몬은 울고 있는 저 여인에게 아이를 주라고 하며,
저 여인이 진짜 엄마야! 이렇게 외친다.
모성애를 이용한 솔로몬의 지혜가 돋보이는 명 판결이다.
비유가 옳은지는 모르겠지만, 싸울 게 아니라
지혜가 함께 하는 명절은 될 수 없을까?
이런 생각도 해 본다.
아무 데도 가지 말자고 하면 연휴가 지겨워서 라도,
먼저 시댁이나 친정으로 Let's go! 하자고 할 것 같다.
그리고 하지 말아야 할 1순위가 있다.
애가 아빠를 전혀 닮지 않았네.

아빠는 코가 오뚝한데 야(이 아이)는 와 이렇노?
코가 꼭 몽골 사람처럼 두리뭉실하네.
그리고 피부는 와 이래 까무 잡잡하노?
지 애미, 애비는 피부가 뽀얗는 데 …
이런 말은 금기 중의 금기다.
이 말을 듣고 있는 며느리는 어떻겠는가?
그것도 시부모 앞에서 …
이번 명절도 세뱃돈이 제법 많이 나갈 것 같다.
파운드화의 가치가 많이 높거든.
그 돈이면 한 달 용돈은 되는데 …
이제 내게 세뱃돈 줄 사람은 아무도 없다. 슬프다.
즐거운 명절이 되기 위해선, 서로 마음 상하는 일은
없어야 한다.
요즘 기타도 치고, 스마트폰을 가지고 글도 쓴다.
Smart 폰인데도 영 스마트하지가 않다.
개인적인 생각은 이 넘으로 인해 손목 터널 증후군(?)을
앓고 있는 것 같다.
아프기도 하지만 시큰거리며, 앉았다 일어설 땐 손목으로
디디고 일어나야 하는데 불편하다.
그래서 손목이 아프다고 하자, 어떤 사람은 거기가
어디 손목이냐? 팔목이지 …
이러면서 지 말이 맞다고 주장한다.
인생에서 가장 먼 여행이, 머리에서 가슴까지 라는 말이 있다.

김수환 추기경께서도 사랑이 머리에서 가슴까지 내려오는데,
70년이 걸렸다고 했다.
머리에서 가슴까지 30센티미터 내려오는데 …
그렇게 오래 걸리나?
이렇게 애기하자, 또 40센티미터라며 시비를 건다.
그 친구는 키가 좀 크거든. ㅋㅋ
자로 재어 보면 될 것을, 왜 그러는 지 모르겠다.
이렇듯 다툼과 갈등은, 사소한 것에서 출발한다.
서로 칭찬하고 격려해, 웃음이 함께 하는 설이 되어야 할 것이다.
나무만 보지 말고 숲을 보는 지혜로, 행복한 명절이
됐으면 좋겠다.
본의 아니게 이번 설은 런던에서 보내게 됐다.
딴 사람들은 다들 자식 집에 가서 차례 상 받아,
밥도 드시고 술도 한잔하는데, 돌아가신 부모님께
죄송스런 마음이 든다.
그렇다고 지구를 반 바퀴나 돌아야 하는 이곳에,
오시라고 말하기도 그렇고 아무튼 송구스럽다.
여기 오시는 것은 좋은 데 잘못 하다가 길을 잃을까,
걱정도 된다.
여긴 집들이 전부 똑같이 생겨, 어제 산책을 나갔다가
미아가 될 뻔 했다.
교통순경(?)한테 말해 가지고 겨우 찾았다.
우째 애기 했느냐 꼬?

손짓, 발짓 다 했지.

그건 그렇고 올해 모두 건강하고, 행복하시길 바란다.

나도 설 지나고 나면, 큰 인물(?)로 쓰일 것이라고 한다.

동기 모임에서 회장을 하라고 난리다.

인품(?)도 좋고 덕망(?)이 있으니, 그럴 것이란 생각도 해 본다.

이글이 한국까지 가려면 9시간 정도 걸릴 것이다.

현재 시간 밤 9시니 지금 보내도 내일/설 이브 아침 6시에

도착할 것 같다.

마지막 인사하고 쫑終해야겠다.

Happy! The Lunar New Year's Day!

너무 어렵다.

해피 설날! 큰절을 올린다.

새해 복 많이 받으십시오. (넙죽!)

•

•

•

•

세뱃돈은 없나?

지중해의 푸른 바다 위를 날다

(노랑 머리를 한번 안아 봐야 …)

영국 게트윅 공항을 출발해 지중해의 푸른 바다 위를 날아,
스페인의 팔마 공항에 도착했다.
정월 초하루에 우리가 간 곳은, 우리나라의 제주도와 비슷한
아름다운 섬! 마요르카(Mallorca)의 해변가 한적한 마을이다.
숙소로 정한 펜션에 도착해 집 주인에게 연락하자,
금발의 미녀가 5분도 되지 않아 왔다.
멀리서 개 한 마리와 동행하며 오던 그녀는, 우리를 보자마자
손을 흔들며 뛰어온다.
서양식 인사로 꼭 안으며 뽀뽀해 주고 싶었지만,
마누라의 눈빛이 너무 강렬해 포기했다.
그녀도 아내의 눈치를 보는 것 같았다.
말은 하지 않아도, 동양계 남자의 기를 느껴 보고
싶었을 것이다.
나 역시 다시 태어난다면, 금발의 저런 미녀와
한평생을 같이 하고 싶다는 생각이 든다.

하지만 저 여인을 포옹할 바에는, 차라리 당신을
껴안겠다고 했다.
이 나이가 되도록 마누라 눈치를 보며 살아야하는 지,
자괴감이 들었다.
그래도 여기 왔으면 노랑 머리는
한번 안아 봐야 하는데 … ㅋㅋ
안아 보지는 못해도 함께 술이라도 한잔하며
즐거운 시간을 가져야, 여행다운 여행이 되지 않을까?
이런 생각을 하니 마누라가 밉기 까지 하다.
나이가 나이인 만큼, 눈감아 줄 수도 있을 것인데 …
늙어도 여자는 여자란 생각이 든다.
정초라 가게가 모두 문을 닫고 마을은 정적이 흐르는
무인도와 같다고나 할까?
오늘 저녁엔 먹을 것이 없다.
올 때 라면 몇 개는 가져왔으니, 술만 있으면
그래도 하루 저녁은 편히 지낼 수 있을 텐데 …
가게가 모두 불을 끄고 잠을 자고 있어,
술꾼인 나는 무척 갑갑하다.
그래도 한번 나가 보자고 해, 마트를 찾았다.
동양계 중국인이 하는 가게가 있었다.
구세주를 만난 기분이랄까?
이렇게 스페인의 첫날밤이 시작됐다.
스페인은 무적함대로 세계를 제패한 적도 있었다.

하지만 지금은 청년 실업률이 50%나 되는,
유럽에선 어려운 나라 중의 하나이다.
그러나 그들의 자존심은 유럽 선진국 중에서도 으뜸으로,
Top of Top! 그 자체다.
클래식 기타의 베토벤이라 불리는,
타레가를 배출한 나라가 스페인이다.
기타를 공부하는 사람들의 로망인 알함브라 궁전의 추억이란
곡을, 타레가가 작곡했다.
뿐만 아니라 세계 3대 테너인 루치아노 파바로티,
플라치도 도밍고 그리고 호세 카레라스 가운데, 2사람이
스페인에서 나왔다.
파바로티만 이태리 출신이다.
바닷가 한적한 마을은 고층 빌딩 속에 살던 나에게,
또 다른 새로운 감성을 불러일으키게 한다.
이런 마을에서 타레가의 아름다운 기타 선율이 흘렀다는 것을
상상만 해도 행복하고, 기타를 공부하고 있는 나로서는
스페인이 의미 있는 나라로 다가 왔다.
못하는 기타라도 들고 와, 정적이 흐르는 이곳 마을에서
연주해 보면 얼마나 좋을까?
예술이 살아 숨 쉬는 마을이다.
또 마요르카 섬은 2가지 역사를 기록하고 있다.
낭만주의 음악의 대가인 쇼팽이, 이곳에서 숨을 거뒀다는 것이다.
폴란드 태생의 피아니스트이자 작곡가인 그는

요양 차 이곳에 와,39년의 짧은 생을 마감한다.
바닷가 마을인 이곳은 조용하고 평화로워 심신의
안정 뿐 아니라, 살기에도 좋은 곳이다.
또 하나는 애국가를 작곡한 안익태 선생께서도,
스페인 아내와 여기서 살다가 돌아가셨다.
우리나라의 1세대 작곡가로 한국 환상곡(Korea Fantage)이
그의 대표작이다.
애국가도 이곡 가운데 나오는 음악이다.
쇼팽의 체취가 묻어 있고, 안익태선생의 흔적이 남아 있는
섬/ 마요르카!
오늘 도착한 이곳 펜션은 리조트 타운으로 100여 평의
아늑한 공간에, 풀장까지 있는 집이다.
딸 내외와 손주 둘 그리고 우리 부부와 늦둥이 딸까지
7명이 지내기엔, 너무 좋은 집이다.
이 동네의 집값을 물어 보니 이 정도면 우리 돈으로
5억 원 가량 할 것이라고 한다.
그래서 여기 오자마자, 아내에게 계약하라고 했다.
스페인에 전원주택, 영국에 살림 집 하나 그리고
독일의 예술가 마을에 집 한 채를 사서,
자식들에게 나눠 주고 싶어서였다.
그러자 마누라가 이래 얘기한다.
달나라에는 한 채 안 살 거요?
정말 감성이 없는 여인이다. 꿈도 못 꾸나?

내 꿈마저 앗아 가는 것 같아, 서글픈 생각마저 든다.
태초에 아담과 하와는, 돈 없이도 지구 전체를 앞마당으로
꾸미고 살았는데 …
그때가 부럽다는 생각이 든다.
발가벗고 둘이 살아도, 누가 뭐라고 할 사람이 있나?
그들이 살고 있는 이곳에 집 주인인 금발의 미녀가
아담 앞에 나타난다면, 그의 반응은 어땠을까?
둘이서 멀리 떨어져 딴 살림을 하자고 했을까?
궁금하다.
소 키우고 양계하며 음메 ~~ 하는 소리가 엄마 가슴처럼
포근하게 느껴지고, 꼬꼬댁 하는 닭 울음소리가
정겹게 들리는 아담과 하와의 정원!
하와는 복 받은 여인이었다.
아담의 갈비뼈가 아니라 소 갈비뼈를 받았다면,
불판구이로 사랑을 받았으면 받았지 …
그 이상도 그 이하도 아닐 것이다.
내일은 갈비 살로 소주잔을 당겨볼까? 한다.
그건 그렇고 전원주택을 바라는 현대인의 로망!
그런 모습이 아담과 하와의 신혼집이다.
그러고 보면 그들은 금수저로 태어났다.
요즘 집값 뿐 아니라, 땅값이 얼마나 비싼가?
젊은이들이 집 한 채 마련하려면, 월급을 한 푼도
쓰지 않고 모아도 뭐 100년(?)이 걸린다나?

그러니 살아 보지도 못하고 죽을 집에, 누가 투자를 하겠나?
주택청약저축에 재형저축! 이런 게 무슨 소용이 있을까?
다 꿈같은 소리지 …
정말 하느님은 많은 유산을 그들에게 남겼다는 생각이 든다.
나는 우리 애들한테 줄 게 없는데 …
우짤꼬?
스페인 여행 2일째 되는 날!
밥이나 사주는 것으로 유산을 대신할까?

•

•

•

•

그러면 말은 안 해도, 속으로 욕할 긴데 … ㅋㅋ

내게 행복을 가져다 준 시간!

(엄마의 말은 거짓말이야!)

스페인 여행기 2탄으로 무얼 쓸까?
고민하다가 일단 부딪혀 보자는 심정으로,
마요르카 광장으로 나갔다.
춥지도 덥지도 않은 가을 날씨로, 많은 사람들이
광장에 모여들고 있다.
사람뿐 아니라 스페인으로 유학(?)온 시바를 비롯해
치아와, 푸들, 허스키! 이런 넘들도 이곳 사람들의
문화를 배우고 익히기 위해, 코를 킁킁거리며
바쁘게 다니고 있다.
그러면서도 아무 곳에나 싸고 시치미 뚝 떼고 가는 것은,
우리나라에 온 유학생이나 별반 다를 게 없다.
이넘 뿐만 아니라 일 미터 앞에서 급하게 차선을 바꾸는,
개보다 못한 넘도 눈에 띈다.
얼마나 놀랐는지 지금도 가슴을 쓸어내린다.
개가 그렇게 하는 것을 봤는가?

그런가 하면 지 꼬라지 모르고 허연 다리 살을 드러내고
보란 듯 다니는, 젊은 여성도 눈에 띈다.
사타구니에 겨우 걸친 바지를 입고,
그렇게 해서 다니는 젊은 여자를 보고 있으면,
흰 돼지 삶은 뒷다리 살을 보는 듯하다.
우리나라나 스페인이나 노이즈 마케팅으로
사람의 눈길을 끌려고 하는 것은,
마찬가지가 아닐까? 싶다.
하지만 대부분의 사람들은 자유와 민주를
얼굴에 써 붙이고 다니는 듯 했다.
인자한 노인의 모습도 그렇고, 자유분방한 젊은이의
표정에서 그런 것을 읽을 수 있었다.
그리곤 수산물 시장을 찾았다.
생선이나 파는 재래시장쯤으로 생각했지만
바다에서 수영을 즐기는 넘들 뿐만 아니라,
열대 과일도 일렬횡대로 그 자태를 뽐내고 있다.
자리를 조금 옮기자 돼지 다리가 훈제로 몸을 깨끗이
단장하고는, 우리 입에 다가 온다.
먹을 게 지천으로 깔려 있는 곳이다.
오늘 저녁에 저 넘들과 함께 소주가 춤을 출 것을 생각하니,
빨리 해가 떨어졌으면 좋겠다는 생각이 든다.
금강산도 식후경이라고 하지 않던가?
그리고는 구글로 인터넷 검색을 해, 맛 집을 찾았다.

정말로 줄을 서서 기다리며 찾는 레스토랑이다.
해산물을 비롯해 양고기로 요리된 맛 집 음식은,
내 입을 황홀하게 했다.
특히 양고기 맛이 양 ~~호하다.
맛에 비해 음식 값이 너무 저렴하다.
성인 5명이 500CC 맥주 3잔과 함께 먹었는데,
우리 돈으로 20만원 조금 넘게 나왔으니 싼 편이다.
스페인에 오기 전 런던에서, 일본 라면 4개와
돈까스 1개 그리고 맥주 500CC 3잔 마시고
15만원 가까이 준 것에 비하면 가성비가 너무 높다.
스페인 여행 이틀째 점심은, 내게 행복을 가져다 준
시간이다.
그리고는 산타 마리아 대성당으로 향했다.
난 그곳에서 하느님의 살아 계심을 확인했다.
배고프고 어려울 때 하느님을 많이 찾는다.
빵 다섯 조각과 물고기 두 마리로
배고픈 수천의 어린 양을 먹였다는 2천여년 전 오병이어의
기적을 성경은 기록하고 있다.
또 병든 자를 낫게 하는 상상을 초월한 경이로운 일도 만든다.
하느님이 밥 먹듯이 하는 말이,
배고프면 다 찾게 되어 있어!
날 찾으라고 말할 필요가 없어.
왜 구걸(?)해? 이렇게 말을 했다나?

배고픈 아이가 밥 줘! 하면서 조르지, 배부른 아이가
먹을 것 달라며 떼쓰는 것 봤나?
하느님이 음식점을 하는 것도 아닌데,
왜 그런 말을 했을까?
살짝 맛이 간 게 아니냐?
이런 말을 하는 사람도 있다.
그 사람들은 죽어서 좋은 데 가기는 어려울 것 같다.
그건 그렇고 난 오늘 점심을 배불리 먹고,
배가 부른 데도 하느님이 보였거든.
부산에서는 만나지 못한, 영적 미팅을 하였다.
스페인은 하느님을 사랑하는 카톨릭 국가라서 그런가?
그리고 550여년 전 콜럼버스가 살았던 나라가
스페인이기도 하다.
그는 이태리 태생이나 스페인 이사벨라 여왕의 후원으로
인도를 가기로 했지만, 인도는 발견하지 못하고
신대륙/ 미국으로 가게 된다.
네비 아가씨한테 물어 봤어도 알 수 있는 것을,
당시는 이곳이 신대륙이라는 것도 몰랐나.
결국 그는 스페인으로 부터 미친 넘이란 소리를 들으며
버림을 받는다.
그래서 스페인은 이가 갈린다며,
이 나라에 묻히길 거부한다.
그리고 그는 이런 유언을 남기며,

한 많은 이승과 작별을 하게 된다.
스페인에 묻히는 것은, 나를 두 번 죽이는 것이다.
물론 내가 만들어 낸 유언(?) 조작이다.
이 정도 헛소리는, 법에 저촉되지는 않을 듯 싶다.
세비아의 어느 성당에 가면, 콜롬버스의 관을
4사람의 장정이 메고 있는 상이 있다.
그의 영혼이 아직까지 땅속에서 영면을 취하지 못하고 있는 현실이다.
그의 도전 정신과 아이디어의 전환은 이 뿐만이 아니다.
둥근 계란을 아무도 바로 세우지 못하자,
그는 계란을 조금 깨어서 세웠다.
발상의 전환!
현대를 살고 있는 우리에게 큰 교훈을 주고 있는 인물이,
콜럼버스이기도 하다.
이제 오늘의 만찬을 위해 마트로 갈 시간이다.
거기에 오는 사람들은 배에 거지가 들어 있는 지,
카트 한 가득 싣고 나간다.
경제도 좋지 않다고 하면서, 그래 많이 먹어도 되나?
적게 먹고, 많이 일하자!
스페인 방송에서 이런 캠페인을 벌이면 어떨까?
먹는 얘기를 하면 60여년 전 어려운 시절이 떠오른다.
배고픔의 트라우마가, 이렇게 오래 가는 지 …
우리 어머니는 늘 너희들 먹는 것만 봐도,
배가 부르다고 했다.

이제 생각을 해 보니, 그건 Fact가 아니다.
먹지 못하고 굶어 가며 우리를 키운 어머니!
맛있는 음식이 입에 들어 갈 때마다, 생각이 난다.
그립고 많이 보고 싶다.
너희들 먹는 것만 봐도 배가 부르다는,
엄마의 말은 …

•

•

•

•

거짓말이야!

마요르카의 Drach Caves를 가다

(삼각 편대로 파헬벨의 캐논을 …)

마요르카 여행기! 3탄이다.
스페인(?)도 식후경이란 말이 있다.
어디 스페인만 그렇겠는가?
먹고 살려는 생존 본능이, 이국땅에 오니
그 빛을 더하는 것 같다.
집에 있을 땐 1식 10찬 정도로, 늘 백수가 이리 잘 먹어도
되느냐고 불만(?)을 토로했다.
마누라가 하는 게 마음에 드는 날이 하루도 없었다.
그러니 다이어트는 상상도 할 수 없다.
그런데 여기에선 그렇게 먹을 수도 없고, 먹일 수도 없어
사존하는 아내는 늘 노심초사 한다.
참고로 사존은 사랑하고 존경한다는 말을 줄인 표현이다.
뭐, 대통령 신년사 같다고요?
오늘도 국 대신 라면 국물로 그리고 김과 생선구이로
아침식사를 마쳤다.

군대 밥도 요즘엔 일식 칠찬(?)이란 말도 들리던데,
일식삼찬으로 끝냈다.
식사 후 커피는 기본!
이 세상에서 제일 맛있는 커피는, 아내가 타주는 것이다.
30분 정도를 달려 Drach Caves(드라크 동굴)에 도착했다.
입장하기 까지 1시간 정도 시간적인 여유가 있다.
눈치를 보던 아내가 음료수를 사려고 가게에 들어가는
딸레미한테, 아빠라떼라고 소리를 친다.
카페라떼는 내가 좋아하는 음료인데, 아빠라떼라는
커피도 있었나? ㅋㅋ
아빠라떼는 아빠!와 카페라떼의 합성어이다.
만 3세 이상은 입장료를 내야한다.
손녀가 만5세인데도 입장료를 내지 않고 들어가기 위해,
사위가 보행기에 태워 얼굴을 가린다.
이럴 줄 알았으면 젖병이라도 물리고 데려올 걸,
후회가 된다.
Drach는 영어의 Dragon이다.
동굴 모양이 용같이 생겨, 이런 이름이 붙여졌다고 한다.
들리는 얘기에 의하면 오래전 이곳에 용이 살았고,
좋은 일을 많이 한 사람에겐 용이 보인다고 한다.
지하 갱도를 따라 동굴 속으로 들어가면,
넓은 호수가 나온다.
수심 300미터(?)라고 하니, 어디 용만 살았겠는가?

고래도 있었지 싶다.
동굴로 들어서자마자 용이 내게 다가온다.
첨부한 사진을 보면 믿을 수 있을 것이다.
카톡으로 보낼 땐 그림이 있었다.
이렇게 볼 때, 내가 좋은 일을 많이 하긴 한 것 같다.
아무도 알아주지 않았고, 또 오른 손이 하는 일을
왼손이 모르게 하라고 하지 않았던가?
하지만 오늘은 용을 봤으니, 한마디 해도 괜찮을 것 같다.
얼마나 선행을 베풀었으면, 용을 다 보나?
의아해 할 수 있을 것이다.
그래서 밝혀 둔다.
해마다 돈 천만 원씩(?) 기부한 게 벌써 30년이 넘었고 …
아무튼 오랜 세월 동안 기부 인생으로 살아온 것은
맞는 얘기다.
선행은 여기에 그치지 않고 계속 된다.
하지만 그 외의 이야기는 접도록 하겠다.
자랑을 많이 하면 남들이 싫어하거든.
또 거기에서의 뱃놀이는, 어디에서도 느껴볼 수 없는
짜릿함이 있다.
뱃놀이를 하기 전에, 열린 동굴 음악회가 나를 흥분시킨다.
불이 꺼지며 후광이 동굴을 감싼다.
배 한척이 두 대를 이끌며 호수를 돌기 시작한다.
첫 번째 배에선 오르간1, 바이올린2, 첼로1 으로 소리를 낸다.

배가 움직이는 속도에 따라 연주자도, Tempo Rubato로 활을 긁는다.
뒤에 따라 오는 배에선, 조명을 연주자에게 맞춘다.
삼각 편대로 파헬벨의 캐논이란 곡을 연주한다.
그리고 고요한밤 거룩한 밤과 함께 두곡이 더 이어진다.
글자 그대로 Fantastic한 장면이 연출된다.
행복이 내 가슴을 가득 채우고, 지금까지 한 번도 느껴보지 못한 흥분이 솟구치기 시작한다.
그리고 바로 뱃놀이로 들어간다.
조그마한 배에, 많은 사람이 타기 시작한다.
내 옆에 바짝 붙어 있는 스페인 여성의 온기가 전해진다.
지금까지 느껴 보지 못했던 그런 감정이다.
이러면 되지 않는데 … 하면서도
승선 인원을 좀 더 늘렸으면 좋겠다는 생각이 들었다.
내만 그런 감정을 가질까?
수컷들은 다 마찬가지가 아닐까? 싶다.
뱃놀이의 끝은 점심 식사와 맞닿아 있었다.
손주들이 맥도날드로 가자고 졸라댄다.
그것도 눈이라고 버거킹 가게를 봤던 것이다.
잘 먹지 않는 음식이지만 서열 1위인 손주의 말이 곧 법이고 보면, 따를 수밖에 다른 방법이 없었다.
매일 낮술 한잔은 기본인데, 술 없는 식사가 어설프고 낯설기만 하다.

이제 짝퉁 진주를 만드는 곳/ Makorica로
이야기를 이동해 볼까? 한다.
조개껍질을 긁어 압축시켜, 진주를 만들고 파는 곳이다.
톱밥을 압축시켜 마루판을 만들 듯, 짝퉁을 합법적으로
제작 판매하는 상점이다.
짝퉁을 사서 뭐 하겠느냐고 얘기하자,
사위는 가 보자고 한다.
말은 하지 않았지만 가이드 같은 소리 하네.
이렇게 생각하며 내한테 돈 벌 일이 있나?
점심도 오늘 내가 샀는데 … ㅋㅋ
사위가 남(?)처럼 느껴지는 순간이다.
하지만 우리 가족이 해외로 여행할 땐, 빠질 수 없는 친구다.
5개 국어에 능통한 언어의 달인이고 마술사다.
여행 항공권에서 부터 숙소와 렌트카 예약, 관광지 안내와
맛 집 찾기까지, 사위가 모든 것을 알아서 한다.
독일어를 비롯해 영어, 불어, 스페인어 등 많은 나라 말을
할 줄 안다.
독일어, 영어는 이미 검증을 끝냈고, 이어 스페인어를
테스트 받는 여행이 이번 마요르카 관광이다.
내일은 어디서 무엇을 보고 즐기며, 아름다운 여행을 할까?
오늘도 행복한 고민에 빠져 본다.
눈을 감고 이런 생각을 하고 있는데, TV에 키스신이 나온다.
몇년 전만 해도 유럽에 오면 길거리 곳곳에서,

남녀가 엉겨 붙어 있는 모습들을 라이브로 볼 수가 있었다.
그런데 런던 도심에서도 그렇고 마요르카의 관광지에서도,
그런 장면을 볼 수 없어 조금은 서운했다.
이제 할 만큼 해 봤으니 시들해진 것이 아닐까?
이런 생각도 해본다.
그것도 관광 자원이었는데 …
나라에서 애 낳으라고 돈을 주듯이, 1회당 돈을 책정해
장려를 하면 어떨까?
그러면 너도 나도 쪽쪽 한다고 잠을 잘 수 없다고요?
잠 좀 덜 자면 어떻소.

•

•

•

•

난 그랬으면 좋겠는데 … ㅋㅋ

안익태 선생의 생가를 찾아 …

(임을 위한 행진곡이 그 자리를 대신할까봐 …)

마요르카 여행기 4탄 이다.
오늘은 쇼팽이 요양 차 말년을 보냈던, 마요르카의
발데사모 수도원과 안익태 선생의 생가를 찾았다.
피아노의 시인이라 불리는 쇼팽은 폴란드 태생으로,
200여년 전에 살았던 작곡가이자 피아니스트다.
그가 요양했다는 발데사모는, 부산의 동래 산성 같은 곳으로
꼬불꼬불한 산길을 올라 도착했다.
그곳에 들어서자 카페와 양주가 즐비하게 진열된 바(Bar)가
눈길을 끈다.
삼삼오오 햇볕을 받으며, 맛있는 차나 와인을 즐긴다.
아울러 물건을 파는 상점도 일렬횡대로, 손님을
기다리고 있다.
이런 곳에서 요양을 했으니, 오래 살 수 있었겠나?
결국 그는 39년의 짧은 생을 이곳에서 마감한다.
하지만 술집이 많으니 한잔하며, 악상은 많이 떠올랐을

것으로 보인다.
거의 동시대에 살았던 슈베르트는 술 한잔 마시고
잠에서 깨자마자 써 내려갔던 곡이, 우리에게 널리 알려진
피아노 5중주곡 제4악장 "송어 주제에 의한 변주곡"이다.
쇼팽이 요즘 살았던 사람이 아니지 않소?
그때 무슨 술집이 많았다고 그런 말을 하요?
이렇게 반문하는 분들도 있다.
물론 요즘 사람이 아니다.
여기 관광을 하다 보니 세월 가는 줄 모르고
200여년 전으로 돌아가 시간 여행을 한다.
그러다 보니, 내가 착각을 했다.
하지만 그 당시 술집이 많았는지, 없었는지는 아무도 모른다.
피아노 바가 있었다면 거기에서 피아노를 치고,
하루 일당을 벌었을 것이다.
볼 게 너무 많고 재미있어, 시간 개념이 없어졌다.
어제 갔던 드라크 동굴(Drach Caves)만 관광지이겠는가?
특히 스페인 마요르카 여인들의 빼어난 미모는,
볼거리 중의 볼거리다.
그것만 봐도 반나절은 훌쩍 지난다.
아마 쇼팽도 그랬을 것으로 보인다.
그가 살아온 모습을 재조명 해볼까? 한다.
쇼팽이 26살 때인 1836년 17살의 폴란드 소녀
마리아 보진스키와 비밀 약혼을 했다가 나중에 취소한다.

10대의 어린 아이와 결혼을 하려고 … ? 미친 넘이지.
미성년자 약취 혐의로 감방에서 작곡을 해야 할 것 같은데 …
그리고 같은 해에 소설가인 조르쥬 상드를 만난다.
그 후 9년간 연인 관계가 지속됐지만, 건강과 상드의
자녀 문제로 헤어지게 된다.
이런 것을 볼 때, 상드는 유부녀였을 것으로 추측이 된다.
쇼팽의 윤리관이 그리 깔끔하지 만은 않은 것 같다.
폐병을 가지고 있으면서 이렇게 했으니, 아무리 좋은 곳에서
요양을 해도 도움이 되겠나?
그것도 수도원에서 …
안타까운 것은 감미로운 선율을 국수 뽑아내듯 했던 그가,
음악에만 전념했으면 더 오래 살았을 텐데.
아픈 몸에 수컷이라고 여자까지 볼혔으니 … ㅉㅉㅉ
그렇게 해 그는 이곳 발데사모에 있는 까르뚜아 수도회의
발데사모 (Cartoixa de Valldemossa) 수도원에서,
지병인 결핵으로 생의 종지부를 찍게 된다.
수도원과 붙어 있는 쇼팽 박물관엔 그가 사용했던
낡은 피아노 한 대와, 그가 쓴 작품의 필사본이
벽에 붙어 있다.
지우고 고치고 한 흔적들을 고스란히 담고 있는 악보에서,
아름다운 선율은 그저 얻어 지는 것이 아니라는 것을
느낄 수 있다.
그의 전주곡 "빗방울"이 이곳에서 탄생된다.

그래도 쇼팽은 평화로운 시대를 살면서 여자와 함께
술도 한잔하고, 행복하게 작품 활동을 했다.
그리고 이곳엔 우리나라 작곡가 안익태 선생도,
쇼팽처럼 살았다고 역사는 기록하고 있다.
발데사모와 작별 인사를 나누고, 애국가를 작곡한 안익태의
생가를 찾았다.
선생의 세째 딸/ 레오노르(Leonor)가 그곳을 지키고 있었다.
한국분이 찾아오니, 아버지가 살아 계신 듯 하다고 말한다.
또 생가와 차로 20여분 떨어진 곳에 그의 이름을 딴
"안익태 거리"도 있다.
그는 우리나라에서 일본으로 그리고 미국을 경유해
독일로 가서, 스페인의 마요르카 섬에 정착한다.
어릴 때부터 음악을 좋아해 바이올린을 시작으로
트럼펫과 첼로까지 배우며 연주 활동을 했지만,
결국엔 미국으로 건너가 작곡을 공부하게 된다.
그래서 탄생한 곡이 애국가가 나오는
한국 환상곡(Korea Fantasy)이다.
그는 쇼팽과 달리 어쩌면 불행한 시대를 살았던
작곡가가 아닐까?
이런 생각도 해 보게 된다.
예술로 한 평생을 살았다면 좋은 작품이 많이
나왔을 것이고, 그의 인생은 더 행복했을 것이다.
하지만 일제가 앞을 가로 막고, 나치가 그들의 요구를

강요하고 있었다.

그래서 안익태에 대한 친일 논란이, 아직까지 계속되고 있다.

당신이 다시 일제 시대로 돌아가, 일본 군인이 총부리를 우리 민족에게 겨눈다면, 그 앞에서 태극기를 흔들 수 있겠느냐?는 설문에 60%가 넘는 젊은이가 그렇게 하겠다고 대답을 했다는 글을 읽은 적이 있다.

정말 대단한 일이다.

이렇게 많은 젊은이가 제2의 유관순이고 윤봉길이며 안중근인가? 마음이 든든해진다.

하지만 말로하면 하루 저녁에 만리장성인들 못 쌓을까?

이글을 쓰고 있는 나는 바지에 오줌만 싸지 않아도 다행이라고 본다.

일제의 총부리와 나치의 협박 앞에서, 무릎을 꿇지 않을 사람이 몇이나 될까?

음악으로 협조했다고 친일이란 굴레를 씌우는 것은, 좀 지나치다는 생각을 해 본다.

그가 일본으로 향해야 할 총부리를 우리에게 돌렸다면, 그것은 친일이전에 매국노고 역적이라 반드시 매장시켜야 할 것이다.

그런 관점에서 본다면 현재 권력의 시녀로 행동하는 고위 공직에 있는 사람들도 사표를 쓰고 그만 두는 게, 먼 훗날 애국자로 남지 않을까?

법무장관 취임 날 사표를 던진 박××고검장처럼 …

이렇게 생각하는 사람도 많을 것 같다.
참고로 애국가가 있는 한국 환상곡을 보면
제1부 개국과 평화로운 우리 조국, 제2부 일제의 압박과
백성들의 암울함, 제3부 조국의 광복 그리고 제4부 잇따른
고난과 조국의 영광! 이런 부제가 붙어 있다.
이것만 봐도 그가 얼마나 나라를 사랑했는지 알 수가 있다.
아울러 일제의 압박으로 고통 받고 있는 국민을
많이 걱정했다는 것도 느낄 수 있을 것이다.
안익태를 일본 앞잡이 정도로 폄하하는 것은,
우리의 국격도 그 정도밖에 되지 않는다는 것을
반증하는 것은 아닐까?
우리가 일본 노래를 듣거나 중국 가락을 접할 때!
음악을 모르는 사람이라도 일본 멜로디라는 것을 알고,
중국 곡이라는 것을 느낄 수가 있다.
일본 노래엔 엔카라는 그들의 독특한 음계가 녹아 있기 때문이다.
중국도 마찬가지다.
우리 애국가에 일본의 엔카 음계가 있던가?
친일이니 애국을 따지기 이전에, 예술은 예술로서
봐 주면 좋겠다는 것이 내 생각이다.
애국가가 사라지고 "임을 위한 행진곡"이 그 자리를
대신할까봐, 심히 걱정된다.

세상은 넓고 갈 곳은 많다

(발렌타인! 발렌타인! 결혼해줘!)

오늘은 스페인 여행 5일째!
Arta에 있는 Santuari de Sant Salvador 성을 향했다.
이 나라의 맑은 하늘과 포근한 날씨가,
우리 가족의 여행을 축복하고 있다.
성에 도착하자 고양이 한 마리가 마중을 나왔다.
성안엔 조그마한 성당도 있었고 성문 밖에도
성당이 있었지만, 신도는 몇 되지 않는 것 같다.
일요일! 대미사인데도 나이 드신 어르신들 10~20명이
늙은 신부님과 함께 하고 있다.
이렇게 해 가지고 어떻게 운영이 되는 지, 의문스러웠다.
하느님의 보호가 있기에 가능할 것이다.
성안의 관리인도 눈에 띄지 않는다.
외세의 침략에 대비해 성을 쌓았을 텐데 …
적이 침입한 흔적은 보이지 않는다.
성주가 드러 누웠던 더블베드만 주인을 기다리고 있다.

태평성대를 누린 것일까?
성엔 성주가 있었을 것이고, 병사들이 경계를
철저히 하고 있었을 것이다.
장병들의 눈이 레이저를 발사하고 있을 때,
그는 기녀들을 불러 엄한 짓을 하고 있지는 않았는지 …
그 당시로 시간 여행을 해 본다.
마요르카 여인들의 미모가 보통이 아닌 데,
성주가 가만히 있었을 리가 없다.
설마 스님이 성주 직을 맡고, 염불을 하고 있은 것은
아닐 테고 …
서산대사나 사명당이 이곳을 지켰다는 말은 없다.
그의 여성 편력은 조금 있다가 밝히겠다.
그건 그렇고 여기까지 와서 스페인의 성까지 보리라고는
생각지도 못했다.
정말 세상은 넓고, 갈 곳은 많다.
손주의 재롱 속에 시간 가는 줄 몰랐다.
이렇듯 시간 개념이 없는 세상을 흔히 극락이라고
말하는가 하면, 천국이라는 표현도 쓴다.
점심 식사 시간이 지났다.
손자 녀석의 엄마 배고파! 하는 소리에 시간이
이렇게 흘렀나?
그렇게 해서 간 곳이 바닷가 지중해풍의 음식점
O Sole Mio 이다.

갓 잡은 물고기 한 마리를 들고 와 1인당 우리 돈으로
4만원 정도 주면, 요리를 해 주겠다고 한다.
돈이 문제가 아니라, 고래를 잡아 바치면 먹겠다고 했다.
통이 이 정도는 되어야지 쬐끔한 넘을 선보이는 게 불쾌하다.
하지만 7~8명은 충분히 먹고도 남을 양이라 거절을 하고
파스타를 비롯해 양고기, 오징어, 이구아나(?) 요리 등!
골고루 시켜 지중해의 맛과 바다 냄새를 맡으며,
즐거운 시간을 가졌다.
우리 늦둥이는 이구아나 튀김이 최고라나? ㅋㅋ
뭐니 뭐니 해도 배 채우는 것이,
여행의 첫 번째 재미가 아닐까? 싶다.
너무 맛있게 많이 먹어, 써야 할 글은 나오지 않고
잠이 쏟아진다.
눈 좀 붙여야겠다.
나도 스페인 기생이 따라 주는 술 한잔 마시며
또 그녀도 안아 보고 싶었지만, 주변을 에워싸고 있는
여인들 때문에 기회가 오지 않는다.
우리 가족 7명 가운데 4명이 여자다.
마누라1, 딸2 그리고 손녀1 여기서 손녀가 내 발목을 잡는다.
할아버지와 결혼하고 싶다며, 절대로 술집에 가서
여자들과 술 마시면 안 된다고 협박을 한다.
이러니 어찌 스페인 여인과 술 한잔 함께 할 수가 있겠나?
그녀와의 술 한잔도 여행의 두 번째 재미인데 …

다시 성주의 얘기로 돌아가 볼까? 한다.
그는 희대의 카사노바로 스페인 정부에서 얘기하기를 꺼리는 인물이다.
성 귀퉁이에 초라하게 자리 잡은 성주의 묘비엔 본처 이름은 없고, 녹수와 논개 그리고 황진이의 이름이 쓰여 있다.
발렌타인이라는 이름이 조그맣게 적혀 있었지만 성주는 국산보다는 외제를 좋아한 것 같다.
묘비 밑에 논개와 단둘이 마요르카의 경치 좋은 해안가 절벽 위에서 술 한잔 하다가, 죽을 뻔 했다는 이야기도 적혀 있다.
그놈이 논개를 몰랐던 것이다.
논개는 술이 오르면 파트너를 안고 아래로 뛰어 내리는 습성이 있지 않던가?
그리고 외산을 좋아하는 그의 취향은 내하고 비슷하다.
난 발렌타인이 마음에 들었다.
하지만 그녀는 성주 얘기만 하면 화를 낸다.
성주가 어찌 했으면 그리 할까?
명품 가방도 사 주지 않고 외제차도 선물하지 않으면서, 술만 따르라고 한 것은 아닐까?
이런 생각도 든다.
나라에서 주는 금화비만 해도, 그녀의 욕구를 채워 줄 수 있었을 텐데 …

어디 그 뿐이겠나?
주변에서 성주님! 성주님! 우리 성주님! 하며,
찔러 주는 돈도, 꽤 짭짤했을 것이다.
토라져 자리를 뜨는 그녀를 향해 발렌타인! 발렌타인!
결혼해 줘! 이렇게 소리치는데 …
이 양반 나이가 몇인데 이러나?
잠꼬대를 해도 너무 심하네 …
마누라의 화난 목소리가 들린다.
사실 오늘 지중해 요리를 맛보며 생맥주 500CC를 두 잔이나 마셨거든.
부모도 알아보지 못한다는 낮술!
어쩌면 발렌타인이 가슴속을 떠나지 않아서
그런 게 아닐까? 싶다.
우리 가족과 떨어지지 않고 5박6일 동안 함께한
스페인의 마요르카 탐방!
이런 여행이 앞으로 몇 번이나 더 있을까?
그런 생각을 하면 귀한 시간들이 아니었나? 싶다.
사진도 많이 찍었다.
중매결혼 때! 사진을 많이 교환한다.
사진을 믿고 만났다가는 낭패를 보는 경우가 많다.
어플로 찍었기 때문이다.
중매쟁이 말만 믿지 말고, 꼭 실물을 확인하기 바란다.
그래도 놓치기 쉬운 게 있다.

자연산인지, 양식인지도 꼭 확인해야 한다.
손 댄 얼굴을 미인이라고 할 수 있겠는가?
아래에 첨부한 가족사진은 실사임을 밝혀둔다.
늦둥이 딸이 너무 예뻐 사진을 실은 카톡을 많이 보낸다.
그때 쓴 글이라 사진이 없다.
막내가 미녀다 보니 양식이 아니냐는 말을
가끔씩 듣기 때문이다.
손주의 재롱에 행복해 했으며, 같이 걷고 얘기할 수 있음에
감사하고, 아내와 함께 곱게 늙어감에 고마워할 따름이다.
내일은 스페인 여행을 끝내고, 영국으로 돌아가는 날이다.
맥주 한잔 마시고, 예쁜 꿈꾸며 푹 자야겠다.

•

•

•

•

내일 영국에서 봅시다. 안녕!

아빠도 아빠가 처음인데 …

(원 플러스 원으로 둘째 생일까지 …)

영국에서 손주하고 함께한지도 벌써 2주일이나 지났다.
손녀와 손자! 싸우지 않고 잘 놀 때도 있지만,
먹을 것 가지고도 싸우고 장난감으로도 서로 다툰다.
아이들은 싸우면서 큰다는 말도 있다.
손주들을 보며, 난 우리 아이들을 어떻게 키웠나?
그 옛날로 돌아가 본다.
아이가 잘못을 저질러 울상을 짓고 있을 때,
3초만 말없이 웃어 주자.
그 아이는 잘못을 뉘우치며 내 품으로 달려올 지도 모른다.
인용한 글이다.
이렇게 기다리며 아이들을 키웠는지 …
아니면 잘못의 보상(?)으로 사랑의 매를 먼저 들었는지 …
어떻게 교육하는 것이 옳을까?
여기에 대한 해답을 내리고 있는 글이다.
나도 여기에 대해 자유로울 수는 없다.

남자는 남자답고 강하게, 그래서 사랑의 매를 많이 들었다.
초보 아빠의 마음이다.
세월이 많이 지난 지금은 그때와 생각을 달리한다.
매는 결코 사랑을 이기지 못한다.
이젠 초보 할아버지일망정, 초보 아빠는 아니지 않는가?
반면에 이런 생각도 해 본다.
어떤 부모라도 예쁜 짓을 하는 자식에게,
정이 더 많이 갈 것이다.
부모도 사람인지라 그럴 것이란 생각이 든다.
당신은 어떤 부모인가?
오늘은 손자 녀석이 지 똥 기저귀를 할애비 코앞에
갖다 대면서, 깔깔거린다.
이런 손자를 좋아할 사람이 있겠나? 나쁜 넘! ㅋㅋ
그래서 재롱부리는 손녀가 더 좋다.
이런 생각이 편애의 시작이다.
이제 할애비가 되다 보니, 더한 짓을 해도 그저 귀엽고 예쁘다.
그런데 젊었을 땐 어떠했을까?
모든 부모가 공부 잘하고, 착한 모범생 자식을 원했을 것이다.
그러다 보니 편애 아닌 편애를 할 수 있을 것이란 생각이 든다.
물론 그것은 아이들 교육에서 독소 조항으로 꼽힌다.
이로 인해 상처 받은 아이들은 다른 형제를 시기하고,
질투하며 미워하는 것부터 배운다.
어른이 되어서도 어릴 때의 이런 트라우마가,

사랑보다 미움으로 나타난다.

배우 성동일씨는 아들과 딸 둘이 있는 다둥이 아빠다.

딸 둘의 생일이 비슷해 큰 딸의 생일 날, 작은 딸도 함께 생일 파티를 했다고 한다.

말은 하지 않았지만 둘째는 이로 인해 상처를 받았고, 부모는 언니만 사랑한다고 느꼈을 것이다.

부모가 싫고 언니가 미워지기 시작한다.

집에 있어도 가족과 어울리는 시간보다, 혼자 있는 시간이 많다.

자식의 가슴을 아프게 한 정말 나쁜 아버지다.

그런데 잘 해줘도 대체로 아빠 싫어! 엄마 좋아!

이게 대다수 어린이의 정서다.

이런 것을 보면 아빠 보다 자식이 더 나쁘다. 나쁜 넘들!

무상으로 먹이며 재우고, 거기에 사비를 들여 장난감까지 손에 쥐어 줬는데 …

배신감마저 들게 한다.

배우이자 탤런트인 성동일씨의 명대사가 생각난다.

한 번도 생일을 챙겨주지 못한 게 마음 아파, 둘째의 생일 날 단 둘이 앉아 생일 케이크를 자른다.

부녀간에 오고 갔던 얘기를 옮겨 본다.

아빠, 엄마가 미안하다.

우리 딸 생일 축하한다.

언제 이렇게 커 버렸을까? 벌써 초가 18개다.

미안하다. 잘 몰라서 그래.

첫째 딸은 멋지게 가르치고 둘째는 예쁘게 키우고

막둥이는 어떻게 사람 만들어야 할 지 몰랐어.

이 아빠도 태어날 때부터 아빠가 아니잖아.

아빠도 아빠가 처음인데 그러니 우리 딸, 조금 봐줘.

우리 딸레미 예쁘게 잘 컸다.

언제 이렇게 멋쟁이 아가씨가 다 되어 갖고,

텔레비젼에 나오고 예쁘게 화장도 하고,

그나저나 우리 덕성이 시집가면, 아버지 서러버서 우째 살까?

내 시집 안 갈 건데 …

에끼 그런 소리 하는 거 아녀.

우리 초 붙이고 생일 축하하자.

아따 이쁘네. 덕성아! 생일 축하한다.

아빠도 먹어.

아냐 아냐 아빠는 느끼한 것 안 좋아 하거든.

(해설) 어쩜 가족이 제일 모른다.

하지만 아는 게 뭐 그리 중요할까?

결국 벽을 넘게 만드는 건 시시콜콜 아는 머리가 아니라,

손에 손잡고 끝끝내 놓지 않는 가슴인데 말이다.

아버지는 딸의 생일을 이렇게 축하한다.

솔직히 초보 아빠를 시인하고, 딸에게 용서 아닌

용서를 구한다.

어느 부모가 자식을 편애하려고 할까?

10손가락 깨물어 아프지 않는 손이 있던가?
큰 딸의 생일에 원 플러스 원으로 둘째 생일까지 합해서
축하할 땐, 그만한 이유가 있었다.
돈벌이도 시원찮고, 몸도 많이 아팠단다.
그런데도 자식의 입장에선 서러웠을 것이다.
또 다리 밑에서 주워온 것으로 생각할 수도 있다.
아버지의 진솔된 이야기가 딸을 감동시킨다.
그동안 자신의 생각이 잘못됐다는 것도 알게 된다.
부모 자식 간의 서운함은 머리로 따지는 것이 아니라,
가슴으로 느껴야한다는 것을 보여주고 있다.
먼저 손을 내미는 모습이 아름답다.
부모의 사랑을 더 많이 받으려는 심리!
어린 아이의 특성이기도 하다.
편애라는 말을 듣지 않으려면, 무엇이든 똑같이
해 주어야한다.
"무엇이 무엇이 똑 같을까?
젓가락 두개가 똑 같아요"가 아니라
부모의 사랑이 똑같아야 한다는 것!
이것이 제일 중요하지 않을까? 이런 생각도 해 본다.
생일 뿐 아니라 옷도 마찬가지다.
크는 아이들이라 첫째 아이가 입던 것을 둘째에게
물려주는 것도 좋지 않다.
초보 아빠가 저지르기 쉬운 부분이다.

이런 실수로 인해 어른이 되어도 사랑받지 못하고

성장했다는, 피해 의식을 갖게 된다는 것이다.

통계에 의하면 피해망상증(?) 환자의 99%가 둘째라나?

너무 심하게 뻥을 쳤나?

이런 과대망상(?)도 편애의 결과라고 한다.

편애의 결과는 여기에 그치지 않는다.

심하면 부모, 자식 간 천륜도 어기게 할 수가 있다.

아버지라는 말만 들어도 두드러기를 일으키는 사람이 있다.

어릴 때! 아빠에 대한 트라우마가

이렇게 무서울 줄이야 …

배우 성동일씨 처럼 먼저 손을 내밀고, 안아 주면 어떨까?

아버지도 초보였지만, 나도 초보였잖아요?

이렇게 말하면서 …

•

•

•

•

아빠와 함께 춤을 …

연습기간이 너무 긴 것은 아닌지 …

(성경 말씀을 부처님 세계에서 찾다)

성경에 "주의 길을 예비하라!"는 말이 있다.
곧 심판의 날이 올 것이니, 회개하고 기다려 라는 말이
아닐까? 싶다.
젊을 때와는 달리 나이가 드니, 이런 성경 말씀이나
부처님의 진리가 가슴 깊이 다가 오는 것 같다.
인생 전반전은 끝났고, 후반전이 시작된 지도 제법 지났다.
최서원씨가 옥중에서 쓴 회고록 "난, 누구인가?"
이런 타이틀의 책을 냈다고 한다.
그녀와 차이가 많이 있겠지만, 젊은 날을 …
난 무엇을 어떻게 하며 살아 왔던가?
돈을 좇으며 명예를 찾고 남부럽지 않은 삶을 바라면서,
살아온 것은 아닌 지, 흘러간 시간을 되 집어 본다.
아무리 생각해도 그렇게 했던 것 같다.
오늘(2020.6.16) TV 아침마당에 정신과 전문의 송xx박사가
엄앵란 선생과 함께 나왔다.

왕 팬인 나는 너무 반가웠다.
그분의 얘기에 의하면, 음식점도 자신을 알아봐주지 않는 곳은 가지 않았단다.
술집에 가서도 취객들이 송 박사가 왔다고 수군거리면, 기분이 좋았다고 한다.
누구나 인정받고 싶은 마음은 똑같을 것이다.
그런데 지금 와서 생각해 보니, 허상을 좇으며 살았다고 얘기를 한다.
정신과 의사가 본인이 허상을 좇는 지, 실상을 추구하고 사는지를 몰랐다는 것이 말이 되는가? ㅋㅋ
그의 정신세계가 의심되는 대목이다.
정신병자와 하루를 보내는 사람이, 정신과 의사다.
사이코(?)가 아니고서 그 얘기를 어떻게 다 들어주나.
그러니 그도 정신세계가 온전할 리가 있겠는가?
41년산이니 우리 나이로 80이다.
점괘도 나오지 않는다는 나이다.
왕년에 은막의 여왕이었던 엄앵란씨는 85세로, 얼마 전에 남편을 잃고 홀로 지내고 있다.
남편의 바람기로 마음고생을 많이 했지만 지금도 그가 그립다며, 사랑은 무조건이라는 말로 답을 대신한다.
내같으면 두 번 다시 보고 싶지 않다며,

속된 표현으로 이가 갈린다고 했을 것이다.
그녀의 정신세계도 역시 온전(?)하지는 못한 것 같다.
연세가 많지만 치아가 건강한 것을 보니,
이를 갈지는 않은 것 같다.
훌륭한 분이다.
왕년에~ 이런 말은 금기시 되고 있는 단어다.
그런데도 왕년에를 들먹이며, 송 박사처럼 인정받기를
바라는 분들이 많은 것 같다.
그는 18년 전에 췌장암으로, 아내를 하늘나라로 보냈다.
몇달 후 그도 위암 진단을 받게 된다.
혼자 사는 것이 얼마나 고달팠을까?
그래서 자신의 재혼 문제로 딸 둘에게 물어봤다고 한다.
한결같이 하는 말이, 아버지 그 나이에 재혼을 해서
뭐 하겠습니까?
아버지의 유산(?)을 노린 정략적인 발언이 아닐까?
생각된다.
그런데 며느리는 정반대의 답을 하더라는 것이다.
사시는 날까지 함께 여행도 다니고, 인생을 즐기며
사셔야지요.
어쩌면 며느리도 마찬가지다.
재혼을 하면 시아버지 "모심"을 피할 수 있기
때문일 것이다.
딸들에게 한마디 하고 싶다.

지 같으면 혼자 살겠나?
젊은 사람들이 너무 약삭빠르다는 느낌을 지울 수가 없다.
왜 이렇게 상반된 얘기를 할까?
옳고 그름을 따지기 이전에, 그 이유는
모두 다 자기들의 편에서 생각하고 판단해
말을 했다는 것이다.
아버지의 입장은 눈곱만큼도 생각하지 않고,
철저히 무시되고 있는 얘기다.
그래서 자식도 품안에 있을 때 자식이라고,
옛 어르신들이 말하지 않았나? 싶다.
물론 그도 심사숙고를 했겠지만, 지금까지 먼저 간
아내만 생각하며 살고 있단다.
사실 확인이 필요한 대목이다.
신부나 스님 같은 성직자도 아닌 이가 과연 그랬을까?
미술계의 천재이자 카사노바였던 피카소는,
일흔이 넘은 나이에 20대의 여인과 사랑을 속삭였다.
그럴 때마다 그의 작품은 빛을 발했고,
상종가를 쳤다고 한다.
예술 = 연애라는 등식이 성립한다.
이렇게 볼 때, 그는 예술이나 예능과는 거리가 멀어 보인다.
그런데 그는 젊은 날! 의사보다는 연예인을 꿈꿨다고 한다.
내가 볼 때는 웃기는 얘기다.
차라리 개그맨이 됐으면 성공했을 것 같다.

그리고 오래 전 TV에 출연해 아내 얘기를 하면서,
현재 가족과의 이별 연습을 하고 있는 중이라는 말을 했다.
그는 성경에 나오는 주의 길을 예비 하라!는 말을
실감하고 있었던 것일까?
아니면 아내를 만날 날이 가까이 오고 있음을,
직감했던 것일까?
남자가 나이 80까지 살 수 있는 확률은 30%가 채 되지
않는다는 통계도 있다.
그러니 10명중 7명은, 80이 되기 전에 죽는다는 것이다.
아직까지 건강한 모습으로 생존해 계시니,
보기엔 좋아 보였다.
그런데 이별 연습이란 말이 나온 지 꽤 된다.
혹시 이별 연습을 너무 오래(?) 하고 있는 것은
아닐 런지 …
이렇게 될 것 같았으면 진즉에 재혼을 했어야 했는데,
후회하고 있는 것은 아닐까? 물어 보고 싶다.
아무 생각 없이 살고 있는 민초의 말이다.
그는 3대째 대를 이어 가는 의사 집안으로,
정신과 전문의인 아들과 함께 동네 의원을 운영하고 있다.
아버지와 아들!
가까이 하기엔 너무 먼 당신으로 살고 있는 분들도 많다.
별 탈 없이 이렇게 할 수 있는 비결을 묻자
"예의와 존중"이라는 말로 대신한다.

우리의 대인 관계도 마찬가지가 아닐까? 생각된다.
얘기가 너무 경로를 이탈한 것 같다. 탈선이다.
오늘은 “주의 길을 예비하라!”
“죽음을 준비하라!”
뭐, 이런 쪽으로 글을 쓰려고 했는데, 너무 오바한 것 같다.
주의 길을 예비하기 위해선, 무엇을 어떻게 해야 할까?
성경에 나오는 말씀을 부처님 세계에서 답을 찾아본다.
모든 것을 내려놓고, 벗어나라는 의미의 “방하착”이 아닐까? 생각된다.
석자 밖에 되지 않는 말인 데도, 실천하기가
꽤 어려운 단어다.
김수환 추기경은 사랑이 머리에서 가슴으로 내려오기 까지,
70년이 걸렸다고 했다.
내같으면 평생 못 내려올 것 같은데 … ㅋㅋ
좋은 글 하나 소개하며 끝낼까? 한다.
인생 나이 60넘으면 이성의 벽이 허물어지고, 가는 시간
가는 순서 다 없으니 남녀 구분 말고 부담 없는
좋은 친구 만나, 산이 부르면 산으로 가고 … (중략)
하고 싶은 취미 생활 즐기면서, 남은 인생 후회 없이
즐겁게 살다 가오.
돈도 명예도 사랑도 미움도, 가져갈 것 없는 빈손이요.
(중략)
쥐꼬리만큼 남은 돈이 있으면 자신을 위해 아낌없이
다 쓰고, 행여 사랑 때문에 가슴에 묻어둔 아픔이 있다면,

미련 없이 다 떨쳐버리고 …

"당신이 있어 참 행복 합니다"라고 진심으로 얘기할 수 있는

친구 만나, 남은 인생 건강하게 후회 없이 살다가 갑시다.

60대 이후 우리네 인생이란 타이틀로 쓰여진

남의 글이다.

이 글에서도 방하착을 은연중에 강조하고 있다.

인생에 해답이 있겠는가?

하지만 굳이 한 단어로 표현하라고 하면

욕심을 버려라! …

•

•

•

•

방하착放下着이 정답이다.

니체는 백수 예찬론자

(올 한해 행복하고 예쁘게 보내려면 …)

해마다 정초가 되면 올 한해를 어떻게 살 것인지 …
한번쯤은 생각해 보게 된다.
흐르는 물처럼 살면 될 것이지, 백수로 살면서 뭘 그렇게
고민하느냐고 말하는 분도 계신다.
세파에 휘둘리지 않고 이런 생각을 한다는 자체가,
어쩌면 복 받은 삶을 살고 있는 지도 모르겠다.
그래도 짐승하고 틀리 지 않는가?
아무 생각 없이 먹고, 마시며, 자는 …
그런 삶을 살아서는 곤란하지 않을까? 싶다.
니체는 하루의 2/3를 자신을 위해 쓰지 않는 사람은,
노예로 분류 될 수밖에 없다고 했다.
그는 또 돈과 명예를 위해 눈코 뜰 새 없이 바쁘게 살던
사람들이 어느 날! 한가한 사람들이야 말로 참된 행복을 누리며
살고 있다는 사실을 깨닫는 순간, 그는 이미 불행한 사람이
되어 있을 것이다.

이런 말도 남겼다.
톨스토이의 작품에 나오는 이반처럼 사는 우愚를 범해서야 되겠나?
니체는 백수 예찬론자 같다는 생각이 든다.
마셔라 ~~ 한잔 술! 아무 걱정 없이 마시고 놀며
사는 게 얼마나 좋나? 마음에 드는 할배다.
진정으로 행복을 원한다면, 지금 행복을 맞이하기 위한
마음의 준비를 해야 한다.
그리고 고통이란 댓가를 지불해야 한다.
이 할배는 갈수록 어려운 말만 늘어놓으니,
더 이상 얘기해 봐야 소용이 없을 것 같다.
모두가 다 자기 수준으로 아는 모양이다.
그리고 또 쇠가 자석에게 이렇게 말했다나?
너는 나를 끌어당길 힘이 있지만, 난 그렇게 할 힘이 없어.
그래서 난 너를 증오한다. 무슨 얘기인지 모르겠다.
아니면 술 한잔 하고, 횡설수설한 것은 아닐까?
할배 얘기는 끝! 각자 알아서 해석하기 바란다.
톨스토이의 생각은 어떤 지 알아 본다.
그가 말한 몇 가지만 적어 본다.
삶의 목적을 알고 있어야 한다. 지금 현재에 최선을 다하자.
우울하고 괴로운 사람은, 댓가 없는 사랑을 하라.
가난으로 고통 받지 않는 방법. 양서로 인정받는 책들만 읽어라.
할배의 어떻게 살 것인가? 라는 책에 나오는 내용의 일부이다.
이 세상에 단 한권의 책만 가지라고 한다면 나는 주저 없이

이 책을 선택하리라.

솔제니친이 한 말이다.

얼마나 엑설런트(Excellent)한 책이 길래 …

할배가 맛이 조금 간 게 아닐까? 싶다.

내같으면 이승건 수필집 1『까칠한 남자의 횡설수설』을 읽어보라고

했을 텐데. ㅋㅋ

삶의 목적! 뭐가 그리 대단한가?

이래저래 살다 보니 여기까지 왔는데, 목적을 안다고

크게 나아질 게 있겠나?

지금 현재에 최선을 다하자. 그 말은 맞는 것 같다.

할배의 외출나간 정신이, 조금 돌아온 것 같다.

지나간 과거에 매달려 봤자, 죽은 자식 고추 만지는 것이나

뭐가 다르겠나?

그리고 언제 돌아올지 모르는 집 나간 며느리 같은 미래는,

기다려봐야 소용없다.

우울하고 괴로운 사람은 댓가 없는 사랑을 하라.

이 나이에 사랑할 여자가 어디 있겠나?

포기는 빠를수록 좋다.

갈수록 헛소리를 하는 것 같다.

가난으로 고통 받지 않는 방법!

그 방법이 있으면 얼마나 좋겠나?

노인의 고통 가운데 빈고가 큰 부분을 차지하고 있는데,

할배는 과연 어떤 해결책을 내 놓을까?

폐지를 주워 리어카에 싣고 팔아라.
설마 이런 말은 하지 않았겠지.
더 많은 부를 얻거나, 욕심을 줄이거나 둘 중 하나를
선택하란다.
이걸 모르는 사람이 어디 있겠나?
돈벌이 할 때도 없거니와 지금보다 더 욕심을 줄이면,
어떻게 사나?
하루 두 끼를 라면으로 때우고 있는데 …
양서로 인정받는 책만 읽어라.
편집증 환자가 아닐까? 생각된다.
악서(?)가 양서(?)를 구축한다! 그레샴이 그랬던가?
양서가 몇 권이나 된다고 … 서점 망하게 할 일이 있나?
왜 이런 말을 하는지 모르겠다.
아무튼 훌륭한 사람이 한 얘기니, 살아가는데 참고하기 바란다.
온고지신溫故知新이란 말도 있지 않는가?
러시아 말이 어렵다는 것은 알았지만, 이렇게 어려울 줄이야 …
괴테는 무슨 말을 하다가 간 것일까?
인생은 속도가 아니라 방향이다. 그는 이렇게 얘기했다.
속도를 무시하고 방향만 강조한 것도, 옳은 말이라고는
보기 어렵다.
속도가 얼마나 중요한데 이런 말을 했는지 모르겠다.
시간은 금이라는 말을 뒤집어 보면, 속도가 금이다!
이렇게 얘기할 수 있을 것이다.

비싼 Ktx 타고 서울 가는 이유가 뭔데,
그런 소릴 하는지 이해가 되지 않는다.
또 그가 쓴 젊은 베르테르의 슬픔이란 소설을 읽고,
당시 많은 사람들이 자살을 했다고 한다.
소설의 방향을 어찌 잡았길래, 꽃다운 젊은이들이
하늘나라로 갔나?
명세기 천재라는 사람이 이런 짓을 해도 되는 지,
묻고 싶다.
이건 명백한 범죄다.
그것도 살인죄(?)로 … ㅋㅋ
헛소리를 많이 해 봤다.
아무튼 한번쯤 생각하며 올 한해를 시작해도,
손해 볼 일은 아닌 것 같다.
그런데 이 두 분 모두 가장 중요한 한 가지를 빠뜨리고 있다.
나이 들수록 좋은 친구가 많아야 한다.
만남과 관계가 잘 조화된 사람의 인생은, 아름답다고 한다.
처음 만남은 하늘이 만들어 주는 인연 이라고 하고,
그 다음 부터는 사람이 만들어가는 인연이라고 한다.
또 만남에 대한 책임은 하늘에 있지만, 관계에 대한 책임은
사람에게 있다.
좋은 관계는 저절로 만들어지지 않는다.
하늘에서 그냥 뚝 떨어지지 않는다는 얘기다.
올 한해는 예쁜 인연으로, 모두가 행복했으면 좋겠다.

그러기 위해선 미움보다는 사랑을 …
오해보다는 이해를, 무시보다는 인정을 …
그리고 감사, 친절, 배려! 이런 것들이 모여야,
좋은 인간관계를 이룰 수 있을 것이다.
이 모두를 합해 한마디로 나타낸 것이 "존중"이다.
영국 딸네 집엔 바니(Boney)라는 리트리버가 있다.
한 달여 생활하면서 발로 툭 차기도 하고,
개 같은 넘이라고 글을 쓰기도 했다.
이제 떠나려 하니 섭섭한 마음이 든다.
바니야! 그동안 미안했다.
그리고 너를 무시한 것이 마음에 많이 걸리는구나.
니보다 못한 넘들도 천지인데 …
개처럼 무시당하고 살아 서야 되겠나?
존중하고, 존중받는 그런 삶을 살아야 할 것이다.
이제 "옛일을 털어 버리고 새롭게 출발하자"는 뜻의
토고납신吐故納新을 기억해야 할 시간이다.
올 한해를 행복하고 예쁘게 보내려면?

-
-
-
-

서로 존중하며 살자.

영국 여행을 끝내고 …

(인생은 그렇게 가는 것이야!)

33일간의 영국 여행을 끝내고, 히드로 공항으로 왔다.
손주의 환송식이 거창하다.
할머니, 할아버지와의 이별이 얼마나 슬펐을까?
공항이 들썩거릴 정도로 울어 재낀다.
악마의 포효다.
어느 노랑머리 할머니가 내게 다가와, 지진(?)이 났느냐며 묻는다.
그 넘들 울음소리가 얼마나 컸으면, 이런 말을 할까? ㅋㅋ
아무튼 재미있는 넘 들이다.
그 녀석들 크면 큰 넘(?)이 될 것이란, 생각이 든다.
될 성싶은 나무는, 떡잎부터 알아본다는 말도 있지 않은가?
손자 녀석이 아직 똥오줌을 못 가리는 넘이 거든.
바이 바이×100 하고 그 녀석들과 이별을 했다.
악마 같은 손주와의 만남은 이렇게 종말을 고했다.
만남의 끝은 헤어짐이 기다리고 있는 것을 알지만,

그래도 마음은 짠하다.
딸레미는 엄마와 헤어짐이, 스트레스로 다가온 것 같다.
며칠 전부터 위장이 쓰리고, 속이 불편하다고 한다.
그동안 친정 엄마에게 육아도 맡기고, 음식 준비도
함께 했으니 많이 편했을 것이다.
뿐만 아니라 외식도 하며 추억도 많이 쌓았으니,
헤어짐이 이젠 그리움으로 다가 올 것이란 생각도 든다.
입국하기 전에 온가족이 커피숍에서, 잠시나마 새해 덕담을 나눴다.
내년에 오시면, 포르투칼로 가자고 사위가 말한다.
벌써 영국을 해마다 4번이나 다녀왔고,
아내는 지 새끼 봐 준다며 내보다 한 번 더 갔다 왔다.
그때 한 달 동안 나는 혼자서 밥하고 빨래하며
독수공방으로 지냈는데, 아주 염치없는 넘이다.
아내와 늦둥이 그리고 내하고 영국 나들이를 하면,
돈이 얼마나 드는데 … 지가 올 수는 없나?
뉘 집 자식인지 싸가지가 없는 것 같다.
들리는 얘기론 박혁거세(?) 후손의 양반이라고 하는 것
같은데 … ㅋㅋ
그리고 딸네 가족을 뒤로 하고, Departure란 곳을 지나
인천으로 갈 Gate를 찾았다.
Gate가 중요한 것이 아니라, Smoking이 내겐 더 시급했다.
그런데 흡연실이 보이질 않는다.
그렇다고 신사 체면에 화장실에 숨어서

그 짓을 할 수도 없고 …

갑갑한 이 심정을 누가 알아줄꼬?

하루의 절반 이상을 굶었다.

그렇게 해서 인천에 왔다.

내 조국이 좋다는 것을 새삼 느꼈다.

흡연실이 어디 있느냐고 상가 직원에게 물으니,

답이 금방 나왔다.

영국에서는 흡연실이 아니라, 여기가 어디냐고도

물을 수 없었는데 … ㅋㅋ

그런데 걱정스러운 게 하나 있다.

인천 공항이 세계적이라는 것은, 영국 사람도 알고 있다.

세계 제1의 이곳에 위생이 빵점이라면, 어떻겠나?

화장실에 가 보고는 내 눈을 의심했다.

청소가 잘 되어 있고, 세면대가 깨끗한 것은 정말 1등이다.

그런데 이게 웬일일까?

남자 변기마다 파리(?)가 한 마리씩 붙어 있다는 사실이다.

이렇게 더러워서 어떻게 세계 1위를 … ㅋㅋ

그건 그렇고 히드로 공항에서 연결 항공편으로 부산에 왔다.

아들이 시간 맞춰 공항으로 와, 편하게 집으로 갈 수 있었다.

그런데 … ㅠㅠ

악마(?)의 소리에서 벗어났는가 싶었는데,

이제 또 다른 악마가 내 귀에 소곤거린다.

넌 날 벗어날 수 없어!

조금 전에 니 장모를 내가 데리고 갔거든 …
이 새끼 정말로 나쁜 넘이 아닌가?
와 지 마음대로 어머님을 데려 가나?
내 허락도 받지 않고 …
귀국하고 불과 20분도 채 지나지 않았는데 … ㅅㅂㄴ!
아내는 몸이 편치 않은 어머님을 두고 여행을 떠나는 게,
많이 불편했다고 한다.
나 역시 그랬다.
그래서 영국에 있으면서, 하느님께 간절히 기도를 드렸다고 한다.
좋은 시간과 좋은 곳을 그리고 영원한 안식을 함께할
양지 바른 곳을, 하느님의 뜻대로 해 달라며 매달렸다고 한다.
여행의 끝자락에 죽음이 있을 줄이야 …
31년 전 어머니의 죽음을 생각한다.
그땐 하루라도 더 오래 살기를 바랬다.
엄마는 뇌출혈로 하루에 눈을 떠 있는 시간이,
2시간도 되지 않았다.
그래도 살아 있음에 감사했고, 내겐 그 시간이 더욱 더 소중했다.
지금 생각해 보면 자식의 이기적인 생각!
그 이상도, 그 이하도 아니었다.
빨리 보내 드려야 했었는데 …
후회가 몰려온다.
누워 있는 엄마의 고통을 생각하지 않았다.
엄마! 많이 죄송하고 미안해.

지금 저승에서 잘 지내고 계시지요?
엄마라는 말만 해도 눈물이 난다.
내 처가 식구들이 이런 심정일 것이란 생각이 든다.
장모님의 떠남은 슬프지만, 빨리 가심은 오히려 축복일 수 있을 것이다.
죽음을 통하지 않고 천국으로 가는 것을 봤는가?
살아 있으며 극락세계로 가던 사람이 있던가?
그러고 보면 죽음을 꼭 슬퍼할 일만은 아닌 것 같다.
너무 슬퍼하지 마라!
언젠가는 가야하는 게 인간이야!
장모님은 돌아가시기 전에, 내게 미안하다는 말을 던졌다.
나도 영국에 있는 사위에게 똑같은 얘기를 했다.
뭔지는 모르지만 그런 마음이 드는 것은,
부모의 심정이 아닐까?
더 많이 해 주고 싶고, 더 많이 사랑하고 싶은 것!
그게 부모의 Endless Love 일 것이다.
미안하다고 한 장모님께서, 이제 멀리 떠났다.
이 길이 또 내 길이라는 생각이 든다.
잘 가십시오.
여기부터는 경상남도 입니다!가 아니라 천국입니다. ㅋㅋ
또 저도 그 길을 따라갈 것입니다.
아내가 많이 슬퍼한다.
가은이 엄마! 다음 차례는 우리야!

이렇게 다 가는 거야. 너무 슬퍼하지 마.
당신이 흘린 눈물이, 엄마가 가는 길에 한 송이 꽃으로
다가갈 것이야.
먼 길을 떠나는 엄마에게 …
이 꽃을 밟고, 행복하게 가소서.
엄마 사랑해! 눈물로 이글을 쓴다.
영국에 있는 사위와 딸이 먼저 알고 연락이 왔다.
요즘은 SNS가 발달한 사회다.
난 아내에게 연락을 하지 말라고 했다.
어찌 알았는지 먼저 내게로 전화가 왔다.
연옥에 머물러 있는 외할머니의 영혼을 위해,
멀리서 나마 연미사를 성당에 청할 것이라고 한다.
장모님은 불교 신자다.
다시 올 수 없는 저승길! 극락왕생하시고
부처님 나라에서 행복하시길 빌며 …
못난 사위가 이 글을 올린다.

•

•

•

•

인생은 그렇게, 그렇게 가는 것이야.

첫 딸은 살림 밑천!

(그렇게 한낮의 오수는 이어지고 …)

초여름의 화창한 날씨가 한결 기분을 들뜨게 한다.
동네 한 바퀴를 돌고는 인근에 있는 호수로 간다.
그곳엔 비단잉어를 비롯해 향어, 우럭, 광어, 도달이, 대방어,
숭어 등 많은 물고기가 한낮의 여유를 즐기고 있다.
고래는 없었느냐고요?
고래도 있었지 … 아마????
이런 생각을 하고 있는데 갑자기 소방차의 사이렌 소리가,
귀를 따갑게 때린다.
여기저기서 경찰차가 분주하게 움직이는가 싶더니,
소방 헬기까지 뜬다.
헬기의 동선을 살펴보니, 불꽃이 하늘을 뒤덮는다.
불이 나도 크게 났다는 생각을 하며 보는데, 그곳이 바로
내가 사는 동네다.
이 일을 어쩌나?
급히 달려가 보니 수십 대의 소방차가 와 있었고,

불을 끄기 위한 소방대원들의 사투가 시작되고 있었다.
하늘에서도 헬기가 분주히 움직인다.
호수에서 퍼 온 물로 불을 끄기 위해서다.
그런데 놀라운 일이 벌어진다.
헬기가 내뿜는 물속엔 고기 반, 물 반이다.
비단잉어를 비롯해 각종 생선들이, 오선 위에 춤을 추는
형상으로 떨어지는 게 아니겠나?
저 정도면 소주 안주로 한 달 이상 맛있게 먹을 수 있는데 …
포 뜨고, 매운탕까지 … 아깝다.
그 이후 그는 첫 딸을 낳는다.
득녀 기념으로 부부 금슬 보험을 든다.
이렇게 가입하기 시작한 것이 일 년간!
한 달에 한건으로 계속해서 이어진다.
그리고 소주 잔 위에서 춤을 춰야할 넘들이 오선 위에서
그 짓을 하고 있는 모습을 떠 올리며,
딸아이에겐 5살 때부터 바이올린을 가르치기 시작한다.
딸은 대회(콩쿠르)에 나갔다 하면 1등이다.
이를 두고 우리는 흔히 따 놓은 당상이라는 표현을 쓴다.
당상관이라면 정3품 이상의 벼슬로, 고관대작을 이르는 말이다.
그래서 딸은 그것만으로도, 내게 할 효도를 다한 아이라고
말을 한다.
비단잉어가 춤을 출 때, 음악에 재능이 있을 것이란
생각을 하게 된다.

그래서 음악적 환경이 우리 보다 나은, 독일로 유학을 보낸다.
10년 이상 그곳에서 공부를 했으니, 세월이 많이 흘렀다.
그런데 어느 날!
먹잇감을 사냥하기 위해 살금살금 다가오는 고양이처럼,
늑대 한 마리가 느닷없이 나타나 딸아이를 낚아 채 가 버린다.
그러면 안 돼! 그러면 안 돼! 하며 소리를 지르는데,
The End란 자막이 올라오며 무슨 낮잠을 그렇게 자요? 라는
아내의 목소리가 들린다.
그 후 딸아이는 결혼을 하고, 앞서 얘기한 그 늑대가
내 사위이다.
그 넘이 내게 하는 말!
뭐? 딸을 잘 키워 주셔서 너무 감사하다꼬?
미친 넘! 지금 생각해도 울화통이 터진다.
늑대에게 주려고 그렇게 잘 키웠던가?
후회가 몰려온다.
그래도 어쩌겠나?
잘 살고 있으니 그것으로 만족해야 하지 않을까? 싶다.
비단잉어는 태몽으로 여자 아이를 의미하고,
집에 불이 난다는 것은 사업이 번창하고 재물 운이
따른다는 의미로, 나이 드신 분들은 해석한다.
그래서 일까?
노년기에 접어들어 백수로 지내지만, 경제적 어려움은
없이 산다.

수십 년 전에 들었던 부부금슬 보험이, 큰 몫을 하고 있기 때문이다.
매달 한건씩 300만원 정도 받고 있으니,
이 보다 더 해피한 일이 어디에 있겠나?
보험금을 부을 땐 무척 힘 들었는데, 지금 와서 보니
너무 잘했다는 생각이 든다.
고진감래! 글자 그대로다.
지금까지 살면서 이 보다 더 잘한 일은 없었다.
물론 아내가 강력히 추천했기 때문이기도 하다.
집 사람 말을 들으면, 자다 가도 떡이 생긴다!
이런 경우를 두고 하는 애기가 아닐까? 싶다.
부부가 함께 오래 살면 살수록 혜택을 많이 볼 수 있는데,
누가 먼저 가면 보험금이 옳게 나오지 않는 단점도 있다.
그래서 우리 부부는 서로 오래토록 행복하게 살자며,
매일같이 다짐을 한다.
금슬이 좋고 나쁘고는 보험금 수령에 어떤 영향도 미치지 않는다.
다만 동물적 생존의 유무에 따라 결정된다.
그렇다고 금슬이 나쁘다는 애기는 절대로 아니다.
보험금을 오래 타기 위해서라도 건강밖엔 없다.
이런 상황이다 보니 우리 부부는 서로 챙겨준다.
불면 꺼질까? 쥐면 터질까?
맛있는 음식도, 몸에 좋은 보약도 …
이런데 금슬이 나빠질 수가 있겠나?
돈이 만들어낸 기적! 건강과 금슬!

두 마리의 토끼를 잡는 게, 글자 그대로 부부금슬 보험이다.
금슬도 좋고 보험금도 매달! 그것도 300만원씩이나 …
너무 많이 강조한다고요?
좀 그렇지요? 강조해서 죄송합니다.
그리고 그 많은 돈을 받는다고 자랑하느냐며,
곱지 않은 시선으로 보는 이도 있다.
질투하지 마시길 바란다.
질투(?)는 만병의 근원이다.
오늘도 계절의 여왕! 5월을 즐기기 위해, 호숫가를 걷고 있다.
소주 안주 거리가 풍성한 이곳에 오면,
마음이 푸근하고 부자가 된 듯한 착각을 일으킨다.
그래서 호수를 자주 찾는다.
햇살 가득한 벤치에 앉아 40여년 전!
집이 불에 타고 있던 그 시절, 그 사건을 생각하며
시간 여행을 해 본다.
아이 낳고 유학 보내고 …
홀로 먼 이국땅에서 공부하고 있는 딸을 그리워하던 그 시절!
그래도 그때가 좋았는데 …
첫 딸은 살림 밑천이라고 한다.
왜 이런 말이 나왔는지 모르지만, 그래서 일까?
딸아이가 태어난 후 통장의 액수는 늘어 갔고,
사는 것도 여유로워진다.
그리고 대한민국 공식 노인이 되자,

보험회사가 내게 남은 여생을 책임지고 있다.

여생뿐 아니라 약관에도 없는, 회 한 점에 소주 한잔까지도

보장하고 있으니 …

얼마나 좋은가?

이 행복이 오래 오래 가야할 텐데.

•

•

•

•

이런 생각에 잠겨 있는데, 그때 누군가가 내 등을 친다.

친구야! 벤치에서 왜 그렇게 졸고 있어?

코까지 골 더라고 …

어제 밤에 잠을 못 잤나?

나도 요즘 통 잠을 이루지 못해!

아내 병원비에 먹고 사는 게 힘들어 잠이 오지 않네.

친구는 어떤가?

소문에 보험금을 많이 받아, 먹고 사는 데는

지장이 없다면서?

그래. 다음에 한번 보세.

소주나 한잔 하자고.

난 또 돈 벌러 가야 하거든.

잠이 덜 깬 상태에서 손을 흔들며,

금슬보험만 들었어도 괜찮을 것인데 금슬 ~~ 보험만 ~~

이렇게 중얼거린다.

친구가 안타깝다는 생각을 하며,

한낮의 오수는 그렇게 쭉 ~ ~ 이어지고 있었다.

가정의 달! 5월! 그것도 둘이 하나가 된다는

5월21일 부부의 날을 맞이해 글 한편 써 봤다.

다른 사람에게 염장 지르는 말은 하지 말라는

아내의 감수를 받아, 쓴 글임을 밝혀둔다.

아울러 우리 모두 여유롭고,

또 부부가 함께 여생을 예쁘게 잘 보냈으면 좋겠다는

바램도 가져 본다.

나이는 숫자에 불과하다!

(남편은 보기 드문 사랑꾼으로 …)

경상북도 상주에 금슬 좋기로 소문난 부부가 있다.
금슬은 나도 좋은데, 부부 사이가 좋은 사람이
어디 한둘이겠나?
그런데도 이 부부가 세간의 화제가 되고 있는 이유가 있다.
아내가 남편보다 무려 14살이나 많은, 연상녀이기 때문이다.
이들의 모습을 보고 있노라면, 우리네 삶은 한편의 드라마고 소설이며, 수필이라는 생각이 든다.
막내 시동생 같은 사람과 사니, 나쁠 것은 없을 것이다.
남편 역시 아내를 모시고 떠 받들며 사는 것이 즐겁단다.
전생에 하인으로 일 하면서 가슴속으로 사모했던 아씨가,
현재의 아내가 아닐 런지 …
내같으면 보쌈이라도 했을 것이다.
아니면 그때도 이곳으로 도망 와 사랑의 도피 행각을
벌인 것은 아닐까?
서울서 살다가 시골로 내려온 데는, 세간의 눈총이

따가워서란다.

남편은 보기 드문 사랑꾼으로 첫눈에 아내에게 반했고,

지금도 그 열정은 변함이 없다고 한다.

세월은 지나가는 것이 아니라, 쌓이는 것이라고 했던가?

그렇게 해 그들의 사랑은 한곳에 모여, 많은 이들의

얘기 거리가 되고 있다.

세기의 사랑이 많이 있지만, 나 역시 지금까지 살면서

이런 일은 듣지도 보지도 못했다.

그리스 선박 왕 오나시스 얘기가 생각난다.

미국 케네디 대통령의 미망인인 재클린과 살면,

무척 행복할 것 같았다고 한다.

그래서 그는 그의 재력을 무기로, 그녀를 품안에 안았다.

그런데 오나시스는 생애 최고의 실수가, 재클린과 결혼한

것이라고 실토한다.

그는 정말로 배부른 소리를 하는 것 같다.

사흘만 굶으면 보리밥도 없어서 못 먹는데 …

그래도 한때는 대통령의 영부인과 살아 놓고,

최고의 실수니, 후회된다느니 …

이런 말을 하면 곤란하지 않나? 싶다.

그런 인격이니 같이 살 수가 없었을 것이다.

당신만을 사랑해!

어찌 그렇게 변함없이, 아내를 사랑할 수 있을까?

오나시스와는 달리, 그의 후덕한 심성이 한 몫을 했을 것이다.

그의 삶은 천연 기념물로 기네스북에 올라도,
손색이 없을 것이란 생각이 든다.
오늘(2020.6.21) 모 방송 "엄마의 봄날"이란 프로그램에 나온
그들 부부의 얘기를 조금 각색해서 글을 써 봤다.
그러면 그들의 삶속으로 들어가 볼까?
할아버지! 할아버지란 표현을 쓰고 싶지 않다.
남편은 내보다 나이가 적다.
난 지금도 할아버지란 말이 어색하고, 듣기가 싫다.
지하철 경로석에 앉을 바에는, 차라리 서서 목적지까지 간다.
남편의 나이는 65세, 할머니 나이는 79세! 그러니까
우리 나이로 얘기하면, 66세와 80세가 되는 셈이다.
22년 전에 만나 이렇게 변함없이 사랑하며 산다고 하니,
할머니가 전생에 좋은 일을 많이 했던 것 같다.
3대가 적선을 하지 않으면, 일어날 수 없는 일이다.
정말로 하늘이 정해준 인연이 아니고서야,
어찌 이런 삶이 있을 수 있단 말인가?
그러면 시계를 그들의 첫 만남! 그때로 돌린다.
남편은 당시 서울에서 식당을 운영하고 있었는데,
손님으로 아내가 등장했다고 한다.
운명의 시계는 이때부터 움직이기 시작했고,
첫눈에 반한 그는 그녀와의 데이트 날짜를 잡는데 성공한다.
그는 지나온 과거를 얘기하며, 그 당시 아내가 2~3살
어린 것으로 봤다고 한다.

여기에 주목할 필요가 있다.

어찌 14살이나 많은 여인을 어리게 봤을까?

속된 표현으로 명태 눈 까리(?)가 아니면,

불가능한 일이다.

그러니 지금까지 살고 있는 것이 아닐까?

이런 생각도 해본다.

옛날 남북조 시대에, 송계아라는 관리가 있었다.

그는 정년 후에 살집을 보러 다녔는데,

백만금 밖에 하지 않는 집을 천백만금을 주고,

여승진이란 사람의 이웃집을 산다.

여승진이 묻는다.

왜 그렇게 많은 돈을 치르고 집을 샀습니까?

그러자 "백만매택이요百萬買宅이요.

천만매린千萬買隣" 이라고 송계아는 말한다.

백만금은 집값으로 지불하였고, 천만금은 당신과

이웃이 되기 위한 프리미엄으로 지불한 것이라는 얘기다.

송계아라는 관리가 돈이 좀 많았던 것 같다.

송계아나 오나시스가 돈을 투자했다면,

남편은 그녀에게 진심과 열정을 내어 놓았다.

친구를 얻기 위한 송계아처럼, 그도 평생의 동무로 삼으려고

그녀에게 접근했던 것일까?

할머니의 집안에서도 반대가 무척 심했다고 한다.

남자 나이 44살에 여자 나이 58, 누가 봐도 어울리는 조합은 아니다.

요즘 연예계도 연상의 여인과 사는 가수나 탤런트가
많이 있는 것으로 안다.
하지만 20여년 전에는 그런 일이 거의 없었다.
그렇다 보니 우리 사회에 충격을 줬을 뿐 아니라,
그로 인해 결혼관에 변화의 바람이 불기 시작한다.
말은 하지 않아도, 복 받은 여인이라고 부러워하며
시기, 질투를 한 사람도 많이 있었을 것이다.
그래서 일까?
70살까지 함께 살면 손에 장을 지진다는
말을 하는 사람이 있는가 하면,
또 어떤 이는 남자가 여자의 돈을 노린다.
여자한테 색기가 졸졸 흐르는구먼.
그러니 젊은 남자와 바람이 났지.
색녀야, 색녀!
그들의 음해는, 날이 갈수록 도를 넘고 있었다.
참다못한 금슬 좋은 이 부부는, 아무도 모르는 곳으로 가서
살자고 한 목소리를 낸다.
그렇게 해서 정착한 곳이 경상북도 상주다.
남편은 싹싹하고 성실해 마을 주민의 사랑을
독차지하고 있으며, 특히 이곳 아주머니들에겐
인기가 식을 줄을 모른다.
지금도 80된 아내는 남편의 발걸음이 어디로 향하는 지,
신경을 쓰고 있다는 후문이다.

아무리 나이가 들어도 여자는 여자인가? 보다.
정말 그들에겐, 나이는 숫자에 불과하다는 생각이 든다.
내 나이가 어때서, 사랑하기 딱 좋은 나이인데 …
하지만 할머니는 "10년만 젊었어도" 얼마나 좋을까?
이런 말을 자주한다.
오래 오래 행복하시길 빌어 본다.

•

•

•

•

그런데 이 일을 어찌 하나?
그는 지금도 아내가 20년 가까이 젊은 아지매로
보인다고 말한다.
남편의 시계는 아직까지 거꾸로 돌아가고 있다.
그러니 … ㅋㅋ

미적 감각이 있으면 당신과 살았겠소?

(때리면 맞아야지, 별 수 있겠나?)

부부 싸움 한번 하지 않고, 사는 사람이 몇이나 될까?

링 위에서 치고받는 그런 싸움을 말하는 것이 아니다.

6.25가 발발한지 70주년이 되고, 또 전쟁이 일어난 달이다.

국가 간의 싸움이 전쟁! 아니겠나?

가정에서 부부간의 전쟁을 우리는 흔히 부부 싸움이라고 말한다.

오늘은 부부 싸움을 주제로 얘기할까? 싶다.

그 전에 전쟁 이야기! 6.25 동란 70주년인데 …

한마디 하고 넘어가야 되지 않겠나?

비극 보다는 희극 쪽으로 초점을 맞춰 본다.

70대 초반의 어느 분이 6.25는 북침 전쟁이다.

이런 말을 한다.

물론 나도 직접 본 것이 아니라 그냥 듣고 있었는데,

지는 직접 보고 경험했나?

그 당시 그분의 연세(?)가 서너 살 되었지 싶다.

비싼 밥 먹고 왜 이런 헛소리를 하는지 모르겠다.
혹시 고향이 그쪽이라 그런가?
그쪽이라고 하니 이상하게 생각하는 사람이 있을 것 같아,
분명히 밝혀둔다.
나침판 N극이 가르키는 방향이다.
오늘은 슬픈 얘기 보다, 전쟁을 좋은 쪽으로 조명해 볼까? 한다.
전쟁은 최고의 예술이다.
그 보다 더 훌륭한 불꽃놀이를 본적이 있던가?
음향도 스테레오다.
베토벤이 쓴 웰링턴의 승리란 곡을 들어보면,
대포 쏘는 소리가 웅장하다.
또 전쟁으로 우리 가요계가 한 단계 이상 도약했다.
굳세어라 금순아, 전선야곡, 불효자는 웁니다 등
많은 가요가 전쟁으로 인해 나왔다.
뿐만 아니라 장일남이 곡을 쓰고, 한명희가 가사를 붙인
우리 가곡 비목도 빼놓을 수가 없다.
강원도 화천에서 산화한 육군 소위를 생각하며
쓴 곡이고, 노랫말이다.
이곡은 가고파, 그리운 금강산과 함께 가장 사랑받는
가곡이기도 하다.
이렇듯 전쟁은 우리에게 훌륭한 음악을 남겼다.
전쟁이 남긴 두 번째 얘기다.
어떤 분은 교동에 땅이 많이 있는데, 통일만 되면

부자가 될 것이라고 말한다.
교동은 황해도로 인천과 가까운 곳이다.
통일만 되면 금싸라기 땅이 될 수 있는 곳에 위치하고 있다.
북한에 맡겨 놓았으니 그 땅이 있지, 지가 가지고 있었으면
지금까지 남아 있겠나?
평상시 술도 많이 마시고, 여자도 좋아하며
노름까지 한다고 하던데 …
그런데 힘을 어디에 다 썼는지 저승사자 앞에선
저항도 한번 못해 보고, 70도 되지 않은 나이에 끌려갔다.
세 번째 얘기는 국외로 돌려 본다.
미국에서도, 전쟁으로 인해 역사에 남을 만한 곡이 있다.
남북 전쟁 당시 아버지는 북군 그리고 아들은 남군이었다고 한다.
북군은 피투성이가 된 청년을 포로로 잡는다.
최선을 다해 치료를 하지만, 그는 끝내 숨을 거둔다.
보고를 받은 중대장이, 현장에 도착해 시신을 확인하는 순간!
자기 아들임을 알아차린다.
이 일을 어찌 할꼬?
아버지는 아들의 호주머니를 뒤지는데, 구겨진 악보 한 장이 나온다.
그 곡이 아마추어 트럼펫 주자가 꼭 연주해 보고 싶어 하는,
밤하늘의 트럼펫이라는 선율이다.
전쟁으로 탄생한 대표적인 명곡이다.
평화를 원하면 전쟁을 준비하라!
맥아더 장군이 한 얘기인 줄로 알았는데,

고대 로마의 전략가인 베게티우스가 한 말이라고 한다.
역사와 전통을 자랑하는 명언이 아닐까? 싶다.
그런데 평화는 평화로 구해야지, 전쟁에서 평화를 찾으면 곤란하다.
이렇게 말하는 사람이 많은 것 같아 마음이 불편하다.
GP도 철수하며 비무장 지대에 평화 공원을 조성하고,
그래야 진정한 평화가 올 것이라고 …
모두들 한번쯤 생각해 봤으면 좋겠다.
오늘 부부 싸움에 대한 얘기를 하려다, 너무 멀리 간 것 같다.
지금부터라도 속도전으로 글을 쓰면 되지 않겠나?
빨리 가려고 지하철 객차 안에서 뛰는 것과 같다고요?
요즘 부부 싸움 뒤 끝으로, 이혼하는 사례가 많다.
이 시기는 전쟁을 하듯 싸우기 때문이다.
왜 전쟁 때도 심리전으로, 꽹과리를 두드리고 피리를 불며 쳐 들어오지 않던가?
꽹과리 말고 드럼을 치고 적진을 공격하면
더 좋을 것 같은데 …
기선 제압을 하기 위해 요란한 전쟁을 벌이는 신혼들!
제발 이러지 말기를 바란다.
부부 싸움에 이기면 뭐 할 것이고, 또 지면 어떻나?
금메달이 걸려 있는 대회도 아닌데 …
그런데 신혼 때와는 달리, 대부분의 사람들은 사소한 문제로 말다툼을 한다.

밥이 왜 이래 설익었어, 아니면 밥이 죽이네 죽이야!
이런 조그마한 일로 …
누룽지도 먹는데 소화 잘 되는 죽이면 감지덕지 하고
먹어야지, 고생해 차린 부인 생각은 눈곱만큼도
하지 않기 때문에 이런 사달이 일어난다.
이렇게 해 말다툼이 전반전을 지나면, 젊을 때 배운
복싱 테크닉을 쓰는 사람도 있다.
멍청한 넘! 얼마나 못났으면 마누라한테 손찌검을 하나!
또 야구 선수인양, 보이는 대로 집어 던지는 사람도 있다.
이제 내 이야기를 해 볼까? 한다.
그러니 실화(?)다.
모처럼 바깥에 친구를 만나기 위해 옷을 갈아입는다.
내 모습을 본 아내가 대뜸, 왜 그렇게 미적 감각이 없소.
이러면서 타박을 주지 않겠나.
백수 생활을 하다 보니, 자존감도 하루가 다르게
떨어지고 있다.
그런데 아내마저 이렇게 말하니, 기분이 좋을 리가 있겠나?
참아야 했는데 나도 모르게 한마디가 내 입을 빠져 나간다.
"미적 감각이 있으면 당신과 살았겠소?"
열등감에 불을 질렀으니 …
당신 같으면 어떻게 하겠나?
예쁘게 하고 사람을 만나라는 선의를, 난 이렇게 악의로
받아쳤던 것이다.

그 이후에 어떻게 됐느냐고요?
그날 그 사건으로, 매일 올라오던 술상도 구경할 수가 없다.
40년 전에 내하고 결혼하자고 한, 미스 김이 생각난다.
그녀는 이럴 때 어떻게 했겠나?
당신 좋을 대로 입고 가소.
선보러 가는 것도 아닌데 …
아마 이렇게 얘기하지 않았을까? 싶다.
그녀는 예뻤거든.
미녀는 무조건 이해하지 않는가?
그런데 그녀는 체육과 출신으로, 태권도 3단이다.
승부욕이 강한 운동선수가 내하고 부부 싸움을 한다면
어떻게 할까?
2단 옆차기라도 날릴까봐 걱정 된다.
아내에겐 최소한 이런 불안감은 없다.
많이 반성했다.
마음에 상처를 주는 말은 하지 말자.
부부 싸움은 빨리 끝내고 이것이 끝이다.
운동선수 같으면 연장전을 꿈꿀 것이다.
하지만 우리 부부에겐 연장전은 없다.
이렇게 말하며 뉘우쳤더니,
술상도 예전처럼 다시 올라 오기 시작한다.
만약에 아내가 화를 참지 못해 손찌검을 한다면,
어떻게 하겠소?

•

•

•

•

별 수 있나? 맞아야지.

나이 들면 그게 최고야! ㅋㅋ

아니면 유도 테크닉을 써 볼까?

그것도 좋아할 것 같은데 …

재미있고 유익한 글을 써야 하는데 이렇게 헛소리만 하고 있으니 독자가 멀리할까, 걱정된다.

내일부터 헛소리를 끊으려고 한다.

헛소리 하면 시간은 잘 가는데 …

입에 겨우 풀칠하며 산다

(때로는 중모리로, 때로는 자진모리로 …)

더위가 얼음을 삼킬 것 같은 날씨다.
시원한 대청마루에서 어머니는 연신 풀 먹인 삼베를
다디미 돌 위에 올려놓고, 방망이로 두들겨 패고 있다.
하나, 둘, 셋, 넷! 4분음 4박으로 …
나무 그늘 아래에선 졸린 눈으로 하품을 하다가 잠든
강아지의 모습과, 슬프게 울어 대는 매미 소리까지
함께 포개어 지는 여름날의 정경이 떠오른다.
엄마는 무슨 생각을 하며, 다디미 방망이질을 힘들게 했던 것일까?
한 많은 세상을 보상이라도 받으려고, 그랬던 것은 아닐까?
매미는 굼벵이 시절을 7년간 겪고 성충이 되어,
2주일 정도 살다가 삶을 마감하는 벌레다.
7년간의 땅속 생활이 얼마나 지루하고 억울했으면,
그렇게 울어 대는 것일까?
어쩌면 우리 어머니의 한도, 이런 것이 아닐까? 생각된다.
다디미 소리엔 가난과 고부갈등 그리고 자식에 대한 한!

어디 이것뿐이겠나?
내 어릴 때도 마찬가지였다.
가난이 온 가족을 둘러싸고, 먹을 것을 가로 채고 있었다.
배가 고파 아버지 와이셔츠에 풀 먹이려고 놔둔
밀가루를 끓여 먹은 적도 있다.
그래서 그 시절엔 가난한 서민들은, 요즘 우째 사느냐고
물으면, 입에 겨우 풀칠하며 산다고 했다.
어머니의 가슴엔 이런 것들이 함께 하고 있을 것이다.
고부갈등의 패자는 항상 며느리다.
시어머니의 갑질이 아무리 심해도, 당시엔 갑질이란 단어가
국어사전에 없던 시절이니까, 시어머니의 승리는 따 놓은 당상이었다.
우리 집도 그랬다.
그리고 자식들은 대부분 효자였지만, 그런 자식을 두서넛
잃지 않은 부모가 없었던 시절이었다.
돈도 없고, 약도 없고 …
이러니 속절없이 자식을 빼앗길 수밖에 없었다.
우리 집도 어머니가 어린 딸을 셋이나 잃었다.
얼마나 보고 싶고 안고 싶었으면, 애기 옷에 코를 묻고
냄새를 맡으며, 슬픔을 토해냈다고 한다.
그 아픔이 오죽 했겠나? 싶다.
다디미 돌과 방망이를 통해 때로는 중모리로,
때로는 자진모리로 어머니의 한이 표현되기도 하고,
또 한 많은 세상을 그렇게 해서라도 인내해 왔다.

이렇게 해 한 여름의 열기는 다디미 소리와 함께 저물고 있다.
몇년 전 여름날 라오스를 찾았던 적이 있었다.
가난한 나라! 라오스는 우리나라 5~60년대의 모습,
그대로였다.
열대 지방이니 바나나도 많고, 먹을 것은 어렵게 보이지 않았다.
하지만 그들이 살고 있는 현장에 도착해 보니,
닭 몇 마리 키우는 것이 전부였다.
또 재래시장에 가보니, 집쥐를 잡아 팔고 있었다.
우리 문화와는 달라도, 너무 다른 현장을 목격했다.
아무리 배가 고파도 그렇지, 어떻게 쥐를 먹나?
라오스 사람들은 쥐를 반찬으로 먹는지,
가이드에게 물어 봤다.
쥐는 하층민들의 단백질 공급원이라고 한다.
굶주려 보지 않은 사람은 이해가 가지 않을 것이다.
1973년에 나왔던 영화 빠삐용을 보면, 바퀴 벌레를 잡아먹는
모습을 볼 수가 있다.
몇년 간 독방에 수감되어 있는 빠삐/스티브 맥퀸은
배고픔을 견디지 못하고, 바퀴 벌레를 입에 넣는다.
그러면서 자유를 향한 탈출을, 꿈꾸고 있었던 것이다.
허기진 배는 우리에게 최소한의 인격도 지켜주지 않는다.
삼일만 굶어 봐! 눈에 뵈는 게 없다는 말이 있다.
공자도 길바닥을 헤매고 다닐 때, 상갓집 개꼴이라고 했다.
또 그들이 입고 자고 할 수 있는 모습 또한

우리의 노숙자와 다를 게 없었고, 학교라는 곳은
칠판도 없는 흙벽에 둘러싸인 공간이 전부였다.
우리의 어머니도 이와 별반 다를 것이 없는 시대에
살았던 것은 아닐까? 생각 된다
가난한 집안에 시집와서 시부모 공양하며, 자식 키우고
먹을 것이 없어 보리쌀 몇 됫박으로 끼니를 때우다가,
이 세상을 하직한 분들이다.
어머니의 봄날은 어디에도 찾아 볼 수 없었다.
불쌍함이 껌 딱지처럼 붙어 다녔던 한 평생을 사신 어르신들이다.
그분들의 한이 배여 있는 다디미 소리!
오늘 날엔 찾아볼 수 없는 물건이다.
그러면 오늘을 사는 여인들은 그들만의 한이 없어서 일까?
우리 아 ~ 엄마는 여러 가지 악기를 공부했지만
별로 관심을 가지지 않았는데, 드럼은 열심히 하고 있다.
드럼이 현대판 다디미가 아닐까?
이런 생각도 해 본다.
내한테 받은 스트레스 때문일까???
아무튼 한 맺힌 인생을 사는 여인들은,
드럼을 공부해 보는 것도 좋지 않을까? 싶다.
다시 우리 어머니들의 얘기로 돌아가면,
허기를 물 한사발로 때웠던 시절!
그 배고픔을 다디미 방망이 소리로 참고 이겨냈던 것은
아닐 런지 …

그래서 다디미 소리를 우리는 민족의 한이 서린,
슬픈 소리로 표현한다.
오늘의 어머니는 이런 한을 삭이며 살아가는 사람이
몇이나 될까?
가난에 절어 인생이 주글주글해지고, 고부 갈등으로
숨죽이며 사는 며느리가 얼마나 있을까.
그리고 자식의 죽음을 가슴에 묻고 사는 어머니가,
몇이나 될까?
가난하고 약이 없던 시절과 가부장적 대가족 사회에서만
볼 수 있었던, 고통과 한이 아니었나? 싶다.
지난날과 비교를 해 보면 다디미 방망이가 있던 자리에
드럼 스틱이 대신하고 있으며, 보리쌀만 있던 뒤주에
이제는 하얀 쌀 포대가 굴러다니고 있다.
약이 없어 고통 받고 죽음까지도 감내해야 했던
그 시절과 달리, 한 걸음만 옮겨도 병원과 약국이
널려 있는 세상에 살고 있다.
풍요속의 빈곤이랄까?
이런 데도 우리는 삶이 불행하며,
화창한 날씨라기보다 흐리며 우울하다고
생각하는 사람들이 많다.
지금까지 잘 살아온 노부부의 입에서
졸혼이란 말이 나오고, 황혼 이혼을 꿈꾸는 분들이
늘어나고 있다.

그런가 하면 신혼여행을 갔다 온 후, 바로 이혼 서류에
도장을 찍고 갈라서는 앳된 부부도 있다.
그 옛날 참고 견디며 가정을 지켜온,
우리 어머니들의 모습은 온데간데없다.
물론 시대가 많이 달라졌다.
하지만 가정을 버릴 만큼 중요한 문제가 무엇일까?
다디미 돌과 다디미 방망이를 가져다 놓으면,
이런 일이 줄어들고 행복해질까?
한여름 시원한 나무 그늘 아래에서, 이런 생각도 해 본다.

이 보다 더한 유토피아가 어디에 있을까?

(아무쪼록 우리의 희생! 헛되이는 하지마소!)

오늘은 일년 중에서 가장 덥다는 삼복중의 초복이다.
옛 선인들은 복날이 되면 "복달임"이라 하여,
시원한 강과 계곡으로 놀이를 갔다.
또 이열치열이라 하여 닭이나 개장국을 먹은 후,
후식으로는 이냉치냉이라 하여 참외나 수박 같은
시원한 과일을 즐겼다.
삼복에서 복은 사람 인人자에 개 견犬자가 합쳐진 것으로,
너무 더워 사람이 개처럼 엎드려 지낸다는 뜻이라고 한다.
이때가 되면 개를 잡아 푹 삶은 뒤 각종 나물을 넣고
끓여 먹는데, 말복까지 장수하는 멍멍이가 드물다고 한다.
개는 인간과 그 역사를 함께 했다고 해도,
지나치지 않을 것이다.
집도 지키고, 그들에겐 주인을 잘 따르는 충성스러움도 있다.
앉으라면 앉고, 서라면 선다.
요즘 반려견을 많이 키운다.

자식들이 말을 듣지 않고, 말썽을 피운다.
그 보상 심리로 애완견과 함께 산다는 분도 있다.
아들이나 딸보고 앉아! 일어서! 라고 했을 때,
과연 몇이나 부모의 말을 들을까?
한번 시험해 보기 바란다.
간식만 조금 주면, 개는 말을 잘 듣는다.
개처럼 말을 잘 듣는 지, 자식에게 간식을 입에 넣어 줘 봐라.
삼복은 10일 간격으로 초복, 중복 그리고 말복으로 이어진다.
하느님은 6일간 천지를 창조하고, 마지막으로 인간을 만들며
7일째는 쉬라고 한다.
그리고는 천지창조의 소유권을 사람에게 넘기고,
모든 것을 다 할 수 있다고 한다.
거기에 비해 삼복더위 때엔 우리 조상들은 9일간 일하고,
하루를 개처럼 엎드려 있으라고 했다.
하느님 보다는 조금 짠돌이라는 생각이 든다.
7일 간격으로 초복, 중복, 말복에 끝복이나 개복(?)을 추가해도 나쁘
진 않을 것 같다.
그리고 소유권이 인간에게 이전된 만큼 못 먹는 게 없다.
개고기도 먹고 닭도 닭백숙, 닭튀김, 닭강정!
먹거리가 천지다.
그런데 부처님은 살생을 금지했다.
특히 보신탕은 먹지 말라고, 보리수나무 밑에서 얘기한 것 같다.
잘 먹어야 더위를 이길 텐데.

그렇게 해 어찌 더운 여름을 나겠나?
시원한 나무 그늘 아래에 앉아 있으니, 더위를 몰라서
그렇게 했나?
올해는 살인적인 더위가 올 것이란 기상청 예보도 있다.
이야기를 개로 돌린다.
개는 인간에게 충성을 다하지만 인간은 개를 배신한다.
삼복이 되면 이때가 개의 수난기다.
머리가 있는 넘은 초복 전에 목줄을 풀고 산으로 도망간다.
그렇게 해 들개가 된 넘들도 많다.
통계청(?)에 의하면 한해 수만 마리에 이른다고 한다.
개를 잡으면 경기 지방에선, 털을 불에 그을려 태운다.
인간이 겪는 고통 가운데 최상위의 통증이 몸을 자르는 것인데, 그보다 더한 고통이 몸을 태우는 것이라고 한다.
그 넘들! 얼마나 아팠을까?
사극에도 인두로 지지는 장면이 나온다. 잔인함의 극치다.
이렇게 해 가지고, 천국에 갈 수 있을까?
하느님 나라는 몰라도, 부처님 나라엔 어림도 없다.
이런데도 요즘은 복날이 와도, 개가 많이 느긋해졌다.
지가 할 일을 닭이 대신하기 때문이다.
TV프로그램 동물농장에 개와 닭이 살을 맞대고
가까이 있는 장면이 있었다.
정말 사랑해서 일까?
지고지순한 사랑이 없다면, 개를 대신해 복날에 희생을

당하진 않을 것이다.
왜 닭이 개를 대신해 죽음을 택하나?
그래서 닭대가리라는 말이 나온 것 같다.
하지만 때로는 닭 벼슬을 세우며, 개보다 벼슬이 높다고 꼬끼오! 라고 외친다.
퍼온 글로, 닭의 푸념이다.

날 좀 보소 사람들아 이내 말 좀 들어보소.
계란으로 세상 나와 이십 일간 부화되어
삐약삐약 이쁜 사랑 어미 정분 때기 전에
보들보들 연하다고 삼계탕 집 팔려가고
토실토실 살 붙으면 튀김집에 튀겨지고
포동포동 튼실하면 백숙 집에 고아지네.
날개조차 닭발조차 가슴까지 도려지고
똥집마저 별미라고 소주안주 진상되네.
이넘 팔자 기구해도 내 몸 하나 보시하여
남녀노소 몸 안에서 피가 되고 살이 되니
(중략)
아무쪼록 우리희생 헛되이는 하지마소.
- 닭 유가족 일동 -

꼬끼오 대표는 또 이렇게 얘기한다.
"고생하며 무거운 짐을 진 자는 모두 내게 오라.
내가 너희에게 안식을 주겠다."
닭 유가족도 그렇고, 꼬끼오 대표도 훌륭하다는

생각이 든다.

살신성인! 아니 살신성닭! 아닌가?

살신성계라 해야 할 것이다.

닭이야 말로 성인(?)의 반열에 올라도 손색이 없을 듯 싶다.

그들의 명복을 빈다.

개가 황금기를 맞고 있다.

어떨 땐 다음 생이 주어진다면, 개로 태어났으면 좋겠다는

생각이 들 때도 있다.

돈벌이 하지 않아도 먹고, 자고 하는 데엔 이상이 없다.

그리고 주인의 사랑까지 한 몸에 받고 있다.

이 보다 더한 유토피아가 어디에 있겠는가?

직장인이라면 월급이 스트레스 값이란 것을,

잘 알고 있을 것이다.

정말 먹고 살 돈만 있다면, 사표를 낼 사람이 많을 것이다.

그래도 목구멍이 포도청이라, 무거운 발걸음을

회사로 내 딛는다.

하느님도 일 하지 않는 자는, 먹지 말라고 경고를 했다.

그런데 그 넘들은 하루 종일 노는데 열중한다.

놀기만 하나 예쁜 넘하고 연애도 즐기는 삶을 살지 않던가?

좀 아쉽다면, 그들의 세계에선 술이 없다는 것이다.

술부터 시작해 주색잡기가 이루어지는데 …

이렇게 그들의 얘기를 하다 보니, 어스름이 깔리고

술시酒時?가 다가온다.

보신탕으로 소주 한잔 할까? 아니면 닭 강정으로 맥주를 할까?
술 한잔 하기 전에 그들에게 한마디 던진다.
그래야 마음이 편할 것 같다.
뭐라고 할 것인데요?

•

•

•

•

너희들의 명복을 빈다. 좋은 곳에 가려무나.
그리고 너희들의 희생을 헛되지 않게 하마! 잘 먹을 게.
뱃살이 좀 나올 것 같네.
이렇게 말하자 꼬끼오 대표가 한마디 한다.
니 뱃대지가 그렇게 좋은 곳이냐?
끝까지 배신하네.

예쁜
단풍처럼

가을이 온다는 전보를 철새가…

(팔짱 끼고 바닷가 백사장을 함께 걷던 첫 데이트)

가을이 온다는 전보를 철새가 물고 왔다.
시집간 딸년이 결혼하고 처음으로 친정에 온다는 것처럼
설레인다.
그동안 어찌 살았을까?
시부모님께 미움은 받지 않고 지냈을까?
남편의 사랑은 듬뿍 받았을까?
먹고 사는 데엔 어려움은 없었는지 …
궁금한 게 한두 가지가 아니다.
가을이 오긴 오는 모양이다.
아침, 저녁으로 불어오는 바람 냄새가,
며칠 전과는 확연히 다르다.
처마 끝을 노크하는 풍경 소리도 달라졌다.
여름새가 하나씩 둘씩 떠나가고, 그 자리엔 가을 새가
모여들기 시작한다.
인생도 앉았던 자리를 비워줄 때가 오는 것이 아닐까?

이때쯤이면 편지 한통 남기고 떠난 여인이 그리워진다.
어디서 어찌 살고 있는 지, 이젠 많이 늙었겠지 …
그녀가 간 자리를 아내가 차지하고 있다.
사랑의 대상이 아내라면 그녀는 그리움을 차곡차곡
가슴에 채워야 할 상대였다.
40여년 전에 내게 남긴 편지 속엔 아버지의 뜻에 따라,
다른 남자와 결혼을 할 수밖에 없다.
그리고 자신을 가슴 속에 담아 두지 말고,
깨끗이 잊어 달라는 청첩장이었다.
그녀와 난 해운대 바닷가에서 처음 만났고,
그 여학생은 서울에서 살며 대학을 다니고 있었다.
파도가 밀려오고 가며 하얗게 부서지는 바닷가!
그리고 낙조를 함께 하며 생맥주 한잔으로 맺어진
인연이었다.
그래서 우리의 사랑을 500CC 짜리 라고 말하며,
웃던 기억이 난다.
태양이 바다 깊숙이 빠져 들고 있다.
우리의 앞날을 예견했던 것일까?
우리는 편지로 사랑의 감정을 확인하곤 했는데,
여름 방학이 되면 늘 해운대 바닷가에서 만났다.
환하게 웃으며 달려오는 그녀의 모습은 천사와도 같았다.
만나도 만나도, 설레임은 사그라들 줄을 몰랐다.
그런 그녀가 어느 순간 어두워지기 시작한다.

왜 그럴까?
이런 생각도 했지만 그러려니 하고 깊게 생각하지 않았다.
지나고 보니 말 못할 사정이 있었던 것이다.
얼마나 고민했을까?
아버지의 말씀을 따를 것인지, 사랑을 좇을 것인지 …
아버지의 말씀을 어기면 불효자가 될 것 같고,
따르자니 사랑하는 사람과의 이별이 기다리고 있고 …
이럴 수도 없고 저럴 수도 없는 그런 상황이었다.
그녀의 고민은 아버지의 강요를 따르기로 했던 것이다.
결국 우리는 500CC 짜리 사랑으로 끝났다.
어쩌면 효녀라는 생각도 든다.
이렇게 해 우리의 앞날은 석양에 힘없이 떨어지는 낙조처럼,
이별을 예고하고 있었다.
그녀는 여름 방학 때 부산으로 피서를 와서
나를 알게 됐고, 그 후 5년 정도 사귀었다.
우리는 결혼 약속을 하지는 않았으나,
그렇게 할 것이라고 서로가 믿고 있었다.
하지만 그녀의 아버지는 가부장적 성격으로,
딸의 결혼 상대는 자신이 직접 골라야 직성이 풀리는
사람이었다.
세월이 지나 잊고 있을 때!
내게 한통의 편지가 왔다.
조금 있으면 외국에 나가서 살 것이라고 …

결혼을 해서 살고 있지만 당신을 잊기가 힘들다며,
그녀의 담담한 심정을 그리고 있었다.
그리고 완고한 아버지는 돌아가셨고, 어머니는 바쁘게 살며
아버지 잃은 슬픔을 극복하고 있다는, 가족 근황도 알려 주었다.
오빠!
세상사 뜻대로 되는 일은 없다고 하지.
우리가 처음 만났던 그때 여름 방학!
친구들과 해운대 백사장을 찾았어.
난 그때 그룹 미팅이 있는 줄도 모르고 만난 게,
바닷가 생맥주 집이었지.
마당발인 내 친구 덕에 우리는 행복한 시간을 가졌어.
이 행복이 계속해서 쭉 이어져 가길 바랐는데,
한치 앞을 볼 수 없는 게 인생이 아닐까?
이런 생각이 드네.
자의 반, 타의 반으로 헤어짐이 다가 왔지만
그때 난 내 마음을 송두리 채 다 빼앗겼어.
오빠는 잘 생겼잖아?
미남이기도 하지만, 상대를 배려하고 생각해 주는
호남 형에 내가 정신을 잃었어.
난 너무 좋았고 모든 것을 다 주고 싶었지.
팔짱 끼고 바닷가 백사장을 함께 걷던 첫 데이트는,
잊을 수가 없어.
아버지의 강요로 인해 당신을 마음껏 사랑하지 못한 게,

후회스러워. 내가 많이 부족하지.
용서해 주길 바래.
이제 곧 외국으로 나가서 살게 될 것 같아.
어디를 가나 잊지는 못할 것 같네.
이승에서의 인연은 여기에서 끝날 것 같지만,
다음 세상에서는 꼭 만나 다하지 못한 사랑을
마음껏 나누고 싶어.
그녀의 진솔함이 묻어나는 글이다.
함께 하고 있는 남편은 선한 사람이고 괜찮은 남자지만,
그렇게 정이 가지는 않는다고 말한다.
아버지의 뜻을 거슬러야 했는데 …
후회스럽다고 했다.
하지만 운명이 이것 밖에 되지 않으니 어찌 하겠느냐며,
말끝을 흐린다.
나 역시 왜 그때 꼭 붙들지 못했는지, 자괴감이 든다.
4만원만 주면 다잡아Q(?)를 살 수 있었는데,
그 때는 학창시절이라 돈이 없었다.
그것만 샀어도 다 잡고 놓치지는 않았을 텐데.
이런 헛된 생각도 해 본다.
세월이 40여년 흐르고 지금 생각해 보니,
답장이라도 했어야 했는데 …
왜 그랬을까?
나를 얼마나 야속해 했을까?

외국에 가니 잊어 달라고 했지만, 편지의 겉봉에는
발신자의 주소가 나와 있다.
내게 편지를 하라는 의미가 아니었을까?
세월이 흘러 나이가 드니, 그런 생각도 든다.
아버지로 인해 우린 그렇게 헤어져야 했고,
지금까지 살아오고 있다.
그녀는 어찌 지내고 있을까?
해마다 가을이 오면 생각나는 여인!
이젠 잊어야겠지요?
그래도 한번 만나보고 싶다.
보면 더 실망할 수도 있을 거야.
갈등이 생긴다.
내 가슴엔 풋풋한 젊은 시절의 그때 그 여인이
자리하고 있는데, 주름지고 머리카락이 희끗 희끗한
초로의 여인을 어떻게 받아들일 수가 있을까?
그때 그 모습! 20대의 싱그러운 모습 그대로 간직하는 게
더 좋지 않을까?
옛사랑의 추억은 추억으로 …
남겨야 하지 않을까?
이런 생각도 해 본다.
어디에서 무얼 하든지 건강했으면 좋겠고,
행복한 노년이 함께 하길 바래본다.
나이 들어 그녀의 예쁜 모습을 그리워하며 …

심장은 벌렁거려도 가슴 떨림이 없는 나이가 됐지만,
황혼의 추억은 이런 게 아닐까?

(p.s) 이글을 늦둥이 딸이 읽고는 엄마! 엄마!
아빠가 엄마 만나기 전에 딴 여자와 연애했어.
이것 봐 엄마!
이렇게 펄찍 뛴다.
어쩔 수 없이 아내의 감수를 받아, 쓴 글임을 밝힌다.

여기가 어디요? 내리실 문!

(마지막으로 차지한 땅은 3평!)

여보! 여기가 어디요?
그러자 응, 여긴 내리실 문이야!
노부부가 지하철을 타고 가면서 했던 대화다.
칠순이 넘은 분 같아 보였는데, 정신세계가 온전하지
못한 것 같다.
치매 환자인 아버지가 아들에게, 젊은이! 태워줘서 고마워요.
이것과 다를 바가 없는 얘기가 아닐까? 싶다.
지하철 전동차 속의 전광판에 안내되고 있는 섯을 보고,
아내가 어디냐고 묻자,
아직 멀었어, 더 가야 돼! 라며 이렇게 대답했던 것이다.
내려야 할 문이 왼쪽인지, 오른쪽인지 안내하는 것을
보고는 할아버지가 그렇게 말했던 것이다.
너무 오래 살았던 것일까?
저승사자와 함께 염라대왕 앞에서, 당신이 누군데 나를 심문 하요?
난 진천에 사는 주천석이요. 왜 나를 붙잡아 왔소.

전설의 고향이란 프로그램을 보니, 진천이 아니라
용인에 사는 주천석이던데 여기 데려 온 이유가 뭐요?
이렇게 따졌다고 한다.
뭐, 치매 환자가 아닌 것 같다고요?
당신이 사이코 같소.
저승사자도 이렇게 헷갈리는데 하물며 인간사!
바로 사는 사람이 몇이나 될까?
이런 생각도 든다.
염라대왕한테 큰 소리를 친 게 통해서 일까?
그래서 지금 할멈과 함께 지하철을 타고는 여기가 어디요?
그러자 내리실 문이라고 할아버지가 얘기했던 것이
아닐까? 싶다.
요즘은 50살만 넘어도 치매 보험을 들어야한다고
광고를 한다.
치매가 오기 전에 삶을 은퇴하는 것이 정답이 아닐까?
나이 들면 생각하지도 못한 일들이 종종 발생한다.
어떤 할아버지는 속옷 차림으로 엘리베이트를 타고,
동네를 활보하고 있다.
얼마나 바빴으면 심지어 속옷을 그 안에서 입는 분도 계신다.
어디 이뿐이랴?
할아버지가 여자 화장실에 볼 일을 보려고 들어간다.
문을 열고 지퍼를 내린다.
오줌이 나오지 않아 용을 쓴다.

이때 여자가 들어온다.
할아버지는 누가 들어오는 지엔 관심이 없다.
전립선 비대로 고통을 받아온 할아버지 입장에선,
오로지 오줌 한 방울 떨어뜨리는 것이 더 소중하다.
그런 할아버지의 귓볼을 강타하는 것이 있다.
야~ 이 미친 새끼! 여기가 어디라고 들어와!
조금 과장해서 표현을 해 봤다.
그제서야 지퍼를 급히 올리고 뒤를 돌아본다.
얼굴엔 주름이 자글자글하고, 초점을 잃은 듯한
흐릿한 눈빛의 할아버지를 본다.
아버지 같은 할아버지를 보고는, 그녀도 멋 적은 웃음을
띄며 사과한다.
할아버지! 죄송합니다.
그러면서 한마디 덧붙인다.
여긴 여자 화장실입니다.
물론 치한이라도 본 듯 괴성을 지를 법도 하다.
그렇다고 너무 욕하지 마시길 바란다.
자기 몸도 제대로 가누지 못하는 노인네가 무슨 치한이고,
또 남자겠소?
이성의 벽이 허물어진 지 오래 됐고 치매기가 있는
할아버지가 어느 쪽에 가야할 지 모르고, 급한 마음에 실수를 했다.
이런 분이 여자 화장실에 간다고 별일이라도 생기겠습니까?
우리 아버지나 할아버지라고 생각하면,

이해할 수 있을 것이라 봅니다.
이런 날이 오기 전에 여생을 예쁘게 살다가 갔으면,
얼마나 좋을까?
가두리 양식장에서 키우던 물고기는 방류를 해도,
곧 돌아온다고 한다.
이런 물고기를 업자는 자연산 반, 양식 반이라고 하며
조금 비싼 값에 판다나?
방류를 해도 가두리 안으로 들어오면 먹을 것이 있으니,
큰 바다로 나가지 않는 것이란다.
어렵게 큰 바다에서 사냥감을 잡지 않아도 쉽게 먹이를
구할 수 있는데, 개고생 할 필요를 느끼지 않는다는 얘기이다.
톨스토이의 작품에 보면 이반이라는 농부는 평생토록
주인집에서 머슴살이를 했다.
어느 날 주인은 이반을 독립시켜 주려고
"내일 아침부터 네가 밟고 돌아오는 땅은 모두 주겠다."
이렇게 얘기한다.
이 말을 들은 이반은 새벽부터 달리기 시작했고
쉬는 시간도 없이 뛰고, 또 뛰었다.
한 평의 땅이라도 더 차지하기 위해, 먹는 것도
잊어버리고 달렸다.
평생의 한을 풀기 위하여 밤이 늦도록 뛰어
주인집 대문에 들어서면서 쓰러져 죽어버리고 만다.
그가 마지막으로 차지한 땅은 3평뿐이었다.

무덤으로 사용한 자그마한 땅이 그가 평생토록 머슴살이를
하고 뛰고, 또 뛰어서 얻은 땅이었다.
아테네의 승전을 알리기 위해 40Km를 넘게 달려
"이겼다"는 말 한마디를 남기고 숨진 그리스의 병사
필리피데스처럼, 땅을 더 많이 갖기 위해 keep on running.
하지만 욕심의 끝은 죽음이다.
톨스토이 작품에만 이반이 있는 것이 아니다.
우리 주변에 이런 사람들이 많다.
많은 것을 얻고도 더 가지려고 먹지도 않고 쓰지도 않으며,
욕심 사납게 살다가 어느 날 3평짜리 무덤 속으로 가서야 되겠나?
하나씩 비워 나가다 보면 멋진 노신사가
내 앞에 다가오지 않을까?
그리고 치매 걸리지 않고 지금까지 살아온 것에 대해,
감사하는 마음도 필요할 것 같다.
이제 나도 대한민국 공식 노인이 되나 보니,
품위 있는 노년을 보내야겠다는 생각이 든다.
공짜를 좋아하는 가두리 양식장 물고기 보다는,
넓은 바다에서 헤엄치는 자연산으로
그리고 얼굴은 주름져도 가슴은 팽팽하고, 당당하게
살다가 인생을 마감했으면 좋겠다.
이젠 하나하나 정리를 해야 할 것 같다.
여행지를 옮길 때마다 챙길 것은 챙기고,
또 버릴 것은 버려 짐을 가볍게 하듯이 …

그렇게 해 먼 길을 떠나야 할 것 같다.

오늘을 하루살이처럼 …

내일을 걱정하지 않고 마지막이라고 생각하며,

최선을 다하는 삶도 좋지 않을까?

오늘을 사랑하자!

이런 생각도 해 보게 된다.

신록을 자랑하던 푸른 잎도, 어느새 낙엽으로 뒹굴고 있다.

조금 있으면, 또 나목으로 바뀌겠지 …

그것이 인생이 아닐까?

- 生
- 老
- 病
- 死

어느 가을 날!

풍경 소리 울리는 산사에서 …

인생의 봄날/ 결혼식장에 다녀와서 …

(아닐 것 같으면 빨리 헤어지는 것이 정답)

많은 사람의 축복 속에 새 인생을 출발하는 결혼식장을 다녀왔다.
얼마나 설레 일까?
그런 마음으로 한평생 행복하게 살기를 바래본다.
하지만 인생이란 평탄대로만 기다리고 있는 것은 아니다.
자식 낳고 키우다 보면, 삶의 복병이 곳곳에 도사리고 있다.
공부는 못해도 좋으니, 건강하게만 자라다오.
아픈 자식을 가진 분들은, 이런 생각도 하리라 본다.
그런가하면 흙수저로 태어나게 해, 미안함을 가지고
계시는 부모님들도 있을 것이다.
가화 만사성이라고 하지만, 이혼하는 부부도 많다.
남들처럼 돈을 잘 벌지 못한다며 이혼!
성격 차이로 이혼!
혼수가 작다는 이유로 다투다가 이혼!
각종 사건 사고(?)로 이혼!
어쩌다 세상이 이렇게 변했는지 안타깝다.

열쇠 3개는 가져 와야 결혼하겠다는 인간도 있다.
결혼이 무슨 돈 따먹기 하는 일인가?
그런가 하면 나쁜 부모는 결혼을 이용해
사돈께 사기 치는 일도, 벌어지고 있는 현실이다.
아무리 세태가 황금만능주의라고 하지만,
상상외의 심한 일들이 우리 주변에서 일어나고 있다.
그러다 보니 이혼도 늘고, 재혼도 많은 게 사실이다.
돈은 벌수도 있다.
지금 어렵다고 해서, 한평생 가난하게 사는 것은 아니다.
그러나 행복은 돈으로 살 수가 없다.
건전한 정신 속에 잉태되는 것이, 행복이기 때문이다.
찬바람이 가을을 배웅하고 있는 계절!
내 삶도 이런 시기가 아닐까? 싶다.
결혼한 지 40년이 다 되어 가고 있다.
그때 그 시절을 떠올리며 오늘 결혼한 친구 아들 부부가,
오래토록 행복하게 잘 살기를 바래본다.
내가 결혼하던 1980년 그 시절의 주례 선생님의
얘기를 들어 보면, 검은 머리가 파 뿌리가 될 때까지
행복하게 살라는 내용이 주류를 이루었다.
다시 말해 파 뿌리 주례사였다.
1990년대엔 외래어를 많이 사용했다.
부부관계는 Understand(이해하다)
서로 이해하며 살아야한다는 것이다.

Under(아래) Stand(서다)!
위에서 아래로 내려다보며 군림하는 게 아니라,
아래에 서는 게 가정의 행복을 위해서 필요하다는 것이다.
부부란 서로 Win하는 게 아니라, 져주는 것이라고 말하는
것도 볼 수 있었다.
주례사에 부쩍 외래어를 많이 쓰며 글로벌 시대를
예고하기도 한 때였다.
그리고 2000년! 21세기의 시작을 알리면서 주례사도
예전과 달리 짧게 하고, 심지어 주례가 없는
결혼도 많아졌다.
잘 먹고 잘 살아 라는 말 대신에, 인생을 즐기며 살아 라는
말로 바뀌기 시작했다.
몇십 년 전 먹는 것도 어려울 때는, 상상도 못할 주례사다.
그때는 부모님 공양 잘하고 자식 많이 낳아,
행복한 가정을 꾸리라고 했나.
한 집안의 맏이면 부모를 대신해 동생들 결혼까지
시켜야 했고, 또 그렇게 하는 것을 당연하게 생각했다.
그러니 인생을 즐기면서 살아 라는 것은,
꿈같은 얘기일 수밖에 없었다.
부모 형제 그리고 자식을 먼저 생각하는 …
좋은 집을 짓기 보다, 행복한 가정을 만들어라! 라는
내용들이 주류를 이루었다.
그런데 지금은 가정의 평화 보다는, 노새 노새 젊어서 노세!

젊음을 즐기라는 쪽으로 무게 중심이 옮겨졌다.
그 시절에 비하면 지금은 얼마나 살기 좋은 세상인가?
그런데도 이혼하는 부부가 왜 그래 늘어나고 있는 것일까?
옛날 사람들 입장에서 보면, 속된 표현으로 호강에 받혀
요강에 똥 싸는 행동일 것이다.
어느 날!
이내와 함께 차량을 운행하고 있었는데,
좌회전 신호가 떨어졌다며 빨리 가자는 것이었다.
아무리 봐도 떨어진 것은 없고 그대로 달려 있기에,
어디에 떨어졌느냐고 물었더니 돌아온 것은
대답 대신 ㅠㅠ 였다.
그러니 내 보고 주례를 서 달라고 하는 젊은이가 있겠나?
없을 것이라고 생각한다.
그래도 내게 주례를 부탁하는 젊은이가 있다면,
주례사에 이 말은 꼭 넣고 싶다.
몇 달 살아 보고 아니다 싶으면 이혼해! 그게 정답이야.
아닐 것 같으면 빨리 헤어지는 것이, 두 사람 모두에게
좋은 것이라는 말을 해 주고 싶다.
원만치 못한 결혼 생활을 죽을 때까지 이어 가는 것도,
바람직하지 않기 때문이다.
한평생 사랑하며 살겠는가?
한치 앞을 내다보지 못하는 게 인생인데,
그런 질문에 답 할 젊은이가 어디 있겠느냐꼬?

미적분 문제를 푸는 것 보다 더 어렵다며 고개를 흔든다.
그런데 왜 내게 주례를 부탁하나?
듣지도 않을 것이면서 …
그래도 한편으론 고마운 마음이 든다.
우리 나이에 뭔가 얼마 들이지 않고, 수입이 그런대로
짭짤하거든 …
이혼하면 언젠가는 재혼할 것이고 그러면 또 주례를
부탁할 것이고, 주례비 챙겨서 좋고 … ㅋㅋ
이러니 한평생 잘 살기를 바라는 주례 선생님들이
밥에 미 정도도 되지 않는다는 말이 틀린 것은 아니란
생각이 든다.
이야기를 조금 앞으로 Rewind 할까?
얼마 살아 보고 아니다!
이런 생각이 들면 Separate 하라!
영어를 조금 써야 글로벌 시대가 아닐까? 싶어
서툰 영어를 써 본다.
무슨 그런 주례사가 있느냐고요?
현실을 잘 반영한 명 주례사가 될 것 같았는데 …
그게 아니라고 하네. ㅋㅋ
물론 이런 말은 결혼식 날 쓰는 것은 아닐 것이다.
행복하게 잘 살아 라고 해야겠지요?
하지만 달면 삼키고 쓰면 뱉는 요즘 젊은이들이
하는 행동을 보면, 돌지 않고 어떻게 주례를 서겠나?

어차피 듣지도 않고 지 맘대로 살 것인데 …

이런 생각이 든다.

그러니 …

•

•

•

•

Brat! Do What You got to do!

(얘들아! 니 쪼대로 살아라)

이래 끝맺음을 하고 싶은 게, 나만의 생각일까?

행복은 완행열차 속에서도 …

(꽃잎 떨어져 바람인가 했더니, 세월이더라!)

나이 들어 배운다는 것이 어렵다는 것을 실감한다.
난 음악을 좋아해 여러 가지 악기를 공부했는데,
요즘 들어선 기타를 열공하고 있다.
몇년 전 플루트를 연습할 땐, 하루에 적게는 5시간에서
많이 할 땐 7시간까지 불었다
요즘 기타는 하루에 3시간 연습하기가 힘들다.
이제 체력이 받쳐 주지 못하고 있는 것 같다.
나이 들면 몸을 혹사하지 말라는 경고의 글이,
SNS에 많이 올라온다.
하지만 빨리 잘 하고 싶은 욕망이,
나를 가만히 두지 않는다.
내 나이가 있는데 죽고 나서 연주를 잘 할 것이야?
빨리 멋진 무대도 가지고 큰 박수도 받아야지 …
나이가 들어서 인지 마음이 조급해진다.
나무늘보처럼 살아야 건강하고 행복하게 살 수 있다고 하는데 …

오늘도 기타 줄을 튕기며 나만 이럴까?
이런 생각을 해 본다.
우리나라 사람의 특징 중 하나가, 빨리 빨리 문화다.
그런 이유에서 인지는 몰라도 경제가 급성장을 해,
세계 10위의 경제 대국으로 진입했다.
50여년 전만 해도 많은 국민이 극빈자로,
먹는 것도 배불리 먹지 못하고 살았다.
나도 그 시절을 겪은 사람으로 배고픔이 무엇인지
직접 경험하고, 또 가난이 어떤 것인지 알고 있다.
꿈은 날아오르는 풍선처럼 높게 가지고
가난은 공기 빠진 공처럼 줄여 라고 했다.
하지만 꿈은 늘 가난에게 KO패를 당하고 만 것은,
내게만 해당되는 일은 아니었다.
돈이 없어 국민 학교를 졸업하고 바로 공장 문을 두드리는
12~13세의 어린이가 있었는가 하면, 중학교에 진학을 했지만
학비가 없어 중퇴한 학생도 그 시절엔 많았다.
그래도 난 학교를 다닐 수 있었다.
이것만으로도 감사하며 살아야 할 것이다.
요즘엔 대학까지 공부하지 않은 젊은이가 없을 정도인데 …
세월이 많이 좋아졌다는 생각이 든다.
이것만 좋아졌는가?
당시 부산에서 서울까지 가려면, 완행열차로 10시간 넘게
달려야 도착할 수가 있었다.

예약 문화도 없었고 서울까지 입석으로 서서 가는
사람도 많았다.
먼저 본 놈이 임자란 말이 있다.
그런 상황이다 보니 개찰이 끝나면 짐을 지고 뛰기 시작한다.
심지어 아기까지 안고 달리는 진풍경이 펼쳐진다.
그래야 자리를 잡을 수 있기 때문이다.
그래도 그때가 행복했다.
긴 시간 동안의 철도 여행이라 집에서 김밥을 싸 가지고 와,
열차 안에서 먹는다.
내 어릴 때의 일이다.
마주 보고 있는 앞좌석의 아주머니가 먹는 김밥이,
너무 맛있게 보여 침을 꼴깍 삼키며 쳐다보고 있었다.
지금 생각해 보면, 돈 주고 먹어라 해도 먹지 않을 것이다.
볶음 멸치가 아닌 다시용 큰 멸치를 조려 넣은 김밥이었다.
다들 그때는 어렵게 살았다.
그 아주머니는 내게 한입 넣어 주었다.
맛있게 먹은 기억이 난다.
이제 그 아주머니도 돌아가셨지 않을까? 생각된다.
60년 전의 일이다.
가난했어도 정을 주고받는 행복한 시절이
"그때 그 시절을 아시나요?"의 그 시절이 아닐까? 싶다.
행복은 완행열차 속에서도, 느리지만 오랫동안 함께 했다.
또 기차 여행에서 빼 놓을 수 없는 게, 대전역에서의

우동 한 그릇 먹는 것이다.
단선인 철로를 상행과 하행이 교차할 수 있는 곳이,
대전역이 아니었나? 싶다.
교행 하는 데 걸리는 시간을 이용해, 우동 한 그릇을
씹지도 않고 후루룩 마신다고 할 정도로
빨리 먹고는 기차를 탄다.
어떤 음식과도 바꿀 수없는 맛있는 것이, 추억의 대전역!
그 시절 그 우동이다.
난 한 번도 먹어 보지 못했다.
천안역 근처에 가면 호두과자 장수의 "호두과자가 왔어요"
이렇게 알리는 구수한 목소리가, 열차 내에
꽃향기처럼 퍼진다.
호두과자를 그땐 코로 먹었다.
호두과자 냄새가 침샘을 자극했지만 먹을 수가 없었다.
돈이 없었으니까.
지금 생각해 보면 가난의 끝판 왕으로, 눈물 나는 시절의 얘기다.
거기에 삶은 계란까지 맛있는 메뉴를 소개한다.
없이 살아도 추억과 낭만이 있던 그 시절!
김수환 추기경이 이래 얘기했던가?
삶은 계란이라고 … ㅋㅋ
인생이 별 것이겠나?
삶은 계란 밖에 되지 않으니 …
나이가 드니 추억은 이자까지 붙여,

나를 그리움의 고통 속으로 빠뜨린다.
추억은 소복소복 눈 쌓이듯 그 부피를 더 하고 있는데,
과태료까지 물어 가며 빼앗기는 것도 많다.
하루가 다르게 허물어지는 건강이 그렇고,
노후 준비하려고 조금 모아 놓은 돈도, 곶감 빼 먹듯
없어지고 있다.
이뿐 아니라 일자리를 잃은 지는 오래됐고,
친구도 하나씩 둘씩 내 곁을 떠난다.
가까이 지내던 술잔도 이제 나를 외면하기 시작한다.
누가 사랑을 아름답다 했는가 ~ ~ ?
사랑이란 감성도 메말라 가는 상실의 시기!
이게 노년의 삶이 아니겠나?
어떤 노인은 자식이 의사인데 퇴직 당시 병원을
개업하겠다며, 퇴직 연금을 받지 말고 일시불로 수령해
빌려 달라고 조른다.
그렇게 해주면 매월 퇴직 연금 보다 더 많은 돈을,
부모님께 드리겠다고 한다.
고민 끝에 아들의 뜻대로 했지만 몇 달 돈을 받고는
그걸로 끝났다며, 어찌 먹고 살아야 할 지 …
앞이 캄캄하다며 한숨만 쉬고 있다.
얼마 전에 투자 상품에 원금을 다 날리고,
울며불며 소송을 제기한 모습을 봤다.
자식한테 빼앗긴 돈은 소송도 하지 못하고

속앓이만 하고 있는 노인의 모습에서,
허탈감을 지울 수 없다.
자식도 믿을 수 없는 세상!
가을바람이 허기진 마음까지 빼앗아 가니,
어찌 살아야할까?
이제 인생의 끝자락을 받아들일 준비를 해야 할 것 같다.
이렇게 가야 하는 것을 … ㅠㅠ
두 번 다시 돌아올 수 없기에, 슬픔은 더욱 더 커져간다.
꽃잎 떨어져 바람인가 했더니, 세월이더라!
오늘 따라 이 말이 가슴 깊숙이 파고 든다.

있을 때 잘해!

(내일은 어디서 아내를 만날까?)

그는 노숙하는 부모 밑에서 태어났다.
먹고 사는 게 어려웠던 부모는, 자식을 방치하다시피 한다.
배고픔부터 먼저 배운 그는, 오늘 날의 장발장이랄 수 있다.
가난하게 사는 부모는 결국 그를 버렸고, 그렇게 자라
홀로 거리를 배회하며 먹을 것을 찾는다.
정말 개고생이란 개고생은 다 하고 산다.
이런 그에게 어떤 여인이 다가 온다.
과부 사정은 과부가 안 다고 했던가?
그녀도 그와 비슷한 처지로 …
그래서 인지 그들은 서로를 이해하며 위하고,
가깝게 지낸다.
이런 가난을 자식들에게 물려주지 말자며,
그는 그녀에게 청혼을 한다.
그렇게 해 아들과 딸을 3명이나 낳고, 행복하게 사는 듯 했다.
하지만 막내가 초등학교 3년쯤 됐을까?

그때부터 집안의 분위기가 달라지기 시작한다.
돈도 옳게 벌지 못한다고, 자식들 앞에서
구박을 하는가 하면, 밥은 삼시세끼 잘도 쳐 먹네!
음식이 목구멍으로 넘어 가냐?
이런 상스러운 표현까지, 스스럼없이 내 뱉는다.
이렇게 된 것은 학부모 모임에 몇 번 나가고 난 후 부터였다.
나중에 알았지만 그곳에 모인 여인 중엔 이렇게 말하는
사람도 있었다고 한다.
애인 한 둘은 만들어 놔야, 살맛나는 인생(?)이 된다나?
요즘의 세태가 이를 줄이야 …
상상도 하지 못했다.
그런데 그녀를 더 이해하지 못하는 것은,
그의 친구와 함께 한다는 것이다.
어디 할 짓이 없어 남편의 친구를 애인으로 …
이일을 어찌 해야 하나?
정말 이해할 수도 없고, 이해해야 할 이유도 없다.
그의 심정은 어땠을까?
배신감에 잠도 오지 않고, 그는 날이 갈수록 수척해진다.
결국 이혼 서류에 도장을 찍고, 갈라서기에 이른다.
새끼들은 아버지가 맡기로 한다.
세월이 몇 년 흘렀을까?
그래도 그는 아내가 행복하게 잘 살기를 바란다.
간도 쓸개도 없는 넘!

내같으면 콱 죽여 버릴 것인데 …
그의 희멀건 눈동자엔 선함이 배여 나온다. 불쌍한 넘!
그런데 소문엔 그녀가 앵벌이 노릇을 하며,
매일 사내한테 두들겨 맞고 산단다.
돈을 벌지 못한다고 구박하던 게 엊그제 같은 데,
이젠 지가 돈을 벌어 그 넘한테 상납하고 살다니 …
여시 피해 호랑이를 만난 셈이랄까?
조강지처를 버리면, 벌 받는다고 한다.
조강지부(?)를 내치면, 험한 꼴을 당한다고 했나?
어떻든 그녀는 지옥 같은 고통을 견디며 살고 있다.
그러면 아이들은 어떨까?
오일 쇼크(?)로 일거리가 사라지고, 모두가 어렵게 살던 시절이다.
배운 것도 없는 그가 뭘 해서 새끼 셋을 키우겠나?
고통스럽기는 그도 마찬가지다.
지 배도 채우지 못해 배 가죽이 등에 붙어 있는데,
어찌 자식 생각을 옳게 할 수 있겠나?
그 역시 부모의 전철을 밟는다.
부모가 지를 버렸듯이, 그도 자식을 팽개칠 수밖에 없었다.
자식을 모두 남의 집에 입양 보내고, 그도 다른 이의
도움 없이는 살아갈 수가 없었다.
사랑에 울고 먹이의 노예가 돼, 오늘도 주인의 목줄에
끌려 다니는 장발장이란 개 얘기다.
벌써 함께 한 지가 4년 가까이 됐나?

가엾다는 생각이 들어 머리를 한번 쓰다듬고는,
바깥나들이를 준비한다.
그는 오늘도 모닝커피를 한잔하고는 동네 길을 나선다.
물론 늘 함께 해 온 반려견도 일상이 익숙한 듯,
꼬리를 좌우로 흔들며 주인에게 빨리 나가자고 조른다.
이렇게 해서 그 녀석과 함께 시간 여행을 떠난다.
세상사! 지내다 보면 소도 보고, 중도 본다는 말이 있다.
그는 무엇을 보고 생각하며, 오늘을 살아가고 있을까?
퇴직 후 백수로 산지가 벌써 10여년이 흘렀다.
아내와 장미 빛 노후를 생각했지만,
마음먹은 대로 되는 게, 어디 있겠나?
강아지가 쏟아낸 배설물을 치우고는, 벤치에 앉아
지난 10년간을 돌아본다.
자식들 끈 붙여 주고 남은 여생을 아내와 행복하게
보내려 했건만, 불행의 기운이 그를 덮치기 시작한다.
아내는 종합 검진에서 백혈병 진단을 받는다.
이제 숙제 다 하고 좀 편하게 살려고 했는데,
이 일을 어찌 해야 하나?
그때의 충격을 어찌 말로 다 표현하랴!
벌써 아내가 떠난 지도 5~6년이 된다.
그리움이 외로움이 되어 홀로 남은 그를 슬프게 한다.
그래서 키우기 시작한 것이 장발장이다.
집에 있을 땐 애교도 떨고 말동무도 되어준다.

특히 바깥나들이를 하고 집에 돌아올 때,
반갑게 맞아 주는 게 더 없이 좋다.
아무도 반기지 않는 텅 빈 집에 들어오는 심정!
경험해 보지 않은 사람들은 잘 모를 것이다.
적막감에 외로움! 이런 것들이 그 녀석으로 어느 정도
해소가 된다.
한쪽 날개를 잃고 난 후, 그는 밥 챙겨 먹는 것도 귀찮아
우유 한잔이나 라면으로 끼니를 때우는 것이
일상이 되다시피 했다.
그런데 이 넘을 키우고 부터 스스로 밥상도 차리게 된다.
강아지와 함께 술도 한잔하면서 …
이 시대의 장발장 같은 넘!
그렇게 배고픔과 마음고생을 하고도 꼬리를 흔드는 기특한 넘이다.
명랑하고 밝은 성격은 타고난 것 같다.
이 녀석과 함께 하는 일상!
동네 한 바퀴를 발 닿는 대로 옮긴다.
그도 나이가 들어서 일까?
지나가는 노인들의 모습이 유독 눈에 들어온다.
3발로 걷는 노인이 있는가 하면, 허리가 굽은 채로
4발로 다니는 할아버지도 있다.
어디 이 뿐이랴?
휠체어에 몸을 의지한 채, 다른 사람의 도움 없이는
바깥 공기를 마시지 못하는 분도 눈에 띈다.

세월이 만들어 낸 슬픈 이야기다.
그나마 건강한 노인들은 집게를 들고 담배꽁초를 줍는다.
저분들은 모두 아내와 함께 살고 있을까?
그렇지 않은 분들도 있을 것이야.
아내의 병원비를 보태기 위해 길거리에서 꽁초를
줍고 있는 분도 계실 테고, 아니면 먹고 사는 것이 힘들어
공공 근로를 하고 있는 사람도 있을 것이란 생각을 해본다.
그의 눈엔 해피한 노인 보다는, 어렵게 살고 있는 분들의
모습만 들어온다.
아내를 잃고 혼자 살고 있지만, 그래도 난 복 받은
사람이야!
심성이 긍정적이고 낙천적이다.
두발로 걸어 다니며 아직까지는 그런대로 건강하고,
또 함께 할 강아지까지 있지 않나?
감사한 일이지 …
오늘도 이런 저런 생각을 하며 걷다 보면,
어느덧 점심 식사 때가 된다.
이 녀석과 함께 집으로 발길을 돌린다.
밥 때가 되면 먼저 간 아내가 원망스럽기도 하고,
보고 싶어진다.
저승에선 어찌 지내고 있을까?
젊어서 가정을 등한시 했던 게, 후회스럽다.
돈 많이 벌어 행복한 노후를 꿈꿨지만,

해피한 여생은 멀리 도망가고 …
행복은 기다려주지 않는다.
가수 오승근씨가 불렀던가?
있을 때 잘해! 란 노랫말이 생각난다.
내일은 또 어디서 아내를 만날까?

•

•

•

•

오늘도 이렇게 하루가 저문다.

적게 먹고 적게 싸는 게 최고요

(젊은 아가씨가 내 옆에 앉아 있다)

이모작이라고 하면, 한 해에 2번의 농사를 짓는 것을 말한다.
인생도 이모작이 있다.
퇴직 후에 무엇을 할까?
삶의 전환점을 찾는 분들이 많다.
요즘엔 젊은 나이에서도, 새로운 일을 찾아 나서는
사람들이 많다고 한다.
30~40대 직장인 10명 중 8명은, 이른바 '인생 이모작'을
준비 중이라는 조사가 나왔다.
잡 코리아가 3040직장인 2,070명을 대상으로 한
설문에 따르면, 응답자의 81.3%가
"제2의 인생설계를 준비하고 있다"고 응답했다.
인생 이모작을 통해 얻고자 하는 점으로는
'경제적으로 자유로워야 한다'(59.7%)는 의견이
단연 많았다.
이어 '마음 편히 살아야 한다'(15.1%)

'일하면서 보람을 찾아야 한다'(13.2%)
'취미생활 등 즐겁게 살아야 한다'(9.6%)
'봉사활동 등 사회공헌을 해야 한다'(1.7%) 등의 순이었다.
음악에도 변주곡이란 것이 있다.
변주곡變奏曲(Variation)이란 어떤 주제를 바탕으로
리듬이나 선율 등에 변화를 주어 만든 악곡을 말한다.
성공만 한다면 인생이란 주제를 가지고,
변주를 많이 해 보는 것도 좋을 것 같다.
변화를 통한 삶의 다양성도 경험해 보고,
돈까지 많이 벌 수 있다면 금상첨화가 아닐까? 싶다.
탁구가 탁구를 잘해서 TV 드라마 제빵 왕! 김탁구에 나왔나?
이단 옆차기는 그런대로 하는 것 같더라.
개발하고, 개척하면 못 할 것이 어디 있겠나?
이모작을 하는 이유로는, 경제적인 문제가 제일 많다.
젊은 사람도 마찬가지겠지만, 퇴직 후 생활고를 조금이라도
덜려고 그렇게 한다.
그래서 노구를 이끌고 택배 일을 하거나, 아파트 경비실에서
일하는 분들도 있다.
그런 분들에겐 격려의 박수를 보내고 싶다.
또 40대에 퇴직하고 부부가 술장사를 한다.
그리고 이혼한 사례도 있다.
술에 뭐가 들었 길래 이혼을 … 해구신이라도 들었나?
송충이는 솔잎을 먹고, 누에는 뽕잎을 먹어야 살 수가 있다.

쉽게 돈 버는 방법은 없을 듯 싶다.
분수에 맞게 살아 라는 말이다.
하지만 젊음을 돈으로 바꾸려는 사람도 있다.
돈 많은 상대를 만나, 팔자에 로또를 걸려고 한다.
사기로 교도소를 들락거리는 인간도 있다.
성실히 일하면, 밥 먹고 사는 데엔 지장이 없는
사회가 됐으면 좋겠다.
다음으로는 마음 편히 일하면서 보람을 찾고 싶어,
제2의 인생 설계를 준비하고 싶단다.
좋은 생각이다.
성취감만큼 중요한 것은, 없다는 생각이 든다.
가로 1m, 세로 1m 그리고 깊이 1m의 땅을 파라고 한다.
작업이 끝났을 때 다시 메워 라고 한다면 어떻겠는가?
이것 보다 더한 형벌은 없다고 한다.
성취감이 제로이기 때문이다.
비록 호구지책으로 일을 한다고 해도,
일에 보람을 못 느낀다면 곤란하다.
그리고 직장 상사의 갑질이라도 당한다면,
직장 = 지옥일 것이다.
마지막으로 취미생활과 봉사활동을 위해서 라고 한다.
이 정도면 호구지책이란 밑바닥 인생은 벗어난 것 같다.
최소한 은수저 계층에 속한다.
일이 취미라면 얼마나 좋겠나?

돈이 따라 다니는 곳엔 취미라는 말은 없다.
연주를 잘 하는 사람이 그것으로 일해서 돈을 번다면,
이미 프로이다.
돈을 받지 않고 좋아서 연주를 하면 아마추어요, 취미 생활이다.
피아노 바에서 일하는 피아니스트에게
연주가 즐겁느냐고 묻는다면, 뭐라고 할까?
그는 저녁 8시쯤 술집으로 출근해 새벽 4시까지,
그러니까 법정 근로 시간인 8시간을 담배 연기 자욱한
그곳에서 일한다.
그리고 집으로 와서 자고 나면, 점심시간이다.
이런 일과가 반복된다.
아마 피아노를 공부한 게, 많이 후회될 것이다.
하지만 돈에 구애받지 않고 연주를 하고 박수를 받는다면,
신선놀음일 것이다.
아마 취미 생활 때문에 2모작을 하겠다면,
돈보다는 놀이에 무게중심이 더 기울어 있다는 생각이 든다.
팔자 좋은 사람이다.
나도 그랬다.
퇴직 후 한량 같은 삶을 살기 위해, 부지런히 일하고 저축했다.
조선시대엔 일정한 직업이 없이, 돈을 잘 쓰고 풍류를 즐기며
노는 사람을 한량이라고 불렀다.
선비의 덕목으로 시詩, 서書, 화畵, 문文, 사史, 체體를 꼽는다.
지금 글도 쓰고 있지 않는가?

몇 개 빼고 선비의 덕목도 다 가지고 있다.
그리고 백수로 술과 음악이 있는 생활을 한다.
여자도 있느냐고요?
여자도 둘이나 거느리고 있다.
이쯤 되면 가히 상팔자라고 할 것이다.
술은 코리아 위스키가 박스 채로 널려 있고,
입가심용 맥주도 냉장고에 잔뜩 쌓여 있다.
음악도 피아노를 비롯해 클라리넷,
색소폰, 플루트, 트럼펫 그리고 기타까지,
소리 내고 싶으면 언제든 불고, 치고, 뜯을 수 있다.
여자도 노파 일에, 22살 된 젊은 아가씨 일이
내 좌우에 앉아 있다.
칠순을 바라보고 있는 데도, 이 정도면 괜찮지 않나?
오해하지 말기 바란다.
여자 둘은 아내와 늦둥이 딸이다.
아마 내가 돈의 노예가 되어 이모작을 했다면,
지금과 같은 생활을 못 할 가능성이 크다.
돈 쓰는 인생 설계 덕분이 아닐까? 싶다.
백 원 버는 사람이 천원 버는 사람 모르고
백 원이 최고인 줄 알고 살면, 그 사람이 잘 사는 것이다.
만 원 벌려고 남 울리고 자기 속상하게 사는 사람 보다,
마음 편히 천 원 버는 사람이 훨씬 나은 인생이다.
분수를 모르고 능력 밖의 일을 했다면, 속된 표현으로

손가락 빨고 있는 신세가 됐을 것이다.
쓰는 게 버는 것이란 역설에, 나는 긍정한다.
흔히 내같은 삶을 사는 사람에게, 미래에 대한 상상력이
부족하다고 말한다.
누군 상상력이 없어서 이렇게 사나?
망했을 때 원금을 보전해 주는 보험만 있어도,
인생 2모작이 아니라 3모작도 해 보겠다.
쓸데없는 소리 하지 말고 잡시다.
지금 시계가 몇 시인데, 그러고 있소?
아내의 목소리가 들린다.
그리고 한마디 던진다.

•

•

•

•

적게 먹고 적게 싸는 게, 최고요!

지팡이 짚고 등산을 하겠나?

(살아 있을 때 돌리고, 돌리고 했으면 …)

사랑이 예술의 영원한 테마 라면, 인생의 영원한 테마는
죽음일 것이다.
예술과 인생 그리고 사랑과 죽음을 짝짓기(?)해 본다.
선긋기란 표현이 낫겠지요?
선긋기로 수정합니다.
예술이 있는 삶은 멋있고 좋아 보인다.
그러나 영화 로미오와 줄리엣은, 슬픈 사랑을 이야기한다.
사랑과 죽음은 아름답다고 하기 이전에,
우리에게 고통을 먼저 안긴다.
세상에는 안타까운 죽음도 많다.
얼마 전에 있었던 천안 계모 살인 사건으로,
9세의 의붓아들이 죽임을 당했다.
아이가 무슨 죄가 있겠는가?
최근에 발생한 트라이 애슬론 최숙현 선수의 자살!
그리고 외국으로 가 본다.

코로나 발생을 최초로 경고한 중국의 안과 의사!
34세로 생을 달리한 리원량도 안타까운 죽음이다.
최근엔 미국에서 총기 난사로 많은 사람이 희생됐다.
미얀마의 옥광산 산사태로 또 얼마나 많은 사람이
저 세상으로 떠났던가?
이런 사건 사고를 접할 때마다, 인생! 아무 것도 아니야!
죽음이 부각되는 나이라서 그런가?
허무주의에 빠져든다.
6.25전쟁으로 국군만 14만여 명이 전사했다.
이런 의미 있는 죽음도 슬프고 불행을 낳는데 …
의미 없는 죽음이야 말할 것도 없을 것이다.
올해 우리나이로 93세인 김동길 박사가, 2년전
만 90세를 맞았을 때 쓴 글이다.
그는 후학들에게 12가지 인생 교훈을 가르쳐 왔고,
실천하고 있나.
몇 가지만 소개한다.
먼저 거짓말을 하지 말아라 부터 시작해,
남의 말을 하지 말아라.
굽히지 말고 떳떳하게 살아라.
(중략)
돈의 노예가 되지 말아라.
마지막 12번째가 죽음 앞에 태연 하라.
이렇게 얘기하고 있다.

죽음 = 끝!
그래서 교수님도 죽음에 대한 얘기를,
마지막에 넣었을 것이다.
죽음 앞에 태연할 사람이 몇이나 될까?
이런 생각도 해 본다.
아프리카의 가나에서는 장례 문화로 관짝춤이 있다.
망자가 흥을 낼 수 있도록 음악을 틀고 춤을 춘다.
망자가 흥이 나면 뭐 하겠나?
관을 대못으로 박아 나오고 싶어도 못 나올 텐데.
살아 있을 때 콜라텍에라도 가서 돌리고, 돌리고 했으면
이래 누워 있지도 않을 것이다.
편안히 자연사한 사람들이, 고통 받지 않고 떠난 것을
기리기 위한 것이라고 한다.
사고나 병으로 죽은 사람에게는, 이런 장례를 치르지 않는다.
자살도 마찬가지다.
살고 죽는 것은 하느님의 고유 업무다.
인간의 권한이 아니라는 것이다.
어떤 어려움이 있어도 자살만은 곱표(X)다.
주변 사람에게 알려 살 길을 찾기 바란다.
앞서 얘기한 축제와 같은 장례식을 치르는 나라는,
가나뿐 아니라 세계 곳곳에 많이 있다고 한다.
현세의 고통에서 벗어날 수 있는 죽음은 바로 축복이라는
의미라고 하는데, 산 사람을 위로하는 것이 아닐까?

이런 생각도 해 본다.
슬프지 않는 죽음이 어디 있나?
하지만 죽음을 축복으로 생각한다면,
김동길 박사의 얘기처럼 죽음 앞에 태연할 수도 있을 것 같다.
예전엔 60도 넘기기 힘들어, 오래 산 것을 축하하기 위해
회갑 잔치를 열었다.
노래방 기기도 갖다 놓고 손주들의 재롱도 보며,
미스터 트롯 뿐 아니라 미스 트롯이 이어진다.
매일 매일이 오늘만 같아라!
그런 마음일 것 같다.
지금은 사람들이 100세 시대라고 하며, 7순 잔치도 하길 꺼린다.
과연 100살까지 살 수 있을까?
통계청 발표에 의하면, 80까지 사는 것도 쉽지 않다.
연령별 생존 확률을 보면 쉽게 알 수 있다.
잠시 소개하면 70세 까지는 86% 75세까지 55%
80세 까지 살 수 있는 확률은 30%라고 한다.
80세가 되면, 10명중 7명은 하늘나라로 간다는 얘기다.
어쩌면 80까지만 살아도 행운이고 축복이다.
그러면 90살까지 통계도 살펴본다.
그 나이는 5%에 불과하다.
100명중 95명은 가고, 숨 쉬고 있는 사람이 5명에 그친다.
그때까지 산다고 해도 뭐 하고 시간을 보내겠나?
지팡이 짚고 등산을 하겠나?

암벽 타기는 더 더욱 못할 것이고 …
그런데 음악은 할 수 있다고 본다.
피아니스트 제갈 x 교수는 현재 우리 나이로 96세인데도,
아직까지 피아노 공부에 매진하고 연주회도
매년 한 차례씩 갖고 있다.
그리고 건강하게 살 수 있는 나이는, 76세에서 78세 정도라고 한다.
100세 시대라고 하지만 그것은 그때까지 살기를 바라는
인간의 바램! 그 이상도, 그 이하도 아닐 것이다.
아무쪼록 살아있는 동안 재미있는 이벤트를 많이 만들어,
행복하게 보내야 할 것이다.
그러고 보니 건강하게 살 수 있는 시간이 10년 정도 남았나?
조금 있으면 세월의 속도가 시속 70Km로 달릴 것이다.
그 속도라면 남은 시간이 금방 지나갈 텐데.
마음이 조급해진다.
세상은 넓고, 시간은 많지 않다.
뭔가 하나를 남겨야 하는데 …
뭘 남기려고 하요?
"지금 그대로의 모습으로" 가수 유열씨가 불렀나?
그렇게 살다가 가면 되지 …
그게 마음 편하고 잘 사는 거요.
이렇게 말하는 분도 계신다.
그건 각자의 몫이고 알아서 하시길 …
그런데 이런 마음이 든다.

내가 그렇게 하지는 못하겠고, 하느님이 손 좀 봐 주면
좋을 사람이 있다.
이렇게 얘기하자, 원수진 사람이 있는 기요?
애인이 배신을 했소? 바람이라도 났는 가배.
나라꼴을 보고 혹시 정치인을 하느님이 손 봤으면 싶소?
온갖 얘기가 다 나온다.
이 나이에 무슨 애인이 있고, 바람피울 여자가
어디에 있단 말인가?
배신할 여자라도 있으면 좋겠다.
정치인! 왜 내 앞에서 정치인을 말하나?
보기 싫어 TV도 전선을 잘라 버렸는데 …
그러면 누구를 말 하요? 누구를 손보란 말이요?
이러면서 다그친다.
숨고르기를 하고, 난 이렇게 말했다.

•

•

•

•

200살 된 할매, 할배들만!
헛소리가 도를 넘었네.
병원에 안 가고 100살까지 살겠나?

통행금지 시간 넘겨 뭐 하려고 …

(삼류 잡지나 읽고 다니는 반반한 아이들!)

나이 들면 서러운 게 많다.
그 가운데 하나가 외로움이다.
흔들고 다녀도 60넘으면 봐 줄 사람 없다고 하지 않던가?
젊었을 땐 귀찮을 정도로 따르던 여인들도 모두 외면한다.
그도 마찬가지다.
노인이 되면 추억을 먹고 산다고 했던가?
젊은 시절의 시간으로 시계 바늘을 맞춘다.
학창시절! 책 한권 옆구리에 끼고 멋이란 멋은 다 부리고
다니는 여학생들이 많다.
대학 캠퍼스에서 쉽게 볼 수 있는 광경이다.
때론 선데이 xx과 같은 삼류 잡지를 신문지에 말아,
아무도 없는 벤치나 나무 그늘 아래에서 읽고 있는
여학생도 있다.
오늘 얘기하려는 주인공!
그는 가난한 학생이지만 겉으론 부잣집 아들처럼 보인다.

귀공자 타입이다.
그래서인지 여학생들이 많이 따르는 편이다.
사랑의 세레나데라도 부르는 날에는 여학생들이 난리를 친다.
차 마시자! 밥 먹자! 술 한잔 하자!
누구를 제일 좋아했겠는가?
당연히 술 마시자고 말한 그녀를 낙점한다.
여학생들의 전략 부족이다.
상대가 무엇을 좋아하는지 알고 얘기를 해야 할 것인데,
지가 먹고 싶은 것을 말하고 있다.
이렇게 인기가 있는 데는 이유가 있다.
그는 늘 깔끔하게 하고 다닌다.
아침에 일어나자마자 하이타이로 머리를 감고,
빨래 비누로 린스를 한다.
그러니 그 향이 얼마나 좋은가?
우리 집 개도 냄새가 싫은 사람은 짖으며, 가까이 하지 않는다.
그리고는 빗질로 머리를 깔끔하게 한다.
얼마나 머리가 단정했으면, 그의 별명이
"세빌리아의 이발사" 이겠는가?
음악을 잘 모르는 분은 세빌리아가 왜 튀어 나오는 지,
이상하게 생각할 수도 있을 것이다.
세빌리아란 곳에서 최저 임금 받고, 이발소에서
아르바이트를 했나?
이런 오해를 할 수 있을 것이다.

“세빌리아의 이발사”란 낭만시대 롯시니가 쓴 오페라이다.
설명을 하자면 굉장히 길다.
아마 KTX 타고 부산에서 서울까지 왕복해야,
이 오페라 해설이 끝날 수 있을 것이다.
명 아리아 두곡만 소개하고 넘어간다.
나는 이 거리 최고의 이발사와 방금 들린 그대 음성!
들을 만한 곡이다.
그의 인기에 대해 얘기하다가, 오페라 이야기로 탈선을 했다.
대학생이었던 그에게 술을 먹여, 통행금지 시간까지
잡아 두려는 여학생이 한둘이 아니었다.
그런가 하면 외지로 빠져 나가, 술을 쳐(?) 마시게 하는
아가씨도 있었다.
그의 인기가 어느 정도인지 짐작할 수 있는 대목이다.
통행금지 시간을 넘겨 뭐 하려고 그러나?
정말 이해가 되지 않는다.
이런 여학생은 삼류 잡지나 읽고 다니는 미녀들이다.
그는 이런 일을 많이 겪자 반반한 학생을
기피하기 시작한다.
그때부터 예쁨에 대한 트라우마가 가슴 속에 자리한다.
이 얘기를 하니 어떤 분은 화를 내며 내게 큰소리를 친다.
그 양반은 학창시절에 인기가 없었던 것 같다.
그렇지 않고서 왜 화를 내겠나?
82년도부터 통행금지가 해제됐는데 무슨 소리냐며,

나이가 많겠네.
이렇게 비아냥거리기 시작한다.
그러면 그가 80줄에 들어 선 사람으로 생각했나?
이제 70을 향해 달리고 있는 나이인데 …
글은 글일 뿐이다.
뭘 그렇게 따지는지 모르겠다.
세월이 몇 년 흐른 후 그가 찾은 곳은 양주집이다.
직장 상사의 갑질이 심했던 당시 사회 풍토를,
그는 견디기 어려워했다.
그래서 가끔 술집에 들러 스트레스를 푼다.
예쁜 아가씨는 주문을 하지 않아도 오는 게 이곳이다.
오토매틱이다.
그는 또 예쁨에 대해 실망한다.
쉽게 돈 벌려 반반한 아가씨들이 이곳으로 몰린다는
것을 알았기 때문이다.
성실하게 일한 댓가로 돈을 벌고 부자가 되어야하는데,
그렇지 못하다.
어느 날 그는 재래시장을 우연히 지난다.
그곳에선 돈 몇 푼을 벌려고 일하는 사람들의 모습이,
눈에 들어온다.
미스 코리아 같은 여인도 아니고, 차려 입은 옷도
앞치마에 작업복이다.
콩나물을 팔기 위해 그리고 상추나 과일을 사라고,

목청을 높이는 여자들을 본다.
성실한 사람이 잘 사는 사회가 됐으면 좋겠다는, 생각을 갖는다.
술집 아가씨는 겉모습이 예쁘다면,
이곳 재래시장에서 일하는 여인들은 마음이 아름답다고 느낀다.
그는 결혼 전에 여러 명의 여자들을 알고 있었다.
그가 만난 여자들을 볼 때!
10만원을 주면, 이쁜이는 이 돈으로
술이나 마시자고 한다.
반면에 못난이는 책을 사서 읽거나,
생활 용품을 산다.
여기서 그의 추억 여행을 끝내고 현실로 돌아온다.
늙고 병들고 허름하게 입고 다니니,
어느 여자가 달라붙겠나?
젊었을 때의 전성시대를 누가 알겠느냐는 것이다.
그는 정xx회장 같은 분은 우리나라 최고의 재벌인데도,
허름한 구두에 작업복을 입고 다녔다고 말한다.
여자들이 보는 눈이 없어!
돈만 생각하니 그런 게 아니겠나?
이렇게 얘기하며 씁쓸한 표정을 짓는다.
처음부터 끝까지 듣고 있던 아내가 한마디 던진다.
주변에 여자도 많고 인기도 상종가를 쳤다면서,
내한테 왜 프러포즈 했는데 …
그러자 그는 이렇게 석자로 압축한다.

•

•

•

•

몬 · 나 · 서!

몬나서가 뭐야?

표준말을 쓰는 곳에 사는 분들은 알아 듣지 못한다.

예쁘지 않다는 뜻이다.

경상도 사투리를 전 국민이 알아들을 수 있는 날이

빨리 왔으면 좋겠다.

경상도 사투리 = 표준말!

내가 한번 정계에 들어가 바꿔볼까?

의석수도 많은데 못할 게 뭐 있어!

일사천리로 … 콱 해버리지!

헛소리가 심하다고요?

헛소리 하지 않고 우째 사요?

재주도 좋으시네!

헛소리도 자꾸 하니 느는 것 같다

(헛소리도 정신 질환인데 …)

그는 아내를 무척 사랑했다.

인물은 없어도, 마음이 곱기 때문이다.

인물의 유통기한이 3년인데 반해, 착한 마음씨는 평생을 가거든.

그렇게 믿었는데, 지금은 아내를 바라보는 눈이 그렇지 않다.

물론 그녀가 바뀐 것은 아니다.

이런 것을 두고 권태기라고 하던가?

그는 현재 이런 병에 걸려 있다.

그녀는 예나 지금이나 저녁마다 술상을 올리고,

남편의 말이라면 100% 듣고 행하는 착함이 가득하다.

또 그의 안에서 행복을 찾고 있는 여인이다.

실수를 해도 괜찮다고 말하고, 항상 긍정적인 생각을 하라고 한다.

누가 약속을 어겨도 비난에 앞서, 그럴만한 이유가 있을

것이라고 이해한다.

어떤 경우라도 화를 내거나, 비난하지 마라.

성경에 나오는 이야기다.

아내는 카톨릭 신자이다. 그래서 일까?
예전엔 이런 착하고 순수함이 좋았는데, 이제는 그것이 싫다.
이러니 맨날 남한테 당하고 산다.
왜 바보처럼 당하고 살아야 하나?
교활한 면이라고는 찾아볼 수가 없다.
여우같은 여자와 살 수는 있어도, 곰 같은 여자와는
살 수 없다는 말이 왜 나왔는지 알 것 같다.
그리고 밖에 나가면 예쁜 여자들이 얼마나 많나?
그런 여자와 여생을 함께 하면 얼마나 좋을까?
후회스럽다.
미모의 여우같은 여자! 그는 이런 여인을 그리고 있다.
그리고 아내의 나쁜(?) 점은 너무 너그럽다는 것이다.
젊었을 때 술을 마시고 새벽에 들어와도,
잔소리를 하지 않는다.
그저 하는 말이 건강을 생각해서 조금 줄이라는 것이 전부다.
그러니 술꾼이 주량을 줄이겠나?
핵폭탄 같은 말을 해도 지 버릇 개 주기는 어려울 텐데.
그리고 화를 내어도 표정의 변화가 없다.
대꾸를 하지 않는 것은 물론이다.
이러니 화가 더 솟구친다.
무슨 곰도 저런 곰이 있나?
한두 번도 아니고 화를 내는 것도 장단을 맞춰줘야,
기분이 나지 않겠나? 지겹다.

정년퇴임한 지도 10년이 가까워 오고 있다.
젊었을 때의 술상이 아직까지 이어지고 있는 것은, 말 할 것도 없다.
바깥나들이라도 하면 밥상을 챙겨 놓고 나간다.
데워서 먹기만 하면 되도록 해 놓고 볼 일을 본다.
오늘 메뉴가 뭐냐고 물으면 유명 셰프의 요리를
배웠다며, 10만 원짜리 밥상이란다.
유 튜브를 통해 요리를 배우고 익히면서,
매일 메뉴가 달라진다.
하루는 한식 그 다음 날은 중식 그리고 하룻밤 자고 나면
일식이나 이태리 음식! 뭐 이런 식이다.
이러다간 아프리카 토속 음식도 나올 것 같다.
그래도 그 정도면 괜찮다.
아직까지 한 번도 나온 적이 없는 중국 요리!
바퀴 벌레 튀김이나, 굼벵이 무침이 나오면 어떡하나?
걱정된다.
중국 사람들은 못 먹는 게 없다고 하지 않나?
이 뿐 아니라 고기를 채소로 쌈을 싸서 입에 넣어 주는 서빙도 한다.
내가 아는 지인에게 이 얘기를 했더니,
지는 마누라가 씹어서 입에 넣어준다나?
꼴깍 삼키면 되도록 … 이가 시원찮나?
틀니라도 씹을 수는 있을 것인데, 이 양반은 사이코 성향이
정도를 넘은 것 같다.
칠순을 넘겼는데도 내 말에 시기, 질투를 느꼈나?

이런 것을 봐도 그녀가 남편을 얼마나 좋아하고,
사랑하는 지 알 수 있다.
정말 이런 사랑도 젊었을 때부터 각인된,
편견(?)이 아닐까? 싶다.
내가 뭘 그리 좋을까?
맨날 먹고, 자고, 마시며 노는데 …
인생은 끝을 향하고 있지만 인기는 식을 줄을 모른다.
남편에 대한 사랑! 심해도 너무 심하다.
편집증도 정신병이랄 수가 있는데,
그래서 마인드를 바꿔 보라고 여러 번 이야기를 했다.
그런데도 바꿀 생각도, 바꿀 의지도 보이지 않는다.
바뀌어야 예쁜 아지매한테 눈을 돌릴 텐데,
기회를 주지 않는다.
우리 딸아이가 걱정된다.
딸레미 얘기로 방향 전환을 해 볼까? 한다.
딸은 서울대 영문과에 재학 중이다.
엄마를 닮았으면 시골 촌구석에 있는 대학밖에 더 갔겠나?
딸은 외국인 2~3 사람과 동시에 얘기한다.
정말 동시통역의 달인이다.
장학금을 받고 있으니 돈 들 일이 없다.
그런데 그 대학에선 배울 것도 없을 뿐 더러,
사귀는 남자가 너무 잘난 척을 해서 싫다나?
그래서 그를 버리려고 대학을 부산으로 옮겼다고 한다.

그래도 니가 나를 닮아, 머리는 좋은 것 같다.
이렇게 얘기하자, 아빠도 버려야 할 것 같다고 말한다.
아빠가 물건인가?
또 그 대학이 얼마나 좋은 대학인데 …
내 딸이지만 조금 사이코가 아닌가?
이런 생각이 든다.
여기에 지 에미 유전자를 받아 편집증까지 있다면 큰일이다.
이제 몇 년 후엔 결혼도 해야 하는데 엄마가 정신 질환을
앓고 있고, 지 마저 사이코에 아내를 닮았다면 누가 결혼을
하려고 하겠나?
걱정이 된다.
정신병원에 가 봐야 할 것 같다.
의사 선생님! 꼭 좀 고쳐주세요.
이렇게 늦둥이 딸한테 엄마 얘기를 하자,
귀를 쫑긋하며 듣던 딸레미가 하는 말이 걸작이다.
아빠! 엄마가 사이코 아냐?
그렇게 하는 데도 밥을 줘? 비결이 뭐야?
남 다른 뭐가 있을 것 같아 ~~.
정말 정곡을 찌르는 질문이다.
그래서 난 세 글자로 답했다.
"헛 · 소 · 리!"
엄마는 아빠의 얘기가 헛소리라는 것을 알고 있거든 … ㅋㅋ
헛소리도 자꾸 하니 느는 것 같다.

또 재미도 있고, 헛소리 하다 보면 하루가 금방 지나간다.
세월이 지겹다며 시간이 잘 가지 않는 분들에게,
꼭 권하고 싶다.
어떻게 헛소리를 해야 하는 지 잘 모르겠다고요?
돈 들이지 않고 배울 수 있는 방법을 알려 드릴게요.
귀를 이리로 대어 보세요.
아무한테나 말하면 안 됩니다.

•

•

•

•

방송을 잘 들어 보세요.
헛소리하는 정치인이 얼마나 많은데 …
정신병자가 정치를 해도 되나?
헛소리도 정신 실환인데 …

현대판 장발장을 보며 …

(멋진 홍시로 익어갈 수밖에 없지 않을까?)

일하지 않으면 먹지도 말라!
성경에 나오는 얘기다.
농경사회에선 남자들은 황소처럼 매일 매일 일을 했어야 했다.
그런데도 무거운 짐을 끌고 가는 황소가 힘 들까 봐,
소달구지에 타지 않고 함께 걸어가는 게, 우리 민족의 정서다.
엊그제 배가 고파 마트에서 빵과 우유를 훔쳐,
경찰에 연행된 사건이 있었다.
얼마나 배가 고팠으면 … ?
뉴스를 보니 그는 34세의 남자로 어린 자녀와 어머니를
모시고 있는 가장이었지만, 당뇨를 비롯한 3개의 질병이 있어
일을 할 수 없는 처지였다고 한다.
어머니는 말할 것도 없고 어린 6세와 10세의 자녀도
아침을 먹지 못하고, 점심까지 굶어 빵을 훔쳤다고 진술했다.
이런 사연을 알게 된 경찰관은, 그를 음식점으로 데려가
곰탕 한 그릇을 먹였다고 한다.

마트에서 연행될 때부터 끝까지 지켜 본 어느 분이 있었다.
그는 가까운 현금 인출기로 가서 20만원을 찾아
훔친 피의자에게 몰래 던져 주고 갔다는 훈훈한 얘기도
보도가 됐다.
휴머니즘을 잃고 사는 상실의 시대에 신선한 충격으로 다가 왔다.
경찰관과 그분에게 큰 박수를 보내고 싶다.
우리 민족은 황소가 힘들 것도 염려하고 배려하는 민족이
아니었던가?
현대판 장발장으로 지금도 이 젊은이처럼 고달픈 삶을 사는
분들이 많이 계실 것으로 생각된다.
내 손에 잡은 것이 많아 손이 아픕니다.
등에 짊어진 삶의 무게가 온몸을 아프게 하며 …
이게 인생의 전반전 모습이 아닐까? 싶다.
우리 부모님 세대는 밤늦게까지 일해도 자식들 학비를
마련하지 못해, 공부를 시키지 못하는 일도 많았다.
50여년 전만 해도 한 집안에 장남만 학교를 보내고,
그 밑으론 대부분 공장에 가서 일을 해야만 먹고
살 수가 있었다.
이글을 읽는 독자가 3~40대의 나이라면, 부모님 중엔
한글도 모르는 분이 계시지 않을까? 싶다.
가끔 TV를 보면 6~70대 어르신들이, 한글학교에서
우리글을 깨우치는 모습이 나온다.
이런 장면을 봐도 짐작할 수 있을 것이다.

일 땜에 내 시간도 없이 살다가 평생 바쁘게 걸어왔으니,
다리도 아픕니다.
밤을 낮처럼 일하고 일했던 그 시절도 있었건만,
이제 일 할 곳도 없고 또 받아주지도 않을 나이가 되다 보니,
늙음은 인생 끝이란 생각이 든다.
정말 힘들게 살아 왔는데 누구 하나 알아주지도 않고,
내 늙음을 보상해 주는 곳은 더 더욱 없다.
지하철을 공짜로 타고 가다 보니, 이것 정도는 나라가
고생했다고 알아주는 것 같다.
퇴직하고 내 인생의 터닝 포인터로 제2의 인생을
예쁘게 살려고 하지만, 나이든 자식들 뒷바라지하고 사는
분들도 많이 있을 것이다.
그런가 하면 가진 게 없어 자식들 눈치를 보며 사는데,
"할아버지 초콜릿 사줘, 장난감 사줘"라고 조르는
손주들 때문에 비애를 느낀다는 분들도 계실 것이다
어느 노인 분은 싸가지(?) 없는 아 ~ ~ 새끼들이,
나를 슬프게 한다고 하소연을 한다.
백수로 사는 할아버지보단, 차라리 개새끼한테 사달라고
조르는 게 나을 것인데 …
이러면서 손주가 없으면 좋겠다며, 사는 게 괴롭다고 한다.
반려견 보다 못한 자신의 신세가 한탄스럽다고 했다.
그런가 하면 내 인생은 어디로 가고 있는가?
죽음이 코앞에 다가와도 자신을 찾지 못하고,

우동을 좋아 하는지 짜장면이 먹고 싶은지
모르고 사는 분들이 대부분이다.
돈을 멋지게 써야할 지, 은행에 맡겨 두는 것이 행복한 삶인지
판단하지 못하는 사람들이 많다.
주민증에도 내 삶의 주소가 없어진 지 오래다.
열심히 살았어! 그런데 왜 이렇게 살아야 하나?
소리 없는 아우성을 외치고 싶은 것은, 나만의 생각일까?
이제 나이가 드니 외로움이 엄습해 오고,
그리움이 나를 고통스럽게 한다.
학창시절 함께 다녔던 친구들은 뭘 하고 있을까?
예쁘장하게 생겨 남학생들의 인기를 한 몸에 받았던,
여학생도 떠오른다.
그녀도 이제 할머니가 되어 얼굴엔 주름이 하나씩 늘고 있겠지.
젊음에 대한 그리움이 내 명치 밑을 아프게 하는 나이다.
앞서 빵을 훔친 젊은이의 얘기로 돌아가 본다.
그는 어머니와 자녀 둘하고 함께 살고 있지만,
추측하건데 한 달에 백여만 원 정도 나라에서 도와줄 것으로 보인다.
우리니라의 경우 4인 가족 기준!
최저 생계비를 월 270여만 원으로 산정하고 있다.
빵을 훔친 현대판 장발장이 밥을 굶을 수밖에 없는 현실이,
안타깝기만 하다.
먹을 게 지천으로 널려 있는 세상에 살면서도,
흙수저로 태어나 배고픔을 운명처럼 생각하며 살아야했던

그 젊은이의 삶이 너무 눈물겹다.
어쩌면 외로움이나 그리움이 나를 고통스럽게 한다는 말이
호사스럽기 까지 하다는 생각이 든다.
내가 힘들고 외로워질 때 내 얘길 조금만 들어 준다면
어느 날 갑자기 세월의 한복판에 덩그러니 혼자 있진 않겠죠?
큰 것도 아니고 아주 작은 한마디!
지친 나를 안아 주면서 사랑한다.
정말 사랑한다는 그 말을 해 준다면, 나는 사막을 걷는다 해도
꽃길이라 생각할 겁니다.
우린 늙어가는 것이 아니라, 조금씩 익어가는 겁니다.
저 높은 곳에 함께 가야할 사람! 그대뿐 입니다.
인생의 8부 능선을 넘어서다 보니 몸도 예전과 다르다.
모든 게 서글프고 외로움으로 다가온다.
내 얘기를 들어 주고 고개를 끄덕여 줄 사람이 있다면,
그래도 노년의 삶이 서럽지는 않을 것이다.
나이가 들다 보니 세월의 한복판에 덩그러니 혼자 있는 것은
아닌데도, 외롭고 우울하며 슬픈 생각이 든다.
누가 우린 늙어가는 것이 아니라, 조금씩 익어가는
것이라고 했던가?
홍시 보다 단감이 더 좋다는 것을 알면서도,
이렇게 애써 늙어 감을 위로받고 싶어서 그런 것은 아닐까?
아내는 결혼해서는 애인이고, 중년엔 친구며,
나이가 들어선 간호사라고 표현을 한다.

저 높은 곳에 함께 가야할 사람! 그대뿐 입니다.
그대는 한평생 동고동락을 한 아내가 아니면, 남편일 것이다.
노사연의 바램이란 노래를 듣다 보면,
한없이 슬프고 옛사랑의 그리움이 현실로 다가와
나를 우울하게 한다.
가사 내용이 우리의 삶을 얘기하는 것 같아,
이 글에 차례대로 옮겨가며 생각해 봤다.
세월을 거꾸로 돌릴 수도 없을 것이다.
그렇다면 자연의 섭리에 순응하며,
멋진 홍시로 익어가야 하지 않을까?

•

•

•

•

그대와 함께 …

건강을 잃으면 모든 게 끝장이야!

(동물 병원 강 박사를 찾아야 하나?)

흔히 명예를 잃으면 절반을 잃는 것이고,
건강을 잃으면 전부를 잃는 것이라고 한다.
이번에 박xx 서울시장의 죽음을 보고,
꼭 그렇지만은 아니라는 생각이 든다.
성추행으로 명예를 잃어도 절반은 커녕 당당하게
죽음을 5일장으로, 그것도 서울특별시장葬으로
치른다고 하니 아이러니하다.
부끄러운 논란의 대상이 되고 있는 그는,
딸 보다 더 어린 비서를 성추행 했고, 그로 인한 고소 건이
접수되자 극단적인 선택을 했다고 뉴스에 나온다.
더 조사를 해 죽음의 원인이 무엇인지 밝혀야겠지만,
현재로서는 그렇다는 얘기다.
박시장의 죽음은 건강하지 못해 일어난 일이 아니다.
건강하지 않으면 추행을 했겠나?
난 내 앞에 양귀비를 데려다 놔도,

그런 생각은 전혀 들 지 않을 것 같다.
55년생이니 우리나이로 66세이다.
대단히 건강한 사람으로 보인다.
오늘 이 얘기를 하는 이유는 조금 있다가
어느 할머니, 할아버지의 건강을 얘기하기 위함이다.
요즘 TV에서 전혀 기억이 나지 않는다.
이런 말을 하는 사람들을 가끔 볼 수 있다.
난 60여년 전에 있었던 일도 생생하게 기억을 하는데,
그들은 젊은 나이인데도 10여년 전의 일을 기억하지
못한다고 하니, 기가 찰 노릇이다.
거짓을 국민들에게 고하고 있는 것은 아닐까?
이런 생각도 해 본다.
강 박사를 찾아야 할 것 같다.
강 박사가 누구냐고요?
혹시 개통령 강형욱씨 인가?
조금 있으면 그분의 명성을 알게 될 것이다.
치매도 이와 비슷한 증상으로 이 병은 본인뿐 아니라,
가족도 고통스럽게 하는 질환이다.
오늘 아내와 함께 시장市場도 볼 겸,
건강을 위해 걸으려고 멀리 떨어진 마트로 갔다.
치매 예방엔 걷기가 최고라지 않는가?
집에서 마트까지는 30분 정도 걸어야 갈 수 있는 거리다.
그러니 왕복 한 시간인 셈이다.

꽤 먼 거리다.
이런 저런 얘기를 하며 걷다가 몇 보나 걸었는지
확인을 해 봤다.
폰의 만보기를 보니 3천보 정도가 된다.
그렇게 얘기하자 자기 폰에는 7천보 정도로
나온다고 얘기한다.
오기 전에 드럼을 치다 보니, 그런 것 같다는 것이다.
드럼은 베이스 페달을 밟으며 치기 때문에,
그것도 만보기에 기록이 된다나?
그래서 내 폰의 기록과 차이가 난단다.
내가 음악을 좋아하다 보니, 아내도 음악을 요즘엔
좀 즐기는 편이다.
흔히 인생은 재미있게 그리고 의미있게 살아야한다고 말한다.
재미는 자기를 위함이요.
의미는 상대를 위하는 단어이다.
음악을 내만큼 좋아하지는 않지만,
한 방향을 보고 걸어야 하는 게 부부다.
그래서 같은 취미 활동을 하고 있다.
나를 배려한 아내의 선택이다.
피아노 바에서 술 한잔하면, 그래도 드럼을 두드릴 정도의
실력은 된다.
그런 아내가 어느 날 내보고, 드럼을 한대 사 달라고 한다.
그래서 구입한 것이 전자 드럼이다.

아내는 음악도 잘 하지만, 똑똑한(?) 여인이다.
집으로 돌아오는 길에 만보기를 보니 5천보 정도 찍혔다.
이래 가지고는 오늘 만보 걷기는 힘들다고 하자,
집에 가서 드럼 치며 다리를 흔들면 금방 만보가
될 것이라고 한다.
내가 왜 그걸 몰랐던가?
아내의 지혜로움에 혀를 내 두른다.
정말 머리가 좋아!
그래서 내가 좋아했지.
그러면서도 혹시 아내가 치매에 걸린 것은 아닐까?
걱정이 된다.
드럼 치면 금방 만보가 된다꼬?
오는 길에 동물병원이 눈에 들어온다.
내과, 외과, 산부인과, 치과 등 진료과목이 적혀 있고,
강아지란 이름도 눈에 띈다.
아내가 하는 얘기가 걸작이다.
이 병원 의사는 못하는 게 없단다.
수술도 하고 배가 아프다고 하면 약도 주고,
애기도 받으며 그리고 틀니도 만들어 준다나?
정말 만물박사다.
그러면서 의사가 강 박사인데 이름이 좀 그렇단다.
아지 라고 하며 여자 이름 같지 않느냐는 것이다.
그러면서 곧 한방 내과, 한방 외과, 한방 치과,

한방 산부인과도 들어 올 것이라고 한다.
그런데 쓴 한약을 어찌 먹겠느냐며 걱정도 한다.
앞집 여자도 이 병원을 자주 애용한다며,
어제도 반려견 방울이를 안고 들어가는 것을 봤다나?
그러면서 하는 말이 병원에 가면서 방울이를 왜 데리고 가?
음식점에도 개는 출입금지인데 …
이렇게 얘기한다.
그래, 병원 가면서 왜 개를 대동하나?
이렇게 맞장구를 치면서 한마디 슬쩍 던진다.
난 요즘 허리가 많이 아프다.
개인 병원을 다녀도 낫 지를 않고,
큰 병원에 가 봐야겠다고 했다.
요즘 병원 가는 것도 눈치가 보인다.
돈이 많이 들기 때문이다.
대학병원에 가려면 2달 전에 예약을 해야 하는데 …
이러면서 말끝을 흐리자, 대학병원엔 왜 가느냐며
강 원장한테 치료 받으면 된다고 말한다.
기다릴 필요도 없고 못하는 게 없단다.
수술도 하고 약도 주고 …
틀니도 만들어 주는 훌륭한 의사란다.
그래, 그렇다면 강 박사한테 가보자.
그리고 거기에서도 내 허리 병을 고치지 못하면,
대학병원에 예약을 하자고 했다.

그러자 아내는 그럴 리가 없다며,
강 박사를 믿는다고 힘주어 말한다. 아주 아주 ~~
그 양반을 믿지 못하는 것은 아니지만,
만약에 낫지 않는다면 어찌 할 것이야?
서울의 큰 병원으로 가고 싶다며,
당신이 미리 예약을 해 주면 좋겠다고 했다.
그랬더니 아내는 잠시 생각한다.
그러고는 한마디 던진다.

•

•

•

•

장의사가 답이야!
강 박사가 해결 하지 못하면,
그 병은 마지막으로 찾는 장 박사 밖에 없어!
아내의 돌아가는 머리에 내가 먼저 돌겠다.
도는 것도 동물 병원 강 박사를 찾아야 하나?
정신과가 있으려나 ~~~

그래도 할 것 다 해 봤어!

(대동강도 한이 많다며 노래하고 …)

꽃길만 걷고 세상과 하직한다면, 복 받은 인생이 아닐까?
어느 정치인은 감방에서 어머니의 죽음을 맞았다.
그 어머니의 한은 어땠을까?
물론 그도 마찬가지다.
또 꽃다운 나이에 폭행과 폭언을 이기지 못해,
스스로 목숨을 끊은 철인3종 트라이 애슬론 고 최숙현 선수도
그럴 것이다.
얼마나 선수 생활이 힘 들었으면, 자살이란 극단적인 선택을 했겠나?
전설의 고향이라도 나와 그 한을 풀어야 할 것 같다.
한 많은 세상이 어디 이것 뿐 이겠나?
대동강도 한이 많다고 말한다.
한 많은 대동강아, 변함없이 잘 있느냐?
모란봉아 을밀대야, 네 모양이 그립구나.
이렇게 노래하고 있다.
민족의 비극으로 인해 이런 노래가 탄생됐다.

이뿐 아니라 6.25 전쟁은 이산가족의 한을 만들어 내기도 했다.
가수 남인수씨는 그의 곡 "한 많은 내 청춘"이란 노래에서
이렇게 표현한다.
열여덟 꽃봉오리, 열아홉 꽃봉오리,
눈물에 부산처녀, 고무공장 큰 애기야!
하로에 사백환에 고달픈 품삯으로, 행복하겐 못 살아도
부모봉양 극진하니, 한 많은 내 청춘이 불꽃 속에 지단 말이냐!
가난했던 시절! 고무신 공장에서 일한, 어린 아이들이 많았다.
12~3살 되는 … 어리광을 부릴 나이에 고무 가루를 마시며,
그들은 힘든 노동을 했다.
일을 끝내고 집에 온 어린 딸에게 보리밥이라도
배불리 먹여야 하는 데, 그렇게 하지 못한 것도
부모의 가슴에 한으로 남아 있었을 것이다.
그 당시 국민 학교를 졸업하고 많은 여자 아이들이
고부신 공장에서 일했다.
공부를 하지 못한 한도 가슴 속에 품어야 했을 것이다.
어느 분의 글을 옮겨 본다.
한 많은 내 청춘아 속절없이 흘러갔구나.
아들 길러 며느리주고, 딸은 키워 사위 주었네.
귀도 멍멍 눈도 침침, 이 내 몸이 변해 버렸네.
아 아 아   내 청춘 어디 갔나.   한 많은 내 청춘아!
늙음을 한탄하고 있다.
꽃이 지기로서니, 바람을 탓하랴.

조지훈 시인의 낙화라는 시! 첫 부분이 생각난다.
이제라도 한을 남기지 않는 여생을 살아야 할 것이다.
하고 싶은 것 다 해 보고 삶을 마감했으면 좋겠다.
인생, 뭐 별 것 있나?
먹고 싶은 거 먹고, 가고 싶은 데 가고, 보고 싶은 사람보고
사는 거, 그게 인생이지.
이렇게 말하기도 한다.
어느 날 점쟁이가 내게 이렇게 얘기한다.
할아버지가 손주를 돌보고 있다며 제사를 정성껏
모시라고 한다.
그러고 보니 여러 차례 죽을 고비를 넘겼는데,
그럴 때마다 별 탈 없이 잘 넘어갔다.
점쟁이 말이 맞는 것 같다.
할아버지는 50여년 전에 돌아 가셨는데,
언제까지 손주의 주위를 맴돌며 노예로 살 것인지 걱정된다.
저승에서 할 일이 별로 없는 것 같다.
하고 싶은 것도 하며 자기 인생을 찾아야 할 텐데.
왜 그래 바보처럼 사는지 모르겠다.
버킷 리스트를 작성하고 마지막 순간까지 아낌없이 즐겨라!
그러려면 돈이 있어야 하는데 … ㅋㅋ
죽기 전에 하고 싶은 일들을 적은 목록!
현대인의 버킷은 무엇일까?
개인이 남긴 것이지만 몇 가지만 소개한다.

혼자서 아니면 사랑하는 사람과 세계 일주 여행하기가
제일 먼저 올라와 있다.
이건 많은 돈이 필요한데, 나 같은 백수는 꿈일 뿐이야.
그림의 떡이지 …
외국어 하나 마스터하기!
악기 하나 연주하기!
어려운 이웃의 후원자 되기!
그리고 1년에 책 100권 읽기!
이외에도 많은 것들이 있지만 참고로 적어 봤다.
사람마다 다양할 것이다.
나이가 드신 분은 할 수 있는 일을 버킷으로 생각해야 한다.
시간이 별로 없으니까 …
앞서 소개한 버킷은 젊은 사람이 써 내려간 것이다.
그런데 1년에 책 100권 읽기는 좀 지나친 것 같다.
우리나라 사람들의 평균 독서량이 일 년에 7.3권이라고 한다.
이것도 엉터리라는 생각이 든다.
취미가 없으면 둘러대는 게 독서이고, 일 년에 1권은 읽을까?
이런 생각이 든다.
만화책을 읽나? 100권씩이나 읽게 …
지하철을 타도, 책 대신 스마트 폰이
그 자리를 차지하고 있다 .
어릴 때 빈농의 아들로 태어나 고생 끝에 성공한 지인이,
병실에 누워 있다.

그를 찾아 얘기를 나눠 본다.
나무하며 풀 베고 쇠죽 끓이면서 어린 시절을 보냈다.
그러고 나면 그에게 던져지는 것은 보리밥이나
쑥 털털이가 전부다.
쑥 털털이는 쑥에다 쌀가루를 묻혀 찐 음식을 말한다.
주린 배를 움켜잡고 주경야독으로 공부해,
성공한 인생을 살고 있는 분이다.
이렇듯 어릴 때 그의 배를 채워줄 밥 한 공기가 없어,
배고픔에 시달렸다고 한다.
오로지 돈을 많이 벌어 배불리 먹는 게 소원이었다며,
배고픔의 한을 갖고 있다.
그리고 슬픈 표정을 지으며 어머니 얘기를 한다.
아버지가 일찍 돌아가시고 어머니가 자식들을
키웠다고 하는데, 먹을 것이 없어 어머니는 굶다시피
살았다고 한다.
얼굴은 누렇게 뜨고 붓기 까지 한다. 영양실조다.
몸 져 자리에 누웠지만, 약 한 첩 해 드릴 돈도 없었다고 한다.
입에 풀칠하기도 바쁜데 약은 당치도 않는 말이다.
그렇게 해 가셨다며 허기진 눈물을 보인다.
또 동생들을 돌봐야 하는 소년가장으로 살아야 했다.
어디 그 뿐이겠나?
돈이 없어 장가도 제 때에 가지 못한다.
그 시절 나이 40에 가까워서야 결혼을 했으니,

그의 인생도 기구하다는 생각이 든다.
얼굴을 보니 병색이 완연했고, 시간이 얼마 남지 않았음을
직감할 수 있었다.
그리고 하고 싶은 공부도 많이 하지 못했다며,
그 한을 보상받고 싶다고 말한다.
그의 얘기를 들은 후 쾌유를 빈다는 말을 하고 나오는데,
한마디를 던진다.

•

•

•

•

그래도 할 것 다 해 봤어!
젊은 여자와 연애하는 것은 빼고 …
이제 여한이 없다네!
젊은 여자와 연애는 저승에 가서 해도 늦지 않을 것이다.
누구나 한번은 가야하는 길!
할 것 다 해 봤다니 어쩌면 복된 삶을 살다가,
생을 마감하는 것은 아닐까?
이런 생각도 든다.

내가 죽거든 등기로 아내에게 …

(얼룩지고, 때 묻은 안경을 쓰고 있다)

날씨가 아무리 맑고 화창해도, 검정색 안경을 끼면
어둡게 보일 것이다.
해가 졌네.
술상 받을 시간인데 … 이렇게 착각할 수도 있다.
그래서 색안경을 끼고 보지 말라는 말이 나왔지 않았나?
생각된다.
자신이 색안경을 끼고 있는데도 그렇지 않다고 느낀다면,
다른 사람들이 모두 잘못이고 낡은 의식의 소유자로 보일 것이다.
오늘 아내의 안경을 맞추기 위해 안경점에 들렀다.
그래서 이런 생각을 해 본다.
색깔이 없는 투명 안경을 끼고, 사물을 보고 판단해야
옳은 삶이다.
눈이 침침하고 옳게 보이지 않는다면, 얼마나 답답할까?
안경은 다리가 불편한 사람의 지팡이에 비유할 수가
있을 것이다.

할아버지는 보이지 않고 지팡이만 남아 있다.
돌아가셨다는 얘기다.
노인에게는 안경도 그런 친구다.
젊은 시절로 시간을 돌려 본다.
그대 눈 속에 나를 쉬게 해 주세요.
그대 눈은 세상에서 가장 고요한 곳,
그대 검은 눈동자 속에 살고 싶어요.
다우 첸다이의 "그대 눈 속에"라는 시의 일부분이다.
갑갑해서 그 조그만 눈동자 속에서, 어찌 사노?
첸다이 그 사람! 좀 이상하네.
당신의 눈동자 속에 내가 있다.
그 속으로 빨려 들어갈 것 같다.
눈동자를 소재로 한 시들이 많다.
눈은 마음의 창이라고 한다.
서양음악에 연인의 창문 밑에서 부르는 사랑의 노래!
세레나데가 있다.
동양이나 서양이나 사람들이 다들 창을 좋아한다.
그래서 선남선녀들이 첫눈에 반했다는 표현을 쓰지 않나? 싶다.
젊음이 좋긴 좋다.
나도 그런 때가 있었는데 …
괜히 서글퍼진다.
이제 하나씩 둘씩 고장도 나고 몸이 옛날과 같지가 않다.
사랑의 노래 대신, 이별의 노래가 어울리는 나이다.

하나씩, 하나씩 정리를 해야 할 것 같다.
과연 나는 검정색 선글라스를 끼고 살았는지,
파란색 안경을 쓰고 지냈는지 …
과거는 과거일 뿐이라고는 하지만, 괜히 신경 쓰이는 것도
사실이다.
하느님은 재물에 대한 욕심이 많은 사람을 제일 싫어한다.
그 옛날 금으로 만든 우상에 절을 하며 재물을 탐하던
자에 대한, 트라우마가 있는 것일까?
재물을 잊지 못해 뒤를 돌아본 자에게 소금 기둥으로
응징을 했다는, 소돔과 고모라의 얘기를 우리는 알고 있다.
돈 욕심으로 지금까지 살아 왔던 것은 아닐까?
또 다른 사람의 가슴을 아프게 한 말은 없었던가?
색안경을 끼고 상대를 무시하며 미워하지는 않았나?
이런 생각을 해 본다.
철 들자 마자 이별이라는 말이 있다.
죽기 전에 버킷 리스트를 작성해 하고 싶은 것을
다 해 보라고 한다.
내가 아는 분은 하고 싶은 버킷이 아니라,
정리하는 버킷을 작성했다고 한다.
불치병으로 진단 받자 무엇부터 처리를 할까?
고민했다는 것이다.
먼저 혼자 살 아내를 위해 집을 줄이기로 마음먹는다.
조그마한 집으로 이사부터 갔다.

차액을 현금화했고 재산 상속으로 자식들이 싸울 것에 대비해, 미리 나눠 주는 것도 잊지 않았다.
어머니를 잘 챙겨드리라는 말과 함께, 형제간에 우애 있게 지내라는 유언도 미리 남긴다.
아울러 아내에게 마지막 고별인사도 편지로 적어, 친구에게 부탁한다.
내가 죽거든 등기로 아내에게 부쳐달라고 …
거기엔 이렇게 적혀 있다.

사랑하는 OO 엄마!
당신과 내가 만난 지 벌써 50년이 다 되어가는 것 같구려.
없는 집에 시집와 고생만 시켰다고 생각하니,
편히 눈을 감을 수 없을 것 같네요.
만남의 끝은 헤어짐이라고 하지 않소.
누구나 걸어야 할 길이니 너무 슬퍼하지 말기를 바라요.
Life is just a moment!라고 하지 않소.
인생이 다 그러려니 하고 살면, 또 그런대로 남은 여생을 버티기가 쉬울 것이요.
아이들 키우느라 마음고생도 많았소.
큰 애는 지 앞가림을 하니 걱정이 덜 되지만,
막내는 아직까지 사는 게 어렵지 않소.
막내가 마음에 걸리네요.
조금만 더 살면 금혼식인데 그게 좀 아쉽소.
그러고 보니 당신 생일도 얼마 남지 않았구려.

이번 생일상은 내가 직접 맛있게 만들어 올리고,
축하하려 했는데 …
하지만 어쩌겠소?
저승사자가 재촉을 하니 생일 선물을 앞당겨 준비해 봤네요.
옷장 속에 넣어 두었으니 내 장례를 치르고 꺼내 보시구려.
마음에 들지 모르겠소.
그것은 아내가 평소 갖고 싶어 했던 스카프와 책 한권이다.
그는 연애시절부터 결혼해 지금까지 살아오면서,
아내와 주고받았던 편지를 모두 모아뒀다.
그것을 한 권의 책으로 역어, 아내에게 마지막 선물로
남긴 것이다.
"까칠한 남자가 당신을 그리워하며" 이런 제목으로 …
그리고 P.S로 한마디 더 남긴다.
당신이 죽거든, 내 따라올 생각은 하지 마소.
좋은 남자 만나 저승에선 행복하게 사시길 바라오.
지은 죄가 많아 좋은 곳으로 가긴 어려울 것 같소.
함께 갈 애인이라도 있는 것 같네.
그러니 저렇게 배수진을 치지. 못 믿을 게 남자야.
그러면서 아내의 목소리가 들리는 것 같다.
회개하면 하느님도 용서한다고요.
어떻게 살아야 할 것인가?
이것도 중요하다.
그런가 하면 어떻게 죽어야할 것인가?

이것은 더 중요한 화두가 아닐까? 싶다.
지난 시간을 돌아보며 용서를 구하는 것도,
필요할 것이란 생각이 든다.
살면서 색안경을 벗어 던지자!
이러면 좋은 세상! 아름다운 천국이 펼쳐지지 않을까?
이렇게 얘기하자, 당신은 맑고 투명한 안경만 끼고
살았느냐고 묻는다.
과거엔 선글라스를 자주 썼는데, 요즘은 맑은 돗보기를
끼려고 노력하고 있네.
하지만 지금도

•

•

•

•

얼룩지고, 때 묻은 안경을 쓰고 있다.
용서하고 화해하지 못한 게 후회된다.
이해와 배려의 안경을 꼈어야 했는데 …

아이들에게 보내는 그의 마지막 편지

(앙코르 받는 삶을 살아라!)

자식 다 키우고 이제 해방이 되었나?
싫으면 노인 소리를 듣게 되고 죽음이 찾아온다.
언제 이렇게 세월이 흘렀나?
노인이라는 말이 익숙하지 않다.
그렇게 해 시간 여행이 끝자락에 이르게 된다.
인생은 잠시야! 라고 말했던 옛 어른들도 그랬을 것이다.
이제 죽음을 앞두고 무엇부터 할까?
어제는 아내에게 전달된 마지막 편지를 소개했다.
아내에게 직접 이야기를 하면 눈물이 날 것 같아,
친구에게 우편으로 부쳐달라고 했다.
아이들에게 보내는 나의 마지막 얘기도 그렇다.
지금부터 개봉해 볼까? 한다.
사랑하는 내 아들과 딸!
아버지의 죽음을 너무 슬퍼하지 말거라.
아버지는 그냥 좋은 데 가 계신다. 이 정도로 생각하려무나.

엄마 말씀 잘 듣고 형제간에 우애 있게 지내길 바란다.
그리고 내가 경험한 것 몇 가지만 말을 하마.
자식한테 투자하지 마라.
수익률이 이렇게 적은 것은 처음이다.
아버지는 한평생 장사를 하며 살아 왔다.
그렇게 해서 번 돈으로 너희들을 키우며,
또 우리 가족들이 먹고 살았다.
요즘 은행 이자가 이자냐?
이 정도만 되어도 이런 말은 하지 않는다.
너희들이 알다시피 유치원 다닐 때부터 돈을 들여,
대학까지 재투자에 재투자를 얼마나 했더냐?
큰애는 공부를 잘 해 대학원까지 시켰다.
어디 이것 뿐 이겠나?
결혼 비용도 만만찮게 들었다.
조그마한 아파트도 한 채씩 안겼지 않았느냐?
그런데 남은 게 하나도 없구나.
장사꾼이라면 이런 투자는 하지 않을 것이다.
자식 교육비를 장부에 적어 놓고 결혼을 시킨 뒤,
그 돈을 내 놔라고 한 사람이 있었다.
물론 미리 예고를 했다고 하더라.
지금 너희를 위해 쓰는 교육비는 결혼 후
갚아야 할 것이라고 …
이자는 받지 않겠다며 생색까지 냈다고 하더구나.

그분은 그래도 속된 표현으로 본전치기는 했지만,
난 너희들에게 그렇게 하지는 못하겠더라.
너희들의 아버지니까 …
그리고 자식들을 잘 키웠다고 자랑도 하지 말고,
기대도 걸지 말거라.
너희들이 보다시피 폼 잡을 때가 되면,
효도도 받지 못하고 가지 않느냐?
엄마는 너희들한테 정성을 많이 쏟았다.
먹이고, 입히며, 재우고 …
돈은 아버지가 그리고 어머니는 정성을 …
그렇게 해 너희들이 컸구나.
엄마한테는 가성비가 높은 자식이 됐으면 좋겠다.
효도해야 한다는 얘기다.
받은 정성을 조금씩 돌려주기 바란다.
엄마는 늙고 몸도 예전과 같지 않다.
아버지가 가고 나면 외로움이 엄마를 더 괴롭힐 것이다.
거듭 얘기하지만 엄마한테 신경을 많이 쓰기 바란다.
요즘 극장이나 마트 등 사람들이 많이 모이는 곳으로,
부모를 내 모는 자식도 있다고 하더라.
엄마! 극장에서 영화 보고 계세요.
금방 볼일 보고 올게요.
그러면서 지들은 밥 먹고 팥빙수까지 즐긴 후,
데리러 오는 넘들도 있다고 하더구나.

코로나 확진자가 매일 늘어나고 있는데 …
너희들은 그렇게 하지는 않을 것이라 믿는다.
그리고 살다 보면 어려운 일도 많이 있을 것이야.
그럴 땐 아버지가 늘 뒤에서 함께 하고 있다는 것을 생각해라.
또 너희들이 잘 되길 기도하마.
위축되지 말고, 당당하게 살아라.
아버지를 믿고 힘을 내면 좋겠다.
모든 게 잘 될 것이다.
우리 늦둥이한테는 결혼도 시키지 못하고 떠나게 돼,
마음이 너무 아프구나.
슬퍼하지 마라.
누구나 한번 오면 한번 가는 게 인생이다.
조금 일찍 가는 것뿐이야.
아빠가 바쁜 일이 있는 것 같아.
요즘 통 보이지 않네. 이렇게 생각하렴.
오빠들 얘기 잘 듣고 장남이 아버지 역할을
대신해 주면 좋겠다.
무슨 말인지 알겠지?
결혼도 시키고 공부도 끝낼 수 있도록 하라는 얘기다.
아들만 둘인 줄 알았는데 딸이 있었느냐고 묻는다.
늦게 본 딸을 두고 가려니 마음이 아파 이야기를 하지 않았다.
그런데 자식에게 남기는 편지에 딸레미 얘기를 하지 않는다면,
주워 온 아이밖에 더 되겠나?

늦게 본 만큼 마음이 짠하구나.
딸아이의 예쁜 모습을 떠 올리며 …
사랑한다. 우리 딸!
이제 가야할 시간이다.
한마디 빠뜨린 게 있구나.
무대에서 큰 박수를 받는 연예인들의 기분이 어떨까?
그들은 매일 매일이 그런 날이면 좋을 것이란,
생각을 하지 않겠나?
박수 받는 삶을 살다가 세상이라는 무대를 떠날 땐!
그렇게 가길 바란다.
그러기 위해선 사랑하며 배려하고, 이해하며 용서하는 삶!
여기에 베풀고 살아야한다는 것을, 꼭 기억했으면 좋겠구나.
공연이 끝나고 막이 내려올 때 관객이 열광하며
소리치는 말! 들어 봤지?

•

•

•

•

앙코르! 앙코르! 앙코르!
앙코르 받는 삶을 살아라!
그 후 아이들이 하늘에 계신 아버지께, 특급 우편으로
편지를 보냈다는 소식을 전한다.
사랑하는 아버지께!

그동안 잘 계셨는지요.
엄마도 건강하고 우리 가족 모두 잘 있습니다.
살아 계실 때는 엄마 걱정을 하지 않더니,
아버지가 왜 그러는 지 이해를 하지 못했습니다.
갈 때가 되면 실없는 말을 많이 한다고
얘기를 하더라고요.
아버지도 헛소리를 한 것입니까?
아버지의 말씀이 아직까지 여운으로,
제 귓가에 남아 있습니다.
헛소리 속에 유머가 있고 재치가 번득이며,
또 살아가는데 필요한 유익한 교훈이 담겨 있었습니다.
하고 싶은 말씀이 있으시면 전통선電通線이 연결돼 있으니,
언제든지 얘기 하십시오.
아버지의 헛소리가 그리워집니다.

가족 대표 장남 올림

P.S 언제 또 헛소리를 들을 수 있을까?

노인은 장애자와 동급

(버릴 것은 버리고, 오늘을 즐기는 수밖에 …)

친구는 45여년 전에 하늘나라로 갔다.
그는 애기 때 소아마비를 앓고,
장애자로 22년을 살다가 우리 곁을 떠났다.
부모 형제의 심정은 어떠했을까?
그는 구내식당에서 라면 한 그릇이 먹고 싶어도,
혼자서는 할 수가 없었다.
나는 그의 수족 노릇을 고등학교 다닐 때부터 해 왔다.
친구가 불쌍하고 가여운 생각이 들어 스스로 서빙을 자청했다.
가끔 집에도 놀러가 말동무도 되어 주곤 했는데,
그럴 때마다 담 넘어 뛰어 놀고 있는 아이들을
바라보는 게, 그가 할 수 있는 전부였다.
얼마나 뛰고 싶고, 달리고 싶었을까?
그래도 그는 앞으로 장애를 가진 불우한 친구들을 돕겠다는
큰 뜻을 내게 말하기도 했다.
하지만 그것도 잠시!

간암이란 청천 벽력같은 진단을 받고 불귀의 객이 되었다.
사랑의 로맨스도 경험해 보지 못하고 … ㅠㅠ
내가 저승에 가면 제일 먼저 반기고, 맨발로 뛰어 올
친구가 아닌가? 싶다.
어찌 뛰어 올 것이냐고요?
그래요. 불구의 몸으로 그렇게 하기는
좀 어려울 것 같습니다.
저승에서는 건강한 몸으로 살면 얼마나 좋을까?
친구가 예쁘게 하늘나라에서 지내기를 바래본다.
얼마 전 부산시장이 성추행으로 물의를 일으킨 일이 있었다.
70넘은 사람이 그 짓을 해 웃음거리가 됐으니,
그도 많이 후회하고 있을 것이다.
애인이 얼마나 많았으면 부산광역시장 애인협회가 있을까?
내가 띄어쓰기를 잘못 했나? ㅋㅋ
30여년 전에 업무상으로 알고 지낼 땐, 그를 큰 돼지라고 불렀다.
잡식성이라 그랬나?
50여 년 전엔 너무 가난해 점심을 굶으며,
학교를 다닌 학생도 많았다.
그런데 토큰 살 돈이 있었겠는가?
어지간한 거리는 걸어 다니는 게 일상이 된 친구들도 많다.
그런 학생은 배불리 먹고 버스를 타 보는 게,
큰 바램일 것이다.
세월이 많이 지난 요즘엔 토큰이 없어서

차를 타지 못하는 게 아니라, 치매로 길을 잃고
거리를 헤매는 노인들이 많다.
치매에 걸리지 않도록 조심하시기 바란다.
우리 집에 가려면 몇 번 버스를 타야 합니까?
이렇게 물으면 치매 초기이고, 우리 집에 가려면
몇 번 지하철을 타야 하나요?
이래 얘기하면 중증이라고 한다.
심한 중증 환자는 내비 찍으면 갈 수 있나요?
이렇게 말한다나? ㅋㅋ
내 나이가 어때서 ~ ~
사랑하기 딱 좋은 나인데 ~ ~
사랑에 얼마나 굶주렸으면 이런 노래를 부를까?
마누라 죽고 처음(?)이라는, 우스갯소리도 있다.
그래서 청춘을 돌려 달라고 가수 신행일씨가
노래를 불렀나?
내 주변에 10년만 젊었어도 …
할 일이 많다며 세월 타령을 하다가 돌아가신 교수분이 계셨다.
10년을 돌려줘도 별 뾰족한 것이 없을 것 같은데 …
그는 그렇게 하다가 생을 마감했다.
세월이 많이 지나 70을 바라보고 있는 나이가 되다 보니,
나 역시 10년만 젊었으면 얼마나 좋겠나?
나도 할 일이 많거든. 이런 생각이 든다.
할 일은 많은데 해야 일 대신,

세월이 그 자리를 차지하고 있다.

아들, 딸이 잘 되라고 …

이런 가사가 나오는 "아빠의 청춘"이란 노래가 생각난다.

자식이 어렵게 산다면 어느 부모가 잘 살기를 바라지 않겠는가?

자식의 행복 = 나의 기쁨!

이렇게 생각하는 어르신들도 많은 것 같다.

이 등식도 틀린 것은 아니지만,

나의 행복 = 자식의 기쁨으로 바꾸는 발상의 전환도

필요하리라 본다.

우선순위를 달리할 필요가 있다는 얘기다.

노인은 장애자와 동급이다.

지하철을 타보라.

경로석에 장애인, 노약자, 임산부를 위한 자리라고

나란히 적혀 있다.

나이 들어 아프지 않은 사람이 얼마나 있던가?

나도 약을 20알 이상 복용해야 하루가 끝난다.

장애자라고 할 수 있는 노인이 자식의, 자식에 의한,

자식을 위한 생활을 언제까지 할 것인가?

얼마 남지 않은 여생!

나의, 나에 의한, 나를 위한 생활을 하시기 바란다.

오늘은 바램 이란 주제로 글을 써 봤다.

누구나 한 가지 정도의 꿈은 있을 것이다.

가수 노사연씨가 불렀던, 바램이란 곡의 가사를

음미해 본다.
내 손에 잡은 것이 많아서 손이 아픕니다.
등에 짊어진 삶의 무게가, 온몸을 아프게 합니다.
(중략)
우린 늙어가는 것이 아니라, 조금씩 익어가는 겁니다.
저 높은 곳에 함께 가야 할 사람! 그대뿐 입니다.
버릴 것은 버리고 내려놓을 것은 내려놓아 라고
노래하고 있다.
나이 들어 돈에 집착하면 추하게 보인다.
돈 욕심도 버려야 해피한 노년이 되지 않을까?
이런 생각도 해 본다.
24시 편의점을 운영하는 사람이 있다.
물론 알바 생을 고용하고 있지만, 그는 이른 새벽에
눈이 충혈된 상태로 가게에 나온다.
이런 삶이 무슨 의미가 있겠나?
그에게 10년의 세월을 보너스로 준다고 해도,
24시간을 그렇게 보낼 것이다.
이런 삶은 익어 가는 것이 아니라, 처량하게 늙어 가는
것이란 생각이 든다.
그리고 저 높은 곳에 함께 가야 할 사람은 그대뿐이라고
노래한다.
가사의 진행 순서로 봐서,
저 높은 곳은 하늘나라가 아닌가 싶다.

그런데 남자가 이 곡을 불렀다면, 함께 가야 할 사람을
그대라고 했겠나?
난 아내보다 애인하고 가면 좋겠는데 … ㅋㅋ
물론 작곡가 윤이상씨 같은 분도 있다.
그는 아내에게 보낸 편지에 이렇게 적고 있다.
여보, 나의 마누라, 나의 애인!
아내를 애인으로 격상(?)시키고 있다.
글로 적을 것 같으면 뭘 못해!
미친(?) 사람이 아닌가 싶다.
평상시 거짓말(?)을 잘 한다고 소문난 음악인이다.
아무튼 누구하고 가던 행복한 The End가 되어야 할 것이다.
그러기 위해선

•

•

•

•

버릴 것은 버리고 내려놓을 것은 내려놓고,
오늘을 즐기는 수밖에 …

벌거벗은 나목

당신을 만나 참 행복하다

(헛소리라도 마누라 사랑한다고 한번 해 보소!)

당신을 만나 참 행복하다.
만난 지 벌써 45년이란 세월이 흘렀다.
좋은 일, 슬픈 일, 사랑, 이별, 배신!
이런 것들을 겪을 때마다 나를 위로하고
내 손을 꼭 잡아준 당신!
지금도 함께 해 너무 행복하다.
오래 오래 나와 같이 지냈으면 좋겠는데,
이별의 시간이 찾아올까? 두렵다.
10여년 후! 자식들 다 불러 놓고 당신과 함께 금혼식을
거창하게 하고 싶다.
오늘은 불금이다.
불타는 금요일에 당신과 단둘이 집에만 있을 수 있겠나?
오늘 만큼은 다른 날과 달리 당신을 많이 안아 주고 싶다.
맑고 순수한 영혼을 지닌 이태백도 당신을 무척 사랑했다고 하더라.
양귀비 같은 미모엔 관심이 없어도 당신만큼은

항상 같이 하며, 숫한 시를 남긴 사람이지.
오늘도 당신과 함께 하다 보니 취하기도 하고,
시간이 많이 됐다.
내가 사랑하는 당신은 술이다.
오해하지 마시길 …
사위가 독일로 발령을 받아 영국에서 이곳으로 온 지
한 달 남짓 된다.
어찌 사는 지 궁금하기도 해서 며칠(?) 전에 딸네 집에 왔다.
오늘 낮엔 프랑크푸르트 시내를 관광했는데,
독일 사람들 눈이 이상하게 보였다.
눈이 희멀 그레이(Heemall Gray)한 게, 모두 백내장 환자 같았거든.
그런데 그 사람들 원래 눈 색깔이 그렇다고 한다.
안과 의사가 진료하기 힘든 나라가 아닐까? 싶다.
그리고 코는 왜 그래 크고 콧구멍은 왜 그리 넓은지,
매연이란 매연은 다 들어갈 것 같아 걱정 된다.
키도 커 옷감이 많이 들 것 같고 돼지도 배부르다며
남길 것 같은 많은 양量의 음식을 먹어 대니,
관리비 부담도 만만치 않을 것이란 생각이 든다.
헛소리를 한다꼬?
쓸데없는 소리는 그만 하고 너거 집 관리비나 신경 쓰라꼬?
당신만 만나면 이렇게 헛소리가 나오고, 또 저절로 그렇게 된다.
평생 술을 벗 삼아 시로써 노래하며 살다가 간 시성 이태백!
그는 혼탁한 세상에 적응하기가 너무 힘든 나머지,

하루 일백 잔의 술을 마셨다고 전해진다.
이야기를 현실로 옮겨 본다.
엊그제 사위와 술을 한잔했다.
매일 술을 가까이 하는 장인이 걱정되는 모양이다.
술을 끊기는 어렵더라도 좀 줄여 볼 생각이 없느냐고,
내게 얘기한다.
지금까지 술을 끊겠다는 생각을 한 번도 해 본 적이 없고,
앞으로도 지금처럼 사랑하며 살 것이라고 했다.
그러자 그냥 지금처럼 마시고 갈 것입니까?
이러는 게 아니겠나?
순간 기분이 나빴는데 오해는 금방 풀렸다.
갈 것 입니까? 죽을 것 입니까? 로 들었는데,
마시고 잘 겁니까? 를 잘못 들었다.
그러면 그렇지 감히 지가 어떻게 사망할 겁니까?
이렇게 말을 했겠나?
거짓으로 오염돼 살기 어려운 세상이다.
가까이 지내는 절친도 술사겠다고 한 지가 3년이 되었는데,
아직까지 말 한마디 없다.
술 동무! 세탁소 아지매도 오빠! 양주 살 게.
이렇게 아양을 떨어 놓고는 가물치 코다.
사위의 말처럼 내가 그들의 얘기를 잘못 듣고,
잘못 알고 있으면 얼마나 좋을까?
이런 생각도 해본다.

영혼이 맑은 이태백이도 그래서 하루에 일백 잔의 술로
허전한 가슴을 채워 나갔을 것이다.
정말 주태백이란 소릴 들어도 손색이 없는,
동양 최고의 주당이 아닐까? 싶다.
그러면 서양은 어떨까?
내 사전에 불가능이란 없다.
누군지 짐작이 갈 것이다.
하느님 빼고 이런 말을 누가 할 수 있겠는가?
교만의 극치라고 보여 진다.
병사들이여! 우리는 지금 헐벗고 굶주렸다.
우리가 싸우러 가는 곳엔 좋은 옷과 먹을 것이 많다.
그것을 모두 너희들에게 주겠노라.
병사들을 꼬시기 위해 나폴레옹이 했던 말이다.
이렇게 해서 그는 황제의 길로 간다.
하지만 모스크바 진격 때 러시아가 식량을 모조리
태워 버리고 도망가는 바람에, 병사들은 추위에 동사하고
굶어 죽기에 이르며, 그도 결국 엘바 섬으로 쫓겨나게 된다.
먹을 것이 많긴 뭐가 많아! 아사자가 속출했는데 …
그도 그런 인간이었다.
상식 하나 전하고 싶다.
베토벤 교향곡 제3번은 "영웅"이란 부제를 갖고 있다.
여기에서의 영웅은 나폴레옹을 말한다.
하지만 그가 독재자로 탈바꿈하자 이를 못 마땅하게 생각한

베토벤은 "나폴레옹에게 바친다"라고 쓰여진
교향곡 3번 악보의 첫 장을 찢어 버린다.
살다 보면 베토벤처럼 이렇게 하고 싶을 때도 있을 것이란
생각이 든다.
영웅에서 독재자로 바뀐 나폴레옹은,
그래도 술(?) 하나는 남겼다.
나폴레옹 꼬냑!
그런대로 괜찮은 술이다.
서양에선 발렌타인이란 술도 있다.
그런대로 맛이 좋은 위스키이다.
고대 기독교 성인 중의 한 사람인 발렌타노의 이름을
딴 술이 아닐까? 생각된다.
발렌타인 데이도 이 성인의 이름에서 유래했다고 한다.
술을 좋아하는 사람들 중엔 이처럼 시성詩聖도 있고
황제皇帝도 있으며 성인聖人도 있다.
나는 그녀와 함께 한지 45년이나 됐는데,
아직까지 백수를 벗어나지 못하고 있으니 …
맨날 소주하고 친하게 지내서 그럴까?
얘기를 잠시 앞으로 돌린다.
그렇게 그녀와 함께 하면 몸을 버린다고 하며,
사위는 걱정을 많이 한다.
사실 사위는 술을 하지 못한다.
그래서 뭘 좋아하느냐고 묻자,

마누라를 제일 좋아한다나? 미친 넘!

이 넘은 술도 마시지 않으면서 헛소리를 해 대는 게 주특기다.

그래서 나도 헛소리를 한번 해 볼까? 한다.

내 호가 항초가 아닌가?

늘 초보라는 겸손의 표현이 담긴 좋은 호라고 말했는데,

사실은 매일 술을 마신다는 뜻도 들어 있다.

헛소리 하는 게 요즘은 대세라나?

•

•

•

•

이 양반 무슨 낮잠을 이렇게 오래 자나?

헛소리라도 마누라 사랑한다고 한번 해 보소!

물가자미는 고추장을 만나야 …

(당신 만나 행복했다)

아내1의 얘기를 자주 하자, 싫은 기색을 내 비친다.
좋은 말이 얼마나 많은데, 아내2를 속상하게 하며
얘기한 게 후회된다.
물가자미는 고추장을 만나야 진가를 발휘한다.
가자미 물 회가 얼마나 맛있는데 …
소주 한잔 걸치면, 금상첨화錦上添花지.
그녀는 고추장 같은 존재로, 궁합이 맞는 여인이다.
그녀와 나는 술도 같이 한잔하며 산도 타고,
미래의 청사진도 함께 그려본다.
그리고 가진 돈 전부 다 쓰고 가자는 말도 한다.
재산 남겨줘 봐야 형제간에 싸움질이나 할 게
뻔하지 않겠나?
돈 쓰는 재미도 솔솔 하거든.
다 쓰자며 새끼손가락을 건다.
아내1이 열심히 살아 집도 한 채 있고, 현금도 조금 있다.

그렇게 산지도 벌써 20년이 훌쩍 지났다.
누가 인생을 일장춘몽이라며 꿈에 비유했던가?
눈꺼풀 한번 비볐을 뿐인데 늙어 있었다.
세월 앞에 무너지지 않는 게 있던가?
지나온 시간들을 돌아보면, 달리는 차창에서 역주행하는
가로수를 보는 기분이다.
지금의 아내는 육십을 넘기고 칠십을 바라보고 있는
나이가 됐다.
나이가 드는 만큼 이곳저곳 아픈 곳이 늘어난다.
물론 약봉지도 많아지고 …
이제 살 날이 얼마나 되겠느냐며, 죽음을 예고하는 듯한
말을 한다.
당신 만나 행복했다며 내 손을 꼭 잡는다.
그러던 어느 날! 갑자기 쓰러진다.
뇌출혈이다.
신속히 대처를 했지만 의식이 없다.
내 팔자가 왜 이렇는 지 모르겠다.
아내 잡아먹는 남자라고 하지 않겠나?
이럴 줄 알았으면 굿이라도 해 신의 노여움을
풀었어야 했는데, 후회스럽다.
투병 생활이 길어지자 돈도 의외로 많이 든다.
병원비에 간병비까지 감당하기가 어렵다.
그래서 집을 판다.

아내1이 모았던 돈을 사실은 아내2가 쓰고 있는 셈이다.
그래서 버는 넘 따로, 쓰는 넘 따로 있다는 말이
생기지 않았나 싶다.
병석에 누워 있는 아내가, 많이 안쓰럽다.
목줄을 통해 음식을 넣어야 하고 하루 종일 잠만 잔다.
하루에 눈 뜨고 있는 시간은 겨우 4~5시간이다.
손을 쓰다듬으며 사랑한다고 얘기하면, 내 손을 살짝 잡는다.
알아 듣기는 하는 모양이다.
그러던 어느 날!
그녀의 손에서 힘이 빠진다.
그렇게 해 먼 길을 떠났다.
커피라도 같이 한잔 하고 보냈어야 했는데 …
아쉽고 보고 싶다.
이제 아내3을 만날 자신도 없고, 어찌 살아야 할지 막막하다.
그는 어느 날! 자식에게 남기는 글을 쓰고 사라진다.
거기엔 사랑하는 아들에게 …
이렇게 시작하며 자식들에게 당부하는 글이 적혀있다.
링컨의 어머니는 달랑 성경책 한권을 유산으로 남겼다.
그때 링컨의 나이는 고작 9살이다.
나는 너희들에게 성경책 한권에, 통장 하나는 더 남기마.
선심이라도 쓰듯 그렇게 폼 잡으며 글을 써 내려간다.
새엄마 병원비를 쓰기 위해 집을 판 것은 너희들도
알 것이다.

그 돈으로 지금 살고 있는 집을 전세금 2000만원에,
달세 50만원으로 얻었다.
달세는 밀린 것이 없구나.
전세금도 받고 여기 통장에 1000만 원 정도 들어 있다.
장례 치르고 남는 돈은 공평하게 나누도록 해라.
자투리 남는 것이 있으면 술도 같이 한잔하고 …
황소 한 마리를 몰고 서울에 와 우리나라 최고의 갑부로
변신한 정주영 현대 회장을 알 것이다.
많이 주지 못해 미안하다.
하지만 너무 원망은 말거라.
너희들의 노력으로 얼마든 지 부자가 될 수 있다고 본다.
그리고 내가 읽던 성경책을 유산으로 남기는 것은,
세상을 착하게 살아라는 의미다.
그렇게 해 그는 저승 행 티켓을 끊는다.
아들은 아버지에게 한마디 한다.
아버지! 너무 하네요.
엄마가 모은 돈을 새엄마와 다 쓰고 가면,
엄마가 뭐라고 할 것 같아요?
엄마는 그 돈을 모으기 위해 우리가 먹고 싶어 하는
고기도 사 주지 않고, 엄마! 아이스크림, 아이스크림! 하고
졸라도, 들은 척도 하지 않았습니다.
엄마는 늘 입던 옷으로 시장에도 가고 외출도 했습니다.
먹고 입는 것 까지 아끼며 모은 돈을,

어찌 아버지와 새엄마 둘이서 쓸 수 있습니까?
그러고 보면 우리한테도 절반의 지분(?)이 있다고 봅니다.
아내가 아프자 그는 자살을 생각한다.
가고 나면 나도 아내의 뒤를 따라야지.
그래서 그는 불면증을 핑계로 그동안 수면제를 많이
모아뒀다.
D - day는 아내1의 태어난 달(月)에
그리고 아내2가 태어난 날(日)을 생각한다.
음력 7월 7일! 칠월 칠석이다.
묘한 느낌을 갖는다.
하필 그날이 칠월 칠석일까?
목동인 견우와 베를 짜는 직녀가 일을 게을리 한다.
그래서 옥황상제가 노하여 은하를 사이로 갈라놓는다.
해마다 칠석날이면 까치와 까마귀가 머리를 모아
다리를 만든다.
그렇게 해 두 사람은 일 년에 한번 만나게 된다는,
오작교에 관한 설화이다.
우린 열심히 살았는데 일 년에 한 번만 만나라는 것인가?
편지 속엔 이런 내용도 있다.
너희 엄마를 더 많이 사랑하지만, 새 엄마도 외면할 수 없구나.
저승에서 엄마와 새 엄마! 두 사람 모두 거느리고 살면,
안 되겠나?
너희들의 현명한 판단을 얻고 싶구나.

남자는 다 도둑 넘이야.

저승에 가서도 축첩을 하려고 하니 …

그렇게 해 그도 갔다.

저승 상황은 어떨까?

저승에선 아내1도 그리고 아내2도 남편의 귀환을

환영하기 위해 지지고 볶는다.

검색대를 거치자 "여기서 부터는 저승입니다"란

안내가 나온다.

그렇게 해 그 곳에 들어서자, 아내 1,2는 아파트 위층과

아래층에서 반기는 것이 아니라, 신작로 한복판으로

뛰어 나오며 그를 격하게 맞이한다.

잠에 취해 있으면서도 목란을 부른다.

목란은 아내1의 이름이다.

아내2는 장미란 예쁜 이름을 갖고 있다.

또 장미에게 손짓한다.

환하게 웃으며 달려오는 두 여인의 얼굴과

The End란 자막이 오버랩 된다.

어느 정신과 의사의 고백

(의사로서 한계를 느낀다네 …)

행복하게만 보였던 내 친구가, 언제부터 인가 어깨가
축 처지기 시작했다.
그리고 그의 눈가엔 슬픔이 촉촉이 자리하고 있었다.
어려운 가정에 태어났지만 어릴 때부터 공부를 잘 해,
부모님의 사랑을 독차지하기도 했다.
그는 흙수저를 원망하지도 않았고, 대감댁 자제를
부러워하지도 않았다.
노력의 끝은 성공(노력의 끝 = 성공)이라는 등식을 굳게 믿고,
열심히 공부에 매진한 친구다.
그렇게 해 의과 대학에 진학을 하게 되고, 정신과 전문의
자격증을 따게 된다.
그 후 결혼을 해 Sweet Home을 꿈꾸며 살아온 친구다.
내 자식 만큼은 배고픔이 뭔지 모르게 키우겠다는
다짐을 하면서 …
그렇게 해 매일매일 벽돌을 한 장씩 쌓아 가듯,

행복의 성을 만들어가기 시작한다.
누가 봐도 부러움을 살만큼 친구는 행복해했다.
그런데 어느 날 부터 그의 피부는 까칠해지기 시작했고,
눈가엔 슬픔을 가득 담고 있는 모습으로 변해 가고 있었다.
왜 그럴까? 혹시 말 못 할 병이라도 앓고 있는 것은 아닐까?
아니면 집안에 우환이라도 있는 것은 아닐 런지 …
오늘은 그 궁금증을 친구의 입에서 찾으려고 한다.
그도 내처럼 시골에서 태어나, 누가 봐도 촌티가 난다.
어쩌면 소주나 양주 보다는, 막걸리가 어울리는 사람이다.
그래서 친구 병원 근처의 주막에 자리를 잡았다.
이런 저런 얘기를 하다가, 술기가 조금 오른 틈을 타
심문(?)에 들어갔다.
요즘 건강이 좋지 않느냐?
아니면 집안에 나쁜 일이 있는 것이야? 얼굴이 좋지 않아?
무슨 고민거리라도 있으면, 내게 털어 놓으라고 했다.
울고 나면 속이 시원하고, 정신적 카타르시스가 되지 않나?
친구는 막걸리 한 사발을 쭉 들이키고는
김치 한 점을 씹으며, 입을 열기 시작한다.
친구야! 니도 알지만, 내가 지금까지 얼마나 열심히 살아 왔나?
자식 잘 키우고 집 사람 사랑하며, 나름대로 꿈의 궁전을
지으려고 했다네.
세상사! 뜻대로 되면 얼마나 좋겠나?
난 가족을 위해 최선을 다해 왔다네.

우리가 클 땐 밥도 제대로 먹지 못했지 않았나?
먹을 것도 입을 것도 없는, 글자 그대로 헐벗은 모습으로 자랐지.
정말 가난만큼은 자식들에게 물려주고 싶지 않았어.
그래서 경제적으로 어느 정도 여유 있는 생활을 지금까지
해 오고 있다네.
그런데 아들 녀석! 두 넘이 말썽을 피우고 공부에 관심이 없으니,
내가 마음 편할 날이 있겠나?
그리고 마누라까지 좀 그렇다네.
그가 술잔을 드는 틈을 타, 또 이렇게 물었다.
아들이 어떻는데? 그리고 마누라가 바람이라도 났나?
그러자 그는 길게 한숨을 내 쉬더니, 아이들이 중학교 다닐 때까지는
성적이 우수했다네.
그런데 고등학교 진학 후엔 공부에 관심도 없으며,
아예 대학을 가지 않겠다고 하는구나.
이런 자유분방함이 어디에서 나오는지, 의사인 나도 모르겠다네.
물론 조금은 이해되는 부분도 있어.
요즘 애들은 사랑 받기 위해 태어난 것이 아니라,
공부하기 위해 이 세상에 온 것으로 생각할 수가 있거든.
초등학교 때부터 방과 후에 5~6개의 학원을 순례해야,
저녁밥을 얻어먹을 수가 있으니 공부하면 …
진절머리가 나지 않겠나?
아이들의 정서가 이런 데도 공부! 공부하며
공부만 강조하니, 그들의 입장에선 돌아 버리지 않겠나?

미친 사람들 치료하는 게 내 직업인데, 어찌 할 방법이 없다네.
이런 데도 지 에미는 매일같이 공부를 강요하고 있으니,
싸우지 않고 배기겠나?
그것까지는 그래도 참을 수가 있다네.
학원에 가지 않고 땡땡이(?) 치고 집에 오면 밥을 주지 않거든.
먹는 것으로 아이들을 통제하고 있다네.
개, 돼지를 먹이로 훈련시키듯이, 그렇게 하고 있으니
화가 나지 않겠나?
이래 얘기하는 친구의 눈가엔 이슬이 촉촉이 젖어 있었다.
의사라는 직업이 그래도 상류층에 한쪽 발을 대고 있지 않나?
나를 만나 경제적 어려움은 없었거든.
많이 버는 만큼 세금(?)도 많이 내어야 한다며,
내 주머니를 쌍끌이로 싹쓸이 하고 있다네.
그런가 하면 세금 내는 만큼 밥상도 달라지고 있거든.
내한테도 먹는 것으로 조종하고 있어.
친구야 내가 무슨 돈 버는 기계인가?
이러니 집에 가기도 싫고, 여기서 파전에 막걸리 한잔
하는 게 더 행복한 시간이라네.
내가 그리던 꿈의 궁전은 이런 것이 아니었는데 …
그리고 아이들도 걱정이 많이 되고, 죽고 싶은
심정이라고 말한다.
그래, 부모라면 누구나 자식이 모범생이고
우등생이길 바라겠제?

하지만 아이들의 눈높이에서 바라볼 필요가 있다네.
조금 눈높이를 낮춰 보게나. 노는 것도 좋더라.
난 명예퇴직 후 지금까지 백수로 살고 있지 않나?
돈은 벌지 못해도 갑질하는 직장 상사 보지 않아 좋고 …
아무튼 정신적으로 해피하거든.
공부가 인생의 전부가 아니야.
아이들에게도 정신적 휴지기를 주는 것은 어떻겠나?
그러자 친구는 쓴 웃음을 지으며, 니가 의사해! 라고 말한다.
지 엉덩이에 주사 놓는 의사 봤냐?
중이 지 머리 못 깎는다는 말도 있다네.
자식에 대한 과한 욕심도 문제가 된다고 위로 겸 충고를 하며,
기분 전환도 할 겸 2차로 자리를 옮겼다.
잠시 인터미션 시간으로 화장실에 들른 후,
가까운 거리에 있는 생맥주 집에서 그와의 얘기를 이어 나갔다.
이제는 앞으로 어떻게 살아야 할 것인지, 고민할 시간이다.
친구의 까매진 얼굴엔 이런 이유가 있었구나.
그래서 어쩔 것이냐고 물었다.
그러자 어떻게 해야 할 지, 앞이 보이지 않는다고 말한다.
자식 농사 뜻대로 되지 않는다고 하지만, 의과 대학에 진학해
유능한 의사가 되기를 그는 바라고 있었다.
아내 역시 좋은 대학에 합격해 훌륭한 사람이 되기를
원하는 것은, 남편과 다를 바가 없었다.
하지만 아이들에게 이런 기대는 어려울 것 같다.

그들 역시 부모에 거는 희망은 아무 것도 없다.
먹이로 갑질하는 어미가 좋을 리가 있겠나?
어떻게 먹는 것으로 자식을 움직이려고 하나?
아내의 이런 가치관에 대해 지적을 여러 번 했지만,
고쳐질 기미가 보이지 않는다며, DNA(?)가 남다르단다.
술이 한 순배 돌고 취기가 오르자, 그는 내가 많은 정신병 환자를
치료해 왔지만, 아이들 문제와 아내의 잘못된 유전 인자를
고치고 바꿀 수는 없다며, 의사로서 한계를 느낀다고 했다.
그리고 탁자를 치며 던지는 한마디! 아닌 것은 아니야!
버려야 할 것은 버려야지. 이혼이 정답이야.
그렇게 해 친구가 그리던 꿈의 궁전은 허물어지기 시작한다.
잘 살아야할 텐데 … 걱정이다.
오늘도 “아닌 것은 아니야! 이혼이 정답이야”
이렇게 힘없는 소리를 토해 내며,
친구는 집을 향해 걸어가고 있다.

•

•

•

•

진정한 행복이 무엇인지 …
우리는 그를 통해 많은 것을 생각해 보게 된다.

방송국에서 헛소리만 하고 살았는데 …

(홍도야! 울지 마라, 오빠가 있다)

나이가 들수록 옷도 잘 차려 입고, 몸도 깨끗하게 하고 다녀야 한다.
그렇지 않아도 꼰대라는 비속어를 쓰며, 젊은이들이 나이 드신 분들을 무시하는 경향이 있다.
물론 올바른 가정에서 자란 양반 자제들은 그렇지 않다.
얘기를 600여년 전으로 돌려본다.
황희 정승이라고 모르는 분이 없을 것이다.
그분이 어느 날! 누추한 옷을 입고 길을 걷다가 시장기를 느낄 무렵, 잔치집 앞을 지나게 된다.
그래서 한술 얻어먹을까 해서 그 집에 들어서니, 하인들이 X표시를 하며 대문부터 막아선다.
돈이 되지 않는다는 얘기가 아닐까? 싶다.
정승은 배가 고파 그러니 요기나 하자고 해도 문전 박대를 한다.
그 후 그 집에 다시 잔치가 열렸을 때 사모관대를 갖춰 입고 간다.
그랬더니 하인은 말할 것도 없고, 주인도 버선발로 달려 나와 그를 맞이한다.

그러고는 치킨에 맥주가 함께 하는 치맥을 비롯해,

족발에 소주, 파전에 막걸리, 양주에 치즈! 이뿐 아니라

멸치에서 부터 고래까지, 그야말로 물속에서

헤엄치는 짐승(?)은 모두 선을 보인다.

산해진미가 정승 앞을 가로 막고 있다.

술이 거나하게 취한 황정승!

잔치집 주인을 두고 인심이 후하다고 극찬(?)을 한다.

뇌물 이기는 사람! 없다.

그때 이런 말이 나왔지 않나? 싶다.

황정승! 그것 먹고 소화나 잘 시켰는지 걱정된다.

요즘 같아서는 공수처 수사 대상 1호라고,

난리가 났을 텐데. ㅋㅋ

사람들은 이렇듯 겉모습으로 상대를 판단한다는 얘기다.

황희 정승이 실무 감각이 좀 떨어지는 것 같다.

세상 돌아가는 것도 모르고 정승 자리에 있었으니 …

당시의 정치도 개판(?)이 아니었나?

이런 생각도 해 본다.

무시당하지 않으려면 외모에 신경을 쓰라는,

교훈을 주는 야사(?)다.

나도 깨끗이 차려 입는다고 생각하지만 무시당할 때가 많다.

백수 생활 10년이 다 되어 가니 아무리 씻고 차려 입어도,

거지(?)태가 조금 남아 있는 것 같다.

예전엔 내 돈 주고 양주도 잘 샀는데 지금은 그렇지 못하다.
그 대신 남이 사주면 잘 마신다.
양주 한 모금에 왜 유명한 노래가 있지 않나?
우리 아버지들이 막걸리 마시며 부르던 애창곡!
그래요. 이제 생각났다.
젓가락 두드리며 "홍도야 울지 마라 ~~ 오빠가 있 ~~ 다."
이래 부르면 양주 마시며 그런 노래를 부른다고
타박을 준다.
그러면 팝송이라도 불러야 하나?
난 글이 짧아서 그런 노래는 언감생심焉敢生心이지.
그리고 오빠가 있으면 뭐해!
지 묵고 살기도 급할 텐데 …
양주는 커녕 막걸리도 사주지 못 할 거야.
전화 한번 해 볼까?
막걸리 한잔 사 주려나?
양주 생각이 나네.
그 넘하고 헤어진지도 10년이 됐구먼.
누가 사 줄 사람 없나?
얘기를 다른 방향으로 돌린다.
2년 전부터 손목이 아프기 시작했다.
음악을 좋아하고 악기를 매일 연습하는 나로서는,
큰 일이 아닐 수가 없다.
노래 부르는 사람한테 목에 이상이 온 것이나 같을 것이다.

여러 군데 병원을 다녔지만 낫 지를 않는다.
취미 생활을 접고 밥만 먹고, 자며 그렇게 살아야 하나?
악기도 악기지만 그것보다 더 걱정되는 것이 있다.
뭐냐고요?
이러다가 술잔마저 못 잡으면 어쩌나?
그게 제일 두려웠다.
그래서 내린 결론은 대학 병원에 가서 치료를
받아 보자는 것이다.
일반 개인 의원 보다는 뭐가 달라도 다를 것이란
기대를 안고 갔다.
결론부터 말하면 곰탕이나 설렁탕이나 그게 그것이 아니겠나?
어렵게 예약을 하고 한참을 기다린 끝에, 진료를 받을 수 있었다.
의사의 문진 가운데 하나를 소개한다.
무슨 일을 하며 살았느냐는 것이다.
흔히 직업에 귀천이 없다고 말한다.
하지만 그것은 잘 나가는 사람들의 얘기다.
나같은 사람들은 어딜 가도 밝히길 꺼리는 것이,
내가 살아온 문패/ 직업을 말하는 것이다.
그래도 어쩌겠나?
병을 고치려면 의사가 묻는 말에, 성실히 그리고 거짓 없이
답변할 수밖에 더 있겠나?
그래서 젊었을 땐 총 들고 놀았고, 그 이후엔 삽 들고
탄광촌에서 석탄을 캤다고 말했다.

그러자 손을 너무 많이 써서 그러니, 아껴 쓰라고 한다.
이 병원에서도 낫기는 글렀다는 생각이 든다.
아껴 쓰라는 말 대신 마음껏 악기도 연습하고, 손을 쓰십시오.
처방을 해 줄 테니 약만 먹으면 됩니다.
뭐, 이렇게 얘기해야 하는 것이 아니겠나?
치료는 옳게 하지 않고 아껴 쓰라고 말한다.
실력이 별로(?)라는 생각이 든다.
그런데 손목이 왜 아플까?
입이 아파야 하는데 …

•

•

•

•

한평생 방송국에서 헛소리만 하면서 살았는데 … ㅋㅋ
헛소리 하니 진짜 시간은 잘 간다.
벌써 마누라 술상이 나올 시간이 아닌가?
어느 상조회사 광고를 조금 변형시켜 얘기해 본다.
헛소리 모르고 사는 사람들!
이런 줄 알면 정말 배 아플 거야. ㅋㅋ

사랑은 예술의 영원한 테마

(음악을 수학적으로 하면 안 돼 …)

오늘은 음악으로 글을 열까? 한다.
음악은 수학이라고 한다.
그러니까 음악의 바탕엔 과학이 깔려 있다는 얘기다.
음악을 잘 모르는 분들은 이해가 어렵겠지만
예를 들면 5도권(Circle Fifths), 배음(Overtune)이란 것이 있다.
이 두 가지를 봐도 얼마나 과학적인가를 알 수 있다.
설명은 생략한다.
재미도 없고, 관심도 없을 것이라고 본다.
궁금한 분은 인터넷이나 음악 사전을 찾아보기 바란다.
사랑은 예술의 영원한 테마라고 한다.
사랑 이야기를 하면 읽는 분이 조금 있을 것이다.
음악가의 대표 주자는 누가 뭐라고 해도 악성 베토벤이다.
그의 사랑 이야기!
불행하게도 몇 자 되지 않는다.
그의 나이 40 가까이 됐을 때 테레제라는 여인을 알게 된다.

나이는 정확하지 않다.
그 당시 22~3세로 기록된 것이 있다.
주민등록증을 볼 수도 없고, 당시엔 전산 기록도 되어 있지 않다.
그저 뜬 구름 잡는 식의 얘기다.
나이 차이가 많이 나는 아가씨가 그에게 음악을 배운다.
맺지 말아야 할 제자와의 사랑에 빠진다.
들을 수 없어 말년이 불행했다는 정도로 베토벤을
알고 있는 분들이 많다.
지금부터 그의 가족사를 말할까? 한다.
그는 동생에게 애인을 빼앗긴다.
파렴치한 집안도 아닌데,
빼앗긴다 라는 표현이 적절한지 모르겠다.
그는 분노와 쓸쓸함 여기에 배신감까지,
이런 복합적인 감정에 시달린다.
그의 마음을 달래줄 수 있는 것은 오로지 소주(?)뿐이다.
그로인해 몸이 많이 망가졌고 쓸쓸한 죽음을 맞는다.
그의 피아노 소나타 24번은 "테레제"라는 부제가 붙어 있다.
또 "엘리제를 위하여"라는 피아노 소품도,
사실은 "테레제를 위하여" 라는 것이다.
그녀를 사랑할 때! 그의 마음을 담은 "열정"이란 부제가 붙은,
피아노 소나타 23번이 작곡되기도 한다.
얼마나 사랑했는지를 알 수 있는 대목이다.
그런데 테레제와의 인연은 불가능했을 것이라고 말하는

분도 있다.
그녀와의 나이 차이가 너무 많이 나니,
어느 부모가 딸을 주겠느냐는 것이다.
그녀는 베토벤의 동생과 결혼한다.
왜 하필 그의 동생에게 …
더 더욱 알 수 없는 아이러니다.
이뿐 아니라 태어날 때부터 생활고로 밥도 제 때 먹지
못했다고 한다.
없는 집안의 장남으로 태어나 소년 가장 역할도 한다.
술만 마시며 어머니를 때리는 게 하루 일과였던 아버지에겐,
어떤 것도 기대할 수가 없다.
아버지의 술값을 대기 위해 밤늦도록 살롱에서 피아노를
쳐야만 했다.
불행의 끝판 왕이다.
죽기 전엔 교향곡 9번 합창을 듣지도 못하면서 지휘한다.
그리고 현악4중주곡 마지막 악장에서 죽음을 예감했는지,
이런 글을 적는다.
"그래야만 하는가? 그래야만 한다."
죽음을 얘기하는 것이 아닐까? 싶다.
그때가 베토벤의 나이 57살이다.
야사를 봐도 주민 센터에 가서 물어 봐도,
그가 결혼했다는 흔적은 없다.
불행한 양반이다.

바하처럼 씨라도 좀 뿌려놨으면 훌륭한 명곡들이
대를 이어 나왔을 것인데 … 아쉽다.
나라에서 천연 기념물은 종을 보존하지 않는가?
베토벤도 그랬으면 좋았을 것이다.
바하의 후손은 작곡가가 50명이 넘는다.
바하만 그런가 볼프강 아마데우스 모차르트도,
아버지가 레오폴트 모짜르트로 이름 있는 작곡가다.
요한 스트라우스도 대를 잇는 작곡가 집안이다.
애기가 좀 장황했는지 모르겠다.
내가 아는 지인에게 여담으로 아인슈타인과 베토벤
두 사람 중에서, 누가 더 위대하냐? 라고 물었다.
그분이 대답을 못 하 길래, 내가 두 분 다 자기 방면의
대가라고 했다.
한분은 좌측 뇌가 좋고 다른 한분은 우측 뇌가 우수하기 때문이다.
베토벤은 말년에 귀머거리가 됐지만 인류 최고의 걸작인
교향곡 제9번 "합창"을 작곡한다.
신체의 한 부분에 장애를 가지면 다른 쪽이 더 우수해지는가?
자폐 아이들을 보면 음악적 재능이 남다르다.
자폐 증상이 있는데 확진을 못할 땐 소리에 민감하고
음악적 재능이 있는지를, 의사가 묻는다.
하느님은 우리에게 한두 개의 재능을 똑같이 나눠줬다고 한다.
하느님이 차별하면 되겠나?
기회는 평등하고, 과정은 공정하게 그리고 결과는 정의롭게

했을 것이다.

어느 날 S대학 공대를 다니는 학생이 나를 찾았다.
그는 어릴 때부터 취미로 피아노를 쳤고, 요즘은 작곡에
손을 대고 있는 친구다.
식사를 하며 이런 저런 얘기를 하고 있는데, 내게 이런 말을 한다.
피아노도 그렇고 곡 쓰는 것도 쉽지 않다며,
어찌 해야 되겠느냐고 묻는다.
그래서 사귀는 여학생은 있느냐고 물어 봤다.
공부만 하면서 대학 생활을 보냈고, 연애는 생각지도
않았다고 한다.
문제는 거기에 있다고 말하며, 사랑도 모르는 자가
무슨 작곡을 하느냐?
슈만도 애인 같은 아내 클라라가 있었기에
명곡이 탄생됐고, 피아노의 시인이라고 불리는 쇼팽도
조르쥬 상드라는 여인이 있었다.
폐결핵을 앓고 있던 그는 스페인의 마요르카라는 섬에서
요양을 하며, 한편의 시와 같은 예쁜 곡을 많이 썼다.
상드도 그를 자주 찾는다.
하지만 그들의 사랑은 쇼팽의 죽음으로 Ending을 맞는다.
베토벤도 마찬가지라고 그에게 설명을 했다.
식사와 함께 소주 한 병을 비우고, 일어설 때가 됐다.
오늘 자문료는 그 친구가 냈다.
소주 한 병 값으로 …

도움 되는 이야기를 잘 들었다고 하면서도,
한마디로 말해 달라고 한다.
지금까지 한 얘기를, 뭘로 들었나?
지가 요약하면 될 것을 …
이래 가지고 어떻게 S대학에 들어갔나?
피아노를 치면서 이 소리는 몇 사이클일까?
이 정도 음량이면 몇 데시빌일까?
그런 생각을 하면 음악이 되지 않네.
그러면서 한마디 던지고 헤어졌다.

•

•

•

•

피아노도 작곡도 수학적으로 하면 안 돼!
그는 공대생이다 보니 음악을 과학으로 착각하고
있는 것 같다.
감성으로 연주하고, 콩나물도 심어야 하는데 …
나도 이 글을 수학적으로 쓴 것은 아닐까?
걱정된다.

술집 마담한테 부탁을 …

(이부자리 예쁘게 잘 깔아 드려!)

그는 아내와 살면서 딸 둘, 아들 하나를 낳고
잘 살아 왔다.
하지만 어느 날부터 아내에게 여성스러움 이라고는
찾을 수가 없었다.
매 맞고 사는 남자가 있다는 얘기는 들었지만,
본인이 그 주인공이 될 줄은 꿈에도 몰랐다.
자식들 보는 앞에서 고함을 지르는 것은 일상이 됐고,
기분이 좋지 않을 땐 밥상을 엎는 일도 비일비재하다.
아이들이 이 모습을 보고 무엇을 배울까?
또 아버지의 위신은 어떻게 되나?
추락할 대로 떨어진 자신의 모습이 그저 슬플 따름이다.
어떻게 살아야할 것인가?
해결 방법을 찾기 위해 의사 친구를 찾기로 했다.
그와 술 한잔하면서 말문을 꺼냈다.
한참을 듣고 있던 친구는 남성 호르몬이 많이 나오는

여자들이 있네.
내가 봐온 환자들 가운데 그런 경우는 대부분 호르몬에
문제가 있어. 내게 보내게나.
여성 호르몬으로 치료를 해 보지.
대개 주사 한대 맞으면 6개월 정도 잠잠하다네.
그러는 게 아니겠나.
정말 친구의 말대로 요즘은 살맛이 나네.
아직까지는 잠잠하거든.
그런데 이것도 잠시 한 달쯤 지나자, 또 그 병이 도지기 시작한다.
이 일을 어찌 하나.
그 후 여러 차례 치료를 받았지만 백약이 무효다.
보다 못한 자식들도 이혼을 권유한다.
고민스럽다.
혼자 살아라는 말인가?
분리 불안증이 있는 난 혼자서는 살 수 없다.
술집하고 있는 마담한테 부탁을 해 볼까?
자식 많고 돈 없는 내게 누가 오겠나?
마담은 이런 문제에 프리하니까,
잘 하면 함께 살 수도 있을 것이야.
그래서 술장사의 대모! 김 마담과 장래를 약속한다.
그녀는 너무 여성스러워 그가 감당하기엔 버거운 여자였다.
또 돈을 물 쓰듯 한다.
낭비벽이 심하다.

그가 생활비로 준 돈의 몇 배를 더 쓰는 것 같다.
어디서 돈이 나와 그렇게 쓸까?
술장사가 잘 되어 돈을 그렇게 쓰나??
그런가 하면 외박을 밥 먹듯 한다.
살아온 환경이 다르다 보니 그럴 수도 있겠거니,
이해하려고 했다.
하지만 갈수록 심해지는 그녀의 행동에,
고민이 깊어지고 있는 자신을 발견한다.
이건 아니야.
이렇게 살려고 재혼을 했던가?
아이들이 무엇을 보고 배우겠나.
엄마한테는 폭력을 그리고 계모에게는 바람기를 …
아이들이 불쌍하다.
못난 애비로 인해 볼 것, 못 볼 것을
어린 나이에 경험했으니 …
그래서 결심한다.
결혼 2번 했는데 3번 못할게 뭐가 있겠나.
헤어지자. 헤어지는 게 정답이다.
위자료를 얼마나 요구할까?
많이 달라고 하면 아이들과 어떻게 먹고 살지?
걱정이 태산이다.
일단 부딪혀 보기로 한다.
많이 달라고 하면 이혼하지 않고 하숙생 정도로 바라볼 생각이다.

아내가 아니라 하숙생!
무겁고 불편하면 내려놓아! 라고 했던가?
이렇게 포기하니 마음이 의외로 편안함을 느낀다.
그래서 그녀에게 얘기한다.
이렇게 살 것 같으면 헤어지는 것이 어떠냐고 …
외박하는 당신도 마음이 편치 않을 것이고,
지켜보는 나 또한 유쾌하지 않소.
그러니 이쯤해서 당신을 놓아 주는 것이,
좋을 것 같다는 생각이 들었다네.
어떤가?
조심스레 그녀의 표정을 살펴가며 묻는다.
그리고 위자료는 얼마나 ~~ 주면 되겠나?
그러자 그녀는 좋아. 우리 헤어져.
난 밖에 나가면 남자가 천지야.
외박만 했는데 내가 무슨 위자료를 받겠나.
그렇게 해 우린 헤어졌다.
정말 프리한 여인이다.
이번엔 남은 여생을 함께 할 성실한 사람이
나타났으면 좋겠다.
그렇게 한바탕 방황하고 나니 그의 나이가 60을 향해
달려가고 있다.
우리말에 삼세번이란 말이 있지 않던가?
이번엔 정말 폭력적이지 않고 근검절약하며,

또 외박이라고는 모르고 가족만 위하는,
현모양처를 그는 바라고 있었다.
그래서 주변의 지인에게도, 또 결혼 정보 회사를 통해서도
알아보고 있는 중이다.
어느 날!
심상치 않은 전화 벨 소리가 그의 귀를 울린다.
결혼 정보 회사였다.
좋은 사람이 있는데 한번 만나 보겠느냐는 것이다.
나이도 비슷하고 한번 호적에 줄을 그었지만,
성실한 분이란다.
첫 남편과 이혼하게 된 것도 모두 자신의 잘못이라며,
거칠게 산 자신으로 전 남편이 상처를 많이 받았다고 한다.
성당에 나가 하느님 앞에 회개의 눈물을 흘리며,
다시 만나는 사람이 있다면 여성답게 살겠다는 말도
빼놓지 않았다며, 한마디 덧붙인다.
그렇게 해 정보 회사 직원과 결혼 전과자(?) 두 사람!
합이 삼! 세 사람이 술 한잔하기로 했다.
약속 장소에 먼저 와서 기다리고 있는데,
모자를 쓴 여인과 함께 오는 회사 직원이 보인다.
인사를 하고 의자에 앉는 데 이게 무슨 조화란 말인가?
그녀는 아이들 엄마였던 것이다.
여보! 어찌 ~~~
말문이 막혀 말을 할 수가 없다.

여자는 손수건으로 눈물을 닦으며 연신 울고 있다.
분위기를 바꿔 보려고 화사 직원은 술을 따르며,
한잔 할 것을 권한다.
선생님! 잘 됐습니다.
두 분은 하늘이 내린 인연입니다.
더 잘 살아 라고, 방황의 시간을 준 것입니다.
아이들도 얼마나 좋아하겠습니까?
자, 술 한잔합시다.
취기가 조금 오르자 남자가 말을 건넨다.
고생이 많았지요?
우리 이제 남은 여생을 후회 없이 살다가 갑시다.
아이들도 많이 좋아할 것이요.
집에 전화할 게요.
우리 가족 모두 모여 밥이나 먹읍시다.
아내는 눈물을 닦으며 여보 미안했소.
내가 당신한테 너무 못할 짓을 했네요.
많이 반성하고 죽을 때까지 속죄하는 마음으로
당신만을 위하며 살겠소.
용서해 주시구려 …
그리고 오늘 소개비는 내가 낼게요.
얼마 드리면 되겠습니까?
내가 지금까지 많은 분들에게 행복을 소개했지만,
이런 경우는 처음입니다.

소개비는 사양하겠습니다.
두 분은 돈보다 더 값진 삶의 기쁨을 제게 주지 않았습니까?
가족과의 자리에도 끼이고 싶습니다.
오늘만큼은 나도 술 한잔 마시고, 취했으면 좋겠습니다.
그렇게 해 그들의 밤은 깊어 갔고, 헤어져야 할 때가 왔다.
그는 어둠 속을 비틀거리며 취한 목소리로,
남의 아들에게 한마디 던지며 간다.

•

•

•

•

엄마, 아빠! 주무실 이부자리!
예쁘게 잘 깔아 드려!

시골 남자와 도시 여자!

(하늘을 향해 그녀의 한을 토해낸다)

그는 오늘도 검은 가방을 메고 산을 오른다.
벌써 몇 년째 이어지고 있는 산행은 그의 미래를 위해서다.
그는 평소 아내에게 정년퇴임 후엔 시골에서
전원생활을 하고 싶다는 말을 많이 했다.
원래 시골 출신이다 보니 도시 보다는
조용한 시골이 좋단다.
하지만 아내는 도시에서 자라고 생활을 해서인지,
탐탁하게 여기지 않는다.
그녀는 남편과 함께 있을 시간이 없다.
원래 모임도 많고, 집에 있으면 전화가 불이 난다.
대인 관계가 너무 좋은 여인이다.
부부 동반 모임도 많다.
시골에서의 전원생활을 얘기하면, 대체로 남자들은
좋다고 말한다.
어쩌면 사회생활에서의 피해 의식일 수도 있다.

말은 하지 않지만 인간에 의한 스트레스로부터,
벗어나고픈 마음도 있을 것이다.
그의 말로는 아내는 상대방의 얘기를 많이 듣고
맞장구를 잘 쳐주며, 또 자신을 낮추는 사람이란다.
좋은 것은 다 가지고 있네.
그러니 인기가 있을 수밖에 더 있겠나?
그래서 바깥 모임이 많다고 한다.
여기에 비해 그는 퇴직 후 별다른 취미 생활도 없고,
기껏 해야 함께 있는 반려견과 하루를 보낸다.
그것도 하루 이틀이지, 지나고 보니 반려 견에게
배울 것이 하나도 없다는 것이다.
TV를 보며 시간을 때우는 것도 무의미한 일상이다.
학창시절 예술성이 있다는 말을 많이 들었다.
그래서 목공을 예술로, 예술에서 목공을 찾기 시작한다.
산중턱에 위치한 목공 공방을 찾은 이유가 여기에 있다.
목공 도구가 들어 있는 검은 가방을 메고 힘들게
매일 산을 오르지만, 목공 일을 해 볼수록 재미가 붙어
그의 발걸음은 가볍기만 하다.
실력이 붙자 그는 시골에 땅을 사서 직접 멋진 집을 지으면
좋겠다고 생각한다.
아내는 전원주택을 싫어한다.
풀이 쑥쑥 자라는 전원주택이 무슨 전원주택이요.
전원풀밭이지.

그 품을 어찌 감당하려고 그래요.
소를 키운다 하더라도 그라면 소똥은 또 어떻게 …
그게 축사지, 전원주택이요?
이렇게 말하며 시골 생활에 동의를 할 수가 없다고 한다.
도시에서의 문화생활도 해야 하며 친구도 만나야지,
아무도 없는 시골이 왜 좋으냐며 따지기도 한다.
그리고 나이가 들면 병원 가까이 살아야한다는 말도,
잊지 않는다.
바깥에선 지인들의 얘기를 많이 듣고 맞장구를 쳐주는
여인이, 남편에겐 냉담하다.
그는 저녁마다 마당에서 숯불로 고기도 구우며,
소주 한잔 하는 낭만을 그려 본다.
또 음악실을 만들어 피아노도 마음껏 치고,
드럼도 양껏 두드리고 싶다.
때로는 노래방 기기도 설치해 이웃 사람들과 함께,
미스 트롯이나 미스터 트롯도 해 보고 싶다.
아니 시골엔 노인들이 많이 계시니, 할매 트롯이나
할배 트롯도 하며 예쁘게 살고 싶어 한다.
아내의 반대에도 그는 전원주택의 꿈을 버리지 못한다.
결국 그는 아내 모르게 예쁜 집을 지어,
깜짝 이벤트를 하겠다고 마음을 먹는다.
그는 이런 상상도 한다.
예쁘게 지은 집의 상량식을 그녀와 함께 …

그래서 그의 못질도 속도를 내기 시작한다.
책상도 그리고 걸상도 예술품으로 만든다.
그녀와 함께 할 침대도 루이 16세가 그의 아내
마리 앙뚜아네트와 함께 한 그것 보다 더 예쁘고,
품위 있게 만든다.
이렇게 지낸 세월이 5년 정도! 그의 나이 칠순이다.
무대의 막이 오를 때가 됐다.
그는 마지막 손질로 바쁘다.
상량식은 지붕을 덮는 것이다.
아무리 집을 훌륭하게 잘 지어도, 비를 막아줄
지붕이 없다면 집으로의 가치가 없을 것이다.
용의 눈에 눈동자를 그려 넣으면, 그림에 있는 용이
당장 벽을 박차고 하늘로 날아가 버릴 것이오.
남북조 시대 양나라의 장승요라는 화가가 그린,
용의 그림에는 눈동자를 그리지 않았다.
이상하게 여긴 사람들이 왜 눈동자를 그리지 않았느냐고
묻자, 이렇게 대답을 했던 것이다.
사물의 가장 중요한 부분을 완성시키거나,
끝손질을 하는 것을 비유하는 말이다.
그도 화룡점정畵龍點睛의 심정으로,
아내와 함께 상량식上樑式을 하고 싶었던 것이다.
친지들을 부르고 아내와 그리고 사랑하는 아이들과 함께,
그가 그동안 심혈을 기울였던 집이 완성된다.

아내도 감탄! 지인들도 감탄사를 연발한다.
문고리 하나 부터 시작해 창문틀, 싱크대!
모두가 동화 속에 나오는 모습이다.
아내도 남편에게 이런 재능이 있었는가?
남편이 존경스럽게 보인다.
그렇게 해 그들의 시골 생활은 시작된다.
지인들도 니 남편이 이런 사람이야?
난 강아지하고 놀며, 밥이나 축내는 남자로 알았는데 …
이렇게 얘기한다.
어찌 그렇게 말을 할까?
정말 싸가지 없는 가시나이다.
이런 년을 친구라고 … 내 잘못이지.
아내는 꾹 참는다.
좋은 날인 만큼 어쩌겠나?
그렇게 해 돼지만 수난을 당한다.
삼겹살을 마당에서 15Kg나 구웠다나?
소주를 2박스나 마시고 …
돼지고기를 돼지처럼 먹고 헤어졌다.
지신도 밟고 했으니 앞으론 좋은 일만 있을 것이다.
하지만 상량식 이후 남편의 소화불량 증세가 심해진다.
그날 술을 많이 마셔서 그랬나?
아내는 불안한 마음을 감출 수가 없다.
진단 결과 그는 위암이라는 말을 듣는다.

집 짓는 그 시간에 건강 검진만 받았어도,
이런 불행은 없었을 것이다.
그는 입원과 퇴원을 반복하며 항암 치료를 받는다.
저 푸른 초원 위에 그림 같은 집을 짓고,
아내와의 행복한 꿈도 병마를 감당해야 할
자신의 몫이란 걸 깨닫는다.
삶을 억지로 살려고 하지 마세요.
삶에게 나를 맡겨 보세요.
삶이 우리의 손을 잡아줄 때까지 …
그렇게, 그렇게 우리의 길을 가라고 하네요.
그는 자신이 가야 할 길을 가고 있었다.
아내는 텃밭에서 자식에게 줄 상추며, 고추며 가지를
소쿠리에 담는다.
그러며 하늘을 향해, 남편에게 한을 토해낸다.

•

•

•

•

아무 것도 필요 없소!
뭐 하려고 그렇게 고생을 했는 기요?
고맙고, 보고 싶습니다. ㅠㅠ

실컷 놀아 봤으면 …

(개가 닭 알을 낳았다고 야단이다)

요즘 크는 아이들은 실컷 놀아 봤으면 좋겠다고 한다.
어린 아이들도 공부에, 과외까지 …
이렇게 시달리다 보니 그런 말이 나올 법도 하다.
하지만 하는 일 없이 백수로 살다 보니, 노는 것도
그리 좋은 것만은 아닌 것 같다.
얼마 전 뉴스를 보니, 청년 실업자가 166만 명이라고 한다.
그들은 얼마나 일하고 싶을까?
취직을 해야 결혼도 하고, 장밋빛 인생도 준비를 할 수가 있을 텐데.
많이 갑갑할 것으로 보인다.
백수의 삶도 편할 수만은 없다.
나이 들면 경제적인 것도 그렇지만, 세월이란 넘은
주지도 않으면서 빼앗아 가기만 한다.
느는 것은 주름이고, 주변의 지인도 하나씩 둘씩 데려간다.
건강도 하루가 다르게 나빠진다.
아침 먹고 병원 진료 받고, 집에 와 점심 식사한다.

그리고 한의원에 가서 침 맞고 한숨 자고 집에 오면,
저녁밥이 기다린다.
직업이 없이 사는 노인들의 하루 일과/ Time Schedule이다.
그리고 세월은 어찌 그리 빠른 지, 하루가 금방이요.
일주일이 눈 깜짝할 사이에 지난다.
자고 나서 하품 한번 하고, 눈 비비면 달력이 바뀌어 있다.
무우단 뽑히듯 내 삶이 쓰러져 가는 느낌이 든다.
아무리 살펴봐도 적자 인생이다.
그 표가 얼굴이 나와 있다.
사는 것도 이렇게 어려운데, TV를 틀면 짜증나는 뉴스 밖에 없다.
마음 편히 연애 오락 프로를 즐기며 살 수는 없을까?
조선시대 같으면 정삼품의 당상관 벼슬에 있는 자들이,
국민의 소리에 귀 기우리는 모습도 보이지 않는다.
히죽히죽 웃고, 그래서 어쩌란 말이냐? 이 정도 수준이다.
품위라고는 찾아볼 수가 없다.
어디 그 뿐인가? 4×7 = 27이라고 한다.
국민을 바보로 알고 있는 것인가?
우기는 자는 당할 길이 없다.
익히 잘 알려진 "4×7 = 27"이라는 유머를 잠시 옮겨 본다.
옛날에 고집 센 사람과, 똑똑한 사람이 다툰다.
고집 센 사람은 "4×7 = 27"이라 하고,
똑똑한 사람은 "4×7 = 28"이라고 얘기한다.
답답해진 똑똑한 사람이 고을 원님께 가서, 시비를 가리자고 말한다.

사또는 자초지종을 듣고 나서 고집 센 자는 풀어주고,
그에겐 곤장 10대를 치라고 명한다.
똑똑한 자가 너무 억울해서 항의 한다.
원님은 이렇게 말한다.
4×7 = 27 이라 말하는 아둔한 놈이랑 싸운 네가,
더 어리석은 놈이니라.
고집 센 사람을 아무 꾸지람 없이 방면시킨 것은
아둔한 놈이라는 판정이다.
반면에 똑똑한 사람에게 곤장을 하사(?)한 것은
함께 대화를 나눌 수 있는 파트너라는 것이다.
고집 센 놈을 다스릴 방법은, 이 세상 어디에도 없다는 것이
사또의 판단이다.
아울러 곤장을 때리더라도 똑똑한 자와 시시비비를
바르게 가리는 게 낫다는 것이 그의 신념이다.
세상과 담을 쌓고, 사람의 발길이 닿지 않는 골짜기로
들어가서 사는 분들이 있다.
그분들의 심정이 이해가 간다.
그들은 "나는 자연인"이라고 외친다.
자연으로 돌아가라! 계몽 사상가 루소가 말했던가?
그의 얘기 한마디 하고 넘어 간다.
위대한 사상가들과 책은 라면과 김치사이처럼
떼어 놓기 힘들다.
그런 의미에서, 장자크 루소 역시 독서광이다.

5년 정도 한 조각가 밑에서 수련을 했는데,
그 조각가가 그를 때리고 책을 빼앗아 찢고, 불까지 지른다.
그렇게 해 그를 책에서 떼어 놓으려 한다.
평소 자존심이 강한 루소는 어디를 가든 지 사람들과
많이 부딪친다.
이런 그에게 지대한 영향을 끼친 여성이 있다.
역사는 그녀를 바랑 부인으로 기록한다.
그와 열 살이 넘는 나이 차이가 났지만,
부인은 루소에게 엄마이자 동반자 그리고
사랑과 그리움의 대상! 그 이상의 여성이다.
그는 그녀와 함께 있는 자연에서만 편안함을 느낀다.
그래서 일까?
"자연으로 돌아가라"는 말이, 루소의 대표적인 문장이다.
이제 나이가 들다 보니, 속세를 벗어나 마음 편히 살고 싶다.
그래서 시골에 조그마한 집을 한 채 산다.
텃밭이 있고 뒤뜰엔 소와 개를 위한 축사도 있으며,
닭도 몇 마리 키운다.
정말 루소가 사랑했던 바랑 부인 같은 아내와 자연이 함께 한다.
TV도 뉴스는 보지 않기로 마음먹는다.
정화수 같은 깨끗한 물과 맑은 바람이,
정신 건강까지 책임을 지고 있다.
정말 루소는 대단한 사람이다.
이렇게 좋은 것을 왜 진즉에 못했던가?

10년만 일찍 시골로 들어왔더라면, 주름도 지금처럼
자글자글하지 않을 것이다.
개와 닭은 금슬이 좋아, 잘 때도 개집에서 함께 붙어 있다.
질투가 나는 지, 홀로 잠자리에 드는 소도 음메 ~~ 하며
눈을 흘긴다.
아침에 일어나면 계란도 우리 가족이 먹고도 남을 만큼,
견사에 떨어뜨리고 있다.
아내는 개가 닭 알을 낳았다며 야단이다.
처음에는 아내의 "아재개그"라고 생각한다.
개가 달걀을 낳아? 그것도 수캐가 …
그런데 조금 이상하다는 직감이, 뒤통수를 친다.
얼마 전에 아내가 교통카드를 잘못 쓴 일도 있기 때문이다.
볼일이 있어 부산으로 가끔 나간다.
병원도 가야하고, 고등학교 동창도 만나고 …
갈 때마다 신용카드와 어르신 교통카드를 챙겨준다.
그런데 버스를 타면서 교통카드를 이용해,
버스 기사에게 종종 한 소리를 듣는다.
늘 그런 것은 아니지만, 밥값을 계산할 때도 그것을 들이민다.
나라에서 발급한 어르신 교통카드가, 만병통치약이라고
생각하는 것 같다.
도랑치고 가재 잡고 …
이런 심정으로 시골로 왔는데 불안하다.
도시의 큰 병원으로 간다.

아내의 개그인지, 치매 증상인지 …
마음 편히 사는 것도 복인 것 같다.
그 이후 시골의 전원주택은 주인이 오기만을 기다리고 있다.
치료를 받고 있지만 아내는 4×7 = 27 이라고 주장하고 있다.
어찌 하겠는가? 받아들여야지.
내까지 우긴다면 아둔한 넘이고, 어리석은 짓이 아닐까?
아내의 건강이 지금 보다 더 나빠지지 않기를 간절히 바라며,
그는 계란 두개를 프라이한다.
"이것이 인생이다!"란 모 방송사의 다큐 프로그램이 생각난다.

•

•

•

•

살만하면 간다! 이 부부는 내가 아는 지인이다.
그의 삶을 각색해 봤다.
인생은 욕심만 가지고 되는 것은 아니다.
흐르는 물처럼 살며 하루하루를 재미있게 보내는 것이,
최고의 선이 아닐까?
이런 생각도 해 본다.

아내는 커피 같은 여자였다!

(얼마나 금슬이 좋았으면 …)

그는 오늘도 반려견을 앞세우고 길을 나선다.
아파트 단지를 지나면 횟감이 풍성한 호수가 나온다.
그곳을 한 바퀴 돌고는 호수와 이어지는 산으로 들어선다.
늘 이곳을 지나가지만 오늘 따라 색다른 감정을 느낀다.
먼저 간 아내와도 걷던 길이다.
아들, 딸 낳고 열심히 저축해 나이 들어선 여행도 다니며,
행복하게 살자고 약속했던 등산로다.
그런 약속도 아내의 투병으로 깨어지기 시작했고,
부부의 황금빛 인생도 아내의 죽음으로 종말을 고했다.
아내는 가는 그 시각까지 남편을 찾았다.
그리고는 날 잊고 빨리 재혼하라고 말한다.
당신을 어떻게 잊어. 당신 하나로 족해.
재혼은 무슨 재혼이야!
이렇게 말하며 삼일 낮, 삼일 밤을 울었지만 아내는 냉담했다.
가던 길을 멈출 수 없다나?

저승길은 후진 기어가 없다고 한다.
그렇게 해 아내를 보낸 지도 10여년이 흘렀다.
아내는 저 세상에서 어찌 지내고 있을까?
그는 걸음을 멈추고 벤치에 앉아,
집에서 가지고 온 커피를 따른다.
잠시 눈을 감으며 그녀와 함께 하던 그 시절!
그 맛을 생각한다.
아내는 쓰면서도 향이 나는 커피 같은 여자였다.
먼 길을 떠날 때가 그녀의 나이 50을 채 넘기지 못했다.
행복하게 마주 보고 살았으면 얼마나 좋을까?
생각할수록 아쉽고 안타깝다.
그래도 고마운(?) 마음이 들 때도 있다.
내게 다른 여자를 만날 수 있는 기회를 줬다는 것이다.
그래서 지금은 제2의 아내와 함께 살고 있다.
내게 행복을 주고 간 여인이라며,
영양가 없는 웃음을 짓는다.
이런 헛된 생각을 하며 일어선다.
그러면서 먼저 간 아내를 추억한다.
아내는 노래를 좋아했다.
무엇이 그렇게 좋은지 산행을 하며 나훈아가 부른
영영이란 곡을 반복해서 부른다.
잊으라 했는데 잊어 달라 했는데,
그런데도 아직 난 너를 잊지 못하네.

(중략)

아니 내가 죽어도 영영 못 잊을 거야.

그렇게 날 못 잊겠나?

이렇게 물으면 못 잊겠다며 팔짱을 낀다.

그녀의 운명은 이 노랫말과 같은 것 같다.

이젠 아내 대신 아내2와 함께 산행을 한다.

그녀도 심성이 고운 여자다.

아내1이 물냉면이라면 아내2는 비빔냉면 같은 여자다.

냉면은 함흥도 좋고, 평양도 …

가리지 않고 잘 먹는다.

아내2와는 나이 차이가 많이 난다.

동남아의 어린 여자를 신부로 맞는 우리나라 남자가

TV에 나온다.

그럴 때 아내 앞에서 도둑놈(?)이라고 욕을 많이 했다.

내가 지금 그런 상황이다.

나를 아는 사람들은 말은 하지 않아도 좋게 보지 않을 것이다.

젊은 여자와 함께 하니 이렇게 좋은 데,

왜 내가 욕을 했을까?

지금 생각하니 후회스럽다.

그녀와 산행을 하며 아내1 이야기를 자주한다.

예쁘기도 하지만 마음이 아름다운 여인이라며 칭찬도 한다.

그럴 때마다 그녀도 덩달아 이렇게 맞장구를 친다.

돌아가신 분이 현모양처이네요.

많이 그립겠습니다.
등산로 벤치에 앉아 아내2에게 커피를 따르며,
아내1의 이야기를 계속한다.
커피 같은 여자였다고 …
그리고 커피는 사랑이라며 이렇게 말한다.
한 여인이 한 남자를 그리워하다가 죽은 후
그 여인의 무덤가에 피어났던 꽃의 열매가 바로 커피다.
커피의 색은 어두운 핏빛인데,
그건 그 여인의 눈물 빛깔이고
너무나도 울어서 피눈물이 땅에 떨어졌기 때문이다.
커피가 쓴 이유는 기다리는 마음 때문이고,
커피를 마시면 잠이 오지 않는 이유는,
밤낮으로 그 사람을 기다렸던 그 여인의 마음이
들어 있기 때문이다.
그리고 커피의 향이 그윽한 이유는,
그 여자의 사랑하는 마음이 향기가 되어
흩날리기 때문이다.
따온 글이다.
오늘도 아내1의 커피 같은 마음을 가슴에 담아 본다.
이제 집으로 돌아가야 할 시간이다.
아내2도 노래를 좋아한다.
내가 음악을 사랑하기 때문일까?
아내1, 2 모두 노래를 잘 부른다.

하산 길에도 내 곁엔 노래가 떠날 줄 모른다.
그녀 역시 아내1처럼 나훈아가 부른 영영이 애창곡이란다.
잊으라 했는데 잊어 달라 했는데,
그런데도 아직 난 너를 잊지 못하네.
여기까지만 부르고 다시 잊으라 했는데 잊어 달라 했는데,
그런데도 아직 난 너를 잊지 못하네.
이 소절만 반복한다.
혹시 옛날 애인 생각으로 부르는 것은 아닐까?
가사 속의 너는 내가 아닌 다른 남자가 아닐까?
불길한 생각이 든다.
젊은 여자와 사는 나이든 사람의 트라우마가 아닐 런지 …
걱정된다.
하지만 아내2의 표정은 밝다.
아내1을 사랑했듯이 자기도 예뻐해 달라며 팔짱을 낀다.
금슬이 얼마나 좋았으면 저럴까?
오래토록 함께 하지 못한 전부인도 그렇고,
남편도 불쌍하다는 생각을 해 본다.
그러면서 한 소리를 한다.
당신이 그녀를 많이 사랑했고 먼저 간 것을 안타깝게
여기는 것은 알지만, 이제 잊어달라고 한다.
그리고 자기와 함께 있을 땐, 아내1 이야기는
삼가 달라는 말도 잊지 않는다.
그녀가 내 마음을 속속들이 어찌 다 알겠나?

마스크를 쓰고 선보는 것과 같은 기분일 것이다.
그래서 아내2 앞에서 자신의 마음이 담긴 노래를
한곡 뽑는다.
무슨 노래를 … ?
혜은이가 불렀나?

•

•

•

•

당신은 모르실 거야. 얼마나 사랑했는지.
(중략)
두 눈에 넘쳐흐르는 뜨거운 나의 눈물로
당신의 아픈 마음을 깨끗이 씻어드릴게
당신은 모르실 거야
얼마나 사랑했는지 …
두 여성 모두 착한 분이다.
이런 여자를 아내로 맞다니 부럽다.
그것도 2명이나 …
아내2와의 행복이 오래 오래 가기를 …
바래 본다.

암소가 새끼를 몇 마리나 낳았을까?

(너희 엄마를 만나 행복했다)

수양버들 춤추는 길에 꽃가마 타고 가네.
아홉 살 새색시가 시집을 간다네.
가수 이연실이 부른
"새색시 시집가네"란 가요의 노랫말! 첫 부분이다.
우리 할아버지, 할머니 시절엔 이렇게 신부가 가마를 타고
시집을 간 것 같다.
오늘 얘기하려는 할아버지는 황소를 타고,
처가 집으로 향한다.
신랑은 조실부모하고 혼자 살고 있다.
하지만 워낙 성실한 사람이라 소작농으로 어렵게 살았지만,
암소 한 마리는 키우고 있었다.
반면에 신부 댁은 가난으로 찌던 어려운 형편이다.
이런 사실을 잘 알고 있던 신랑은 그동안 저축해 놓은
통장을 살펴본다.
그리고는 황소 한 마리를 산다.

자신은 황소의 등에 몸을 맡기고 신부가 타고 올 가마며
음식을 잔뜩 준비해, 그녀를 모시러 간다.
가지고 온 음식으로 잔치를 치르고 신부 집에서
첫날밤을 보낸다.
그리고 다음 날 황소를 처가에 드리고 신부와 함께
집으로 돌아온다.
심성이 착한 사람이다.
다른 집안에서는 지참금을 요구하기도 한다.
지참금은 신부가 결혼할 때 친정에서 가져가는 돈이나
물건을 말한다.
아빠 찾아 삼만리란 TV 프로그램에서는
딸의 지참금 마련을 위해 한국에서 일하고 있는,
스리랑카 남성의 이야기가 소개되기도 했다.
제주도의 광어 양식장에서 일하는 스리랑카 국적의
수랑가씨!
그는 사랑하는 아내와 12살 그리고 생후 6개월의
어린 두 딸을 고국에 두고, 머나먼 한국에서
10여 년 동안 외국인 노동자로 살고 있다.
그가 사랑하는 가족 곁을 떠나 한국으로 온 것은,
두 딸의 결혼 지참금을 해결하기 위해서 라고 한다.
인도에서는 결혼 후에도 남편이 처가에 지참금을
몇 번이고 요구할 수가 있단다.
심지어 지참금을 내지 않으면 새로운 아내도 맞을 수가

있다고 한다.
인도가 좋은 나라네.
반면에 이슬람권은 남존여비가 강하지만
지참금은 남자 측에서 내며, 또 이혼할 때 위자료도
마찬가지라고 한다.
이러면 장가 못 가는데 …
취업도 힘들고 먹고 사는 것도 여간 어려운 게 아닌데,
이러면 결혼을 어찌 하겠나?
별 수 있나? 혼자 살아야지.
방법은 하나! 인도로 이사를 가면 될 것 같다.
할아버지는 지참금을 요구하기는 커녕 황소까지 사서
처가에 보냈으니, 손해(?) 본 결혼을 한 것이다.
어떻든 자식들도 줄줄이 낳아 다복한 가정을 이룬다.
논농사, 밭농사를 가리지 않고 열심히 일한다.
그것도 늘 아내와 함께 농사를 지으며,
사랑의 세레나데를 부른다.
그대 없이는 못살아 ~~~
이런 노래를 들어봤는가?
부지런히 일한 덕에 암소 한 마리에 수소 한 마리까지,
살림이 늘어난다.
그런데 마을 사람들은 짠돌이(?)라며, 좋지 않은 말을 한다.
재력이 있는 집인데 …
지금까지 살면서 동네 사람들을 위해 닭은 잡아도,

소 잡는 모습을 본적이 없다나? ㅋㅋ
자식들도 모두 서울로 유학을 보내, 대기업에서 일하며
잘 살고 있다고 한다.
돈도 넉넉히 부모님께 보내 드려, 먹고 사는 데는 지장이 없다.
노부부는 장이 서는 날엔 손을 꼭 잡고 함께 나간다.
채소랑 고기랑 여기에 막걸리까지 사서 집으로 온다.
황소도 배가 고픈지 눈을 껌뻑이며, 음메 ~ ~ 하고 신호를 보낸다.
할아버지는 소죽을 끓인다.
할머니는 저녁상을 준비하며 고기도 불판 위에 올린다.
그렇게 해 열심히 살아 왔노라고, 서로에게 고마움을 표한다.
막걸리를 따르고 러브 샷도 한다.
서울에 있는 자식들은 잘 있는지 걱정도 하면서,
노부부의 하루는 이렇게 저문다.
할아버지가 할머니에게 묻는다.
결혼해 지금까지 암소가 새끼를 몇 마리나 낳았을까?
열 마리 쯤 되나?
송아지 10마리 쯤 보는 동안 세월은 50년 가까이 흘렀다.
인생을 거의 한 바퀴 돌다 보니, 할아버지는 눈물이
자꾸 난단다.
할머니를 사랑하는 만큼, 또 시간이 지나는 만큼
눈물의 양도 늘어가고 있다.
우울증이 오고 있는 것 같다.
살만하니 떠나는 게 인생이라고 했던가?

열심히 일해 살림을 일구고 자식에게 효도를 받아 볼까?
이때가 되면 몸도 늙고 병들어 가는 것이 인생이다.
할머니, 할아버지도 70이 넘다 보니 건강도
예전 같지가 않다.
사랑의 세레나데도 힘차게 부를 수가 없다.
할아버지는 할머니 곁을 떠날 줄 모른다.
화장실을 가도 따라 가려고 한다.
애기가 됐나?
잠을 잘 때도 꼭 붙어 있다.
젊었을 때도 늘 아내 곁을 지키고 있었다.
마을 사람들은 할아버지가 너무 애처가라며,
할머니를 부러워했다.
잠시 자리를 비워도 이름을 부르며 찾았다고 한다.
마누라 상이 저렇게 밝아서 언제 농사를 짓나?
시기, 질투하는 아낙들은 이렇게 비아냥거리기도 한다.
이제 그런 소리를 들을 날도 얼마 남지 않았다는 것을 느낀다.
할아버지는 그래도 그때가 좋았는데, 이렇게 말하며
눈시울을 붉힌다.
이제 슬픈 세레나데를 불러야 할 때가 온 것 같다.
할아버지는 할머니가 자고 있는 새벽에 일어나,
닭 모가지를 비튼다.
할머니를 위한 최후의 만찬을 준비한다.
닭을 손질하고 약초를 넣고, 거기에 인삼까지 넣어 푹 고운다.

그렇게 만든 닭백숙을 들고 방으로 들어간다.
당신 주려고 닭 한 마리 잡았어.
맛있게 드시구려.
어제 먹다 남은 막걸리도 한잔 할까?
이러면서 한잔 가득 따라 할머니에게 권한다.
당신하고 마셔서인지 술맛이 너무 좋아!
그런데 잠이 쏟아지네.
그리고는 쓰러져 아침잠을 더 한다.
할아버지의 행동이 이상하다.
자식들에게도 일일이 전화를 건다.
아버지는 너희 엄마를 만나 행복했다.
너희들도 잘 커 줘서 고맙고 …
그리고는 뚜뚜 하는 신호음만 남는다.
술 한잔을 쭉 들이키며 당신을 만나 행복했소.
그리고 우리 함께 갑시다.
난 혼자서는 불안해 가지 못 할 것 같소.
이런 말을 할머니께 던진다.
젊은 시절에도 갈 때 함께 가자는 말을 많이 해 왔다.
할아버지는 막걸리에 미리 약을 탔던 것이다.
프로포폴을 탔나?
먹자마자 잠이 오네. 불법인데 …
그렇게 해 두 분은 저승길도 함께 했다.
할아버지 옆엔 침 묻은 연필로 쓴 자식들에게 보내는 글이 있었다.

뭐라고 썼느냐고요?

•

•

•

•

아버지는 너희들에게 말은 하지 않았지만,
분리불안이란 병을 앓고 있었다.
그래서 엄마를 두고 혼자 갈 수가 없구나.
함께 동행하니 저승길도 즐겁고 행복할 것 같다.
너무 슬퍼하지 마라.
엄마도 아버지와 같이 가는 게 좋은 모양이다.
콧노래를 부르며 저승 가는 언덕을 넘고 있구나.
노래 소리가 들리지 않느냐?
최성수가 부릅니다. 동행!

그 입 다물라! 내 명을 거역해!

(윗사람한테 대드는 용기와 뱃심이 …)

칭찬은 고래도 춤추게 한다.
좋은 뜻을 가진 멋진 말이다.
외국 책의 제목으로 쓰여진 것인데 우리 속담이나
외국의 명언으로, 알고 있는 사람이 많다.
난 고래를 훈련시키는 조련사가 한 얘기가 아닐까?
이런 생각을 했다.
훌륭한 의미가 있는 만큼 가려진 그림자도 클 것이다.
고래의 입장에서 생각해 본다.
칭찬을 들은 댓가로 혼신의 힘을 다한다.
그가 배워야 할 춤이 한두 개인가?
발리댄스, 비보이, 팝핀, 트위스트를 비롯해 현대무용,
고전무용 그리고 스포츠 댄스인 자이브, 탱고, 차차차 등,
수도 없이 많다.
그중에 무엇이 제일 힘 드냐고 물으니 트위스트라고 한다.
이 춤을 추고 나면 척추가 너무 아파,

한동안 걸음을 걷지 못한단다.
척추가 뒤틀리니 그럴 수밖에 …
이러니 동물학대란 얘기가 나오지 않겠나?
칭찬은 고래를 병들게 한다는 말이다.
아이들은 칭찬을 먹고 자란다는 말이 있지만,
칭찬의 역효과도 큰 만큼 특히 자녀를 두고 있는
엄마의 입장에선, 새겨 들어야할 얘기가 아닐까? 생각된다.
자식을 바른 길로 인도하기 위해선 꾸지람도 해야 하지만,
칭찬은 필수품이다.
누굴 닮아, 이 모양이야! 야단도 이렇게 치면 역효과가 온다.
송아지~, 송아지~, 얼룩송아지~~ 엄마소도 얼룩소~
엄마 닮았네~ 얼룩송아지란 동요도 모르나?
지 닮았지 누구를 닮아!
이런 아둔한 엄마 밑에서 훌륭한 자식이 나오겠나?
야단도 지혜롭게 쳐야 한다.
무엇을 잘못했는지 분명히 밝혀야 한다는 얘기다.
칭찬도 구체적으로 말해야 한다.
산수 문제를 하나 밖에 안 틀렸네.
지난번엔 3개나 X 쳤던데 … 아주 잘 했어.
다음엔 100점 받도록 하자. 이렇게 해야 한다는 것이다.
그런데 칭찬을 두리뭉실하게 넌 우리 집안의 기둥이야!
이런 식으로 말을 하면 아이에게 부담으로 작용할 수도
있다고 한다.

뿐만 아니라 혼란도 오고 …
아이는 이렇게 생각할 수도 있다.
기둥만 되면 뭐 해. 지붕도 있어야 하는데,
엄마가 왜 저럴까? ㅋㅋ
그러면서 엄마는 공부를 강요한다.
아이는 학원까지 갔다 오면 읽는 것이라곤
국어 책 밖에 없다.
문학 서적도 읽고 예능도 배워야 하는데,
거기엔 관심도 없다.
그저 학교 성적이 선두를 달리기만 바랄뿐이다.
이러니 감성이 없는 아이로 자랄 수밖에 더 있겠나?
효도도 모르고 남을 배려하는 마음도 없는,
이기적인 사람으로 성장한다.
오죽했으면 공부 잘하는 아이를 두고,
나라의 자식이라고 하겠나?
명절이 되어도 일 때문에 고향에 내려가지 못한다는
변명만 늘어놓는다.
부모 생각은 안중에도 없다.
굽은 소나무가 선산을 지킨다고 했나?
공부는 조금 쳐져도 이런 아이들은 고향을 찾는다.
당신은 어떤 자식을 원하는가?
그런가 하면 국어 책만 읽고 자란 사람은 품격 없는 말도
함부로 내뱉는다.

공부 좀 못해도 효도하고 말도 공손하게 하며,
자주 찾는 자식이 좋던데 …
공부가 뭐 그리 중요해!
오늘도 방향 설정이 조금 잘못된 것 같다.
칭찬의 역효과에 대해 얘기하려고 했는데 … 죄송!
그러자 오늘 글! 재미있고 유익하다며,
내게 칭찬을 주변에서 쏟아 붓는다.
이모티콘도 찍어 보내고 글이 최고라며 감당하기 어려운
댓글도 보낸다.
순서야 좀 뒤바뀌면 어떻느냐?
다 알아 듣는 다며 재미있다고 한다.
지금부터 하면 되지 뭘 그렇게 고민하느냐고요?
그래서 방향을 바로 잡아 얘기를 한다.
얼마 전! 중앙에서 지방으로 발령을 받았다는 젊은이가
내게 하소연을 한다.
그는 새로운 부서에 적응하기도 전인데,
상관의 칭찬에 고개를 절레절레 흔든다.
칭찬 들어 기분 나쁠 사람이 어디 있겠나?
술 한잔 하며 그의 얘기를 들어 보니 저거나 내나
똑같은 사람인데 왜 그렇게 칭찬을 하는지 모르겠다며,
부담스럽다고 말한다.
중앙에서 왔으니 뭔가 다르다.
내년도에는 실적이 크게 향상될 것이다.

이런 식으로 사람을 공중에 띄운다.
날개도 없는데 추락할까봐 두렵단다.
이제 보니 너 별 것 아니구나. 내가 잘못 봤네.
이런 소릴 들으면 어떡하나.
한시도 그런 생각이 머릿속을 떠나지 않는다고 얘기한다.
칭찬받을 때 조심하라는 말도 있지 않던가?
칭찬은 독이 될 수 있다.
항상 새로운 아이디어와 작품을 만들어 내야 하는,
부담감에 시달리던 한 디자이너가 이런 말을 했다.
심리적 부담감이 크다는 얘기다.
그도 승진을 앞두고 있고 요즘 직장 상사의 말이 부담돼,
스트레스가 말이 아니라고 한다.
잠도 제대로 잘 수가 없고 밥맛도 엉망이란다.
승진을 앞둔 중요한 시기이다.
얼마나 슬기롭게 넘기느냐에 따라 앞으로의 인생이
달려있다고 말하며, 피에르 가르뎅의 얘기를 그에게 했다.
그는 이태리 베니스의 부유한 상인의 아들로 태어났지만,
2차 세계 대전 후 그의 집은 몰락한다.
옷도 사 입을 돈이 없어 직접 자신이 만들어 입는다.
그의 모습을 본 귀부인이 그 옷을 어디에서 샀느냐고 묻는다.
아주 멋지다는 칭찬과 함께 …
이 말 한마디가 그를 유럽 최고의 디자이너로 만든다.
이 얘기를 들려주며 상사의 칭찬을 지렛대로

활용해 보라고 했다.

그러자 한숨을 내쉬며 승진은 글렀다고 한다.

어쩌면 잘릴지도 모른다며 상황 끝! 이란다.

어찌 했 길래 그런가 하고 묻자, 해서는 안 될 말을 했다나?

무슨 말을 …

•

•

•

•

그 입 다물라! 내 명을 거역해!

칭찬 대신 이런 말을 해라.

이렇게 소리를 질렀다나?

얼마나 스트레스를 받았으면 큰 소리를 쳤겠나.

불쌍한 월급쟁이! 내년엔 꼭 승진을 했으면 좋겠다.

그의 사운을 빌어 본다.

그 후 젊은이가 걱정돼 흥신소를 통해 알아봤다.

그는 승진됐고 지금은 회전의자에 앉아 주로 도장 찍는 일로,

하루를 보내고 있단다.

윗사람한테 대드는 용기와 뱃심이,

그를 그렇게 만들었다나?

의사와 신부

(난 너를 놓아줄 수가 없구나)

삶은 무엇이고 죽음은 어떤 모습으로 다가올까?
여기에 대한 답을 내리기는 무척 어려울 것이다.
부처님도 이 문제를 가지고 고행을 했고, 하느님도
그 답을 내리는데 많은 시간을 보냈지 않았나?
생각된다.
10여년 전에 모 의사가 암 환자분에게,
이런 얘기를 했다고 한다.
암이 중요한 것이 아니라 죽어서 얼마나 좋은 곳에
가느냐를 생각해야 한다고 …
삶과 죽음을 다룬 영화/디스커버리가 떠오른다.
영화에선 사후 세계의 증거를 찾기 위해 노력하지만,
실패로 끝난다.
영화 속엔 사후 세계가 좋아, 자살하는 이가 많다고 그리고 있다.
종교적인 신념을 가지고 본다면, 나름대로의 의미는
있을 것이다.

의사가 육체의 질병을 고친다면, 신부는 마음의 고통을 치유하는 성직자다.

그분은 카톨릭 신자이다.

그래서 열심히 성당에 나가 하느님을 만난다나?

이승에서처럼 죽어서도 호의호식(?)하고,

명예를 가질 수 있도록 도와 달라고 기도한단다.

삶과 죽음의 기로에 서 있는 암 환자에게,

할 말은 아닌 것 같다.

상대를 배려하지 않은 행동이다.

그분은 하늘나라의 모습을 보고 하는 말일까?

아니면 디스커버리란 영화를 봤던 것일까?

그분은 의사라기 보다, 병을 고치는 기술자로 보인다.

차라리 스님이나 신부님 같은 성직자가 적성에 맞을 것 같다.

성직자도 그런 말은 하지 않는데 …

괜찮으려나?

어제 밤에 친한 친구로 부터 문자 한통을 받았다.

그 내용을 직접 글로 옮겨 본다.

친구야 우리가 어떻게 만났는데 하늘도 무심하시지,

또 다시 갈라놓으려 하시니~

다음 목요일이 만나는 날인데 ~~ 미안하구나.

무한정 미루어야만 될 것 같다.

놀라지 말아라.

일주일 전에 요로결석 때문에 CT를 찍었는데,

갑자기 폐암이래요.
지금은 병원에 입원 중이다.
다른 곳에 전이가 되었는지 확인하기 위해,
어제는 머리 쪽을 찍고 월요일엔 다른 부위를 촬영할 예정이다.
친구야!
죄 짓지 않으며 살려고 노력했다네.
그런데도 내게 이런 병이 온 것을 보면,
전생에 지은 죄가 많은가 보다.
친구야 정말로 미안하다.
금방 죽기야 하겠나마는 이제 서서히 마무리를 할까? 한다.
친구야 미안~~
이런 내용이다.
친구는 지금 절벽 위에 홀로 서 있는 기분일 것이다.
어떻게 위로를 해야 할 지, 당황스럽다.
내가 그에게 보낸 답신이다.
친구야! 너무 황당하구나.
지난달에 만날 때도 건강하지 않았나?
어찌 이런 일이 …
너무 위축되지 말고, 용기를 잃지 않았으면 좋겠다.
치유의 기적이 곳곳에서 나타나고 있다.
현대 의학도 많이 발전했고 예전엔 암 = 죽음이었지만,
지금은 그렇지 않단다.
우리나라의 경우 치유율이 60%가 넘는다고 하는구나.

절망은 죽음으로 가는 계단이지만, 희망은 삶을 향한
지렛대가 될 수 있거든.
한번 왔다가 한번 가는 인생인데 니가 이기나, 내가 이기나?
도전장을 내어 보기 바란다.
넌 항상 이겼잖아! 이번에도 이겨야지. 질 수는 없잖아.
그리고 어느 병원에 입원해 있나?
친구를 위해 기도할게. 부디 힘내길 바란다.
친구와의 인연은 50년이 조금 넘는다.
하지만 20대 초반에 헤어졌다가 45여년 만에 다시 만났다.
누가 이 사람을 모르시나요?
30년 넘게 헤어져 살아야했던 분단의 아픔을 대신한 노래다.
1983년 이산가족 찾기보다 더한 세월이 흘렀다.
만남이 성사되기 까지는, 친구의 헌신적인 노력이 있었기 때문이다.
가난하게 성장했고 성실히 살았는데, 남은 여생마저
이렇게 빼앗긴다면 너무 불공평하다.
신이 그렇게 할 리는 없다.
45년 전 간암으로 헤어진 친구도 있었는데,
이 친구가 또 폐암이라니 …
뒤통수를 한대 얻어맞은 기분이다.
내가 전생에 죄를 많이 지은 것 같다.
서로에게 미안하다고 말하는 게,
친구란 단어 속엔 녹아있는 게 아닐까?
정작 큰 병을 진단 받고도 미안하다는 말부터 먼저 한다.

아울러 그런 병이 온 것도 전생에 죄를 많이 지어서
그런 것 같다며, 자신의 탓으로 돌린다.
착한 심성의 소유자다.
그러면서도 우리가 어떻게 다시 만났는데,
또 갈라놓으려 한다며 하늘도 원망한다.
그리고 말미엔 이제 서서히 정리하겠다는 뜻도 내비친다.
얼마나 슬펐겠나?
친구는 죽음이 괴로운 것 보다, 사랑하는 모든 이와의
작별이 야속했을 것이다.
천진난만한 어린 시절로 돌아가 본다.
세월이 반세기를 돌았으니 너무 많은 시간이 흘렀다.
나도 그렇지만 그도 가난한 집안에서 태어났다.
먹고 싶은 것도 먹지 못하고, 하고 싶은 것도 하지 못하며 살았다.
이제 그는 70을 턱걸이 하고 있다.
건강하게 산다고 해도 남은 여생이 얼마나 될까?
그동안이라도 친구의 이름을 마음껏 부르며 살고 싶다.
그런데 이게 웬 청천벽력인가?
부를 때마다 내 가슴에서 별이 되는 이름!
존재 자체로 내게 기쁨을 주는 친구야!
(중략)
내가 아플 땐 제일 먼저 달려오고, 슬픈 일이 있을 땐
함께 울어주며, 기쁜 일이 있을 땐 나보다 더 기뻐해 주는
고마운 친구야!

이해인님의 "친구에게"란 시의 일부분이다.
친구는 괜찮을 것이란 생각이 든다.
폐에 문제가 있어 병원을 찾은 게 아니라,
요로 결석으로 진료를 받았다.
그러니 몸에서 증상을 느끼지도 못하는 초기에,
병을 알아낸 셈이다.
폐암이라고 해도 조기 발견하면 치료가 가능하다.
친구야! 호랑이한테 물려가도 정신만 차리면 산다는 말이 있다.
용기 잃지 말고 힘내길 바란다.
이제 서서히 정리하겠다는 말은 없었던 것으로 하자.
오래토록 우정을 나누며 살아야하지 않겠나?
"친구에게"란 시를 쓴 이해인 수녀님도,
2008년에 직장암을 앓았다고 하더구나.
지금도 건강하게 살며, 시도 쓰고 수필도 써 내려가는 분일세.
절망하지 않도록 하느님께 기도할 게. 사랑한다.
그리고 난 너를 놓아줄 수가 없구나.

백세까지는 데리러 오지 않을 것 일세

(저승사자인 내게 할 소리인가?)

이별만큼 슬픈 단어는 없다.
부모 형제의 죽음 보다 더 큰 슬픔을 안겨주는 게,
배우자와의 헤어짐이라고 한다.
오늘 얘기하려고 하는 것은 배우자나 부모 형제와의
사별이 아니다. 친구의 죽음이다.
그는 한평생 소아마비로, 불구의 삶을 살다가 갔다고
말한 적이 있다.
그때가 전방에서 군 복무중이라 그를 보기가 어려웠다.
소대장인 나는 중대장에게 친구의 죽음이 임박했다며,
부산으로 보내 줄 것을 청원했다.
그 양반 하루 만에 갔다가 내일 아침에 출근하라고 명한다.
결국 간암으로 죽음을 맞이한 친구를 보지도 못한 채 보냈다.
하루 만에 다녀오겠다며 휴가를 갔어야 했는데 …
후회스럽다.
우리 어머니가 판사나 장관이라면 그랬을 수도 있었을 것이다.

가난한 민초의 집안에서 자란 나로서는 그럴 배짱이 없었다.
그게 벌써 45여년 전의 일로 그때 친구는 22살이지 싶다.
불쌍하고 애처롭다.
하지만 한편으론 하느님의 나라로 가서 편안한 안식을
취하는 것이, 그에게 도움이 됐을 것이란 생각도 든다.
인간 세상이 얼마나 힘들고 어려운가?
생존경쟁에서 살아남는 자만이, 그나마 흰 쌀밥에 고깃국을
먹을 수 있기 때문이다.
불구의 몸으로 살아남기란 쉬운 일이 아닐 것이다.
세월이 많이 흘렀지만 지금도 그 친구를 생각하면 눈이 아린다.
이번에는 또 오랫동안 헤어져 있다가 만난 친구가
폐암 진단을 받는다.
그것도 진행이 빠르고 전이가 잘 된다는 폐 소 세포 암이란다.
하느님은 왜 내게 친구의 죽음을 이렇게 들이 미는가?
내하고 무슨 원수가 졌다고 이러는지 모르겠다.
하느님!
내게 서운한 게 있으면 말로 풉시다.
내가 술 한잔 살게요. 중국 요리로 모실까요?
아니면 일식도 좋은 데, 그게 마음에 들지 않으면
한국의 궁중요리는 어떨 런지 … 말씀 좀 해 보세요.
아니, 아가씨가 필요하면 기생집으로 가셔도 됩니다.
화를 풀고 제 청을 들어 주십시오.
오해가 있으면 용서하고, 서로 사랑하면 되지 않겠소?

난 친구를 이렇게 보낼 수 없습니다.
폐암으로 투병중인 친구는 기골이 장대하고 지금까지 싸워서
한 번도 진 적이 없는 파이터다.
70~80여년 전에 우리 민족을 위해 활동했던,
당대 최고의 주먹 김두한과 견줄 만한 사람이다.
그도 당대 최고의 파이터 시라소니를 만난다.
시라소니는 중원을 평정하고 남쪽으로 내려온다.
정말 그들이 만났으니 세기의 대결이다.
요즘 같았으면 지상파 3사가 중계방송을 하고,
난리를 떨었을 것이다.
그때 그 시절엔 그런 것도 없었고, 두한이가 먼저 무릎을 꿇는다.
하지만 이를 두고 시라소니는 "내가 그 친구한테 졌어"
이렇게 회고한다.
프로는 프로를 알아본다고 했던가?
내 친구도 두한이 같은 인물이다.
져 본 적이 없는 이 시대 최고의 주먹이라고 말하고 싶다.
그런 그가 저승사자와 한판 대결을 붙는다면 어떨까?
난 승산이 있다고 본다.
그런데 지금 저승에서 온 넘이 먼저 친구에게 도전장을 내어 민다.
폐암이란 무기를 들고 …
3라운드로 접어들었다.
이 친구는 태권도 5단에 권투 5단(?) 합이 10단이다.
이 얘기를 하고 있는 도중에 7라운드로 접어들었고,

서로가 지친 기색이 역력하다.
정치 9단이라고 하는 사람이, 권력의 실세로 부상했다.
나는 새도 떨어뜨린다는 그 옛날 중앙정보부와 비슷한 자리다.
친구는 그보다 단수가 1단이나 높은 10단이다.
그런 그가 많이 맞는다.
저러면 죽을 수 있다며 중계방송 해설자가
정치인을 부르자고 제안한다.
내 명을 거역 해!로 역사에 길이 남을 또라이가
있지 않느냐며, 그 여인을 오라고 해 한마디 부탁하는 것도
좋지 않겠느냐고 말한다.
링 위로 올라와 저리 꺼지지 못할까?
내 명을 거역 해! 이러면 이길 수 있다며,
저승사자에게 호통 칠 것을 요구한다.
하지만 친구는 손사래를 친다.
죽었으면 죽었지 그런 부당한 경기는 치루고 싶지 않다고
얘기한다.
이 모습을 본 저승사자는 헛소리 하지 말라며
들은 척도 않는다.
그러면서 속으로 상대가 괜찮은 넘이라고 생각한다.
아직 마지막 1라운드가 남았다.
누가 승리할 것인지 아무도 모른다.
친구는 저승사자한테 잡히면 죽는다는 것을 알고 있다.
그에게 잡혀 끌려가지 않은 사람이 없다.

우리나라 최고의 레슬러 이왕표도, 그 넘한테 잡히는 바람에
맥없이 이승을 하직했다.
그래서 친구는 링을 빙빙 돌며 기회를 주지 않는다.
그렇다고 칼을 빼 들지도 않는다.
경기 규칙을 준수하고, 페어 플레이를 펼친다.
그의 손놀림엔 거짓도 위선도 찾아 볼 수가 없다.
헛점이 보일 때 그의 주특기인 돌려차기와 한방을
준비하고 있다.
난 친구가 이기기를 하느님께 간절히 기도하고, 갈구한다.
우리 인간은 하느님 손바닥 위에 있는 한줌의 흙에 불과 하다.
그 흙이 이승에서 예쁘게 살다가, 주님의 곁으로 갈 수 있도록
손 모아 바래본다.
기도 중에 경기가 끝난 것 같다.
마지막 라운드를 보지 못했다.
친구가 이겼을 것이라는 생각은 들지만,
확인하지 못했기에 불안하다.
저녁 9시 뉴스에서 그의 모습을 볼 계획이다.
눈이 째지고 얼굴이 퉁퉁 부은 모습의 친구가
화면에 비친다.
저승에서 온 넘도 보통이 아니다.
그도 역시 팔이 부러지고, 갈비뼈가 두 대나 나갔다고 한다.
그러면서 친구 보고 넌 보통이 아니야!
정말 센 넘이야.

그리고 너의 정직함에 내가 졌네.

히라소니가 두한이 한테 말 한 것처럼 그도 그렇게 얘기하며 저쪽으로 갔다나?

그러면서 "내 명을 거역해!"

저승사자인 내게 할 소리인가?

그건 말도 안 되는 교만이지.

내가 장기 졸卒인 줄 아나?

이러면서 자네 대신 그 여자를 데리고 갈 것이라고 한다.

그래서 싸움을 끝낸 것이라나?

그러면서 한마디 덧붙인다.

•

•

•

•

친구하고 예쁘게 우정도 나누며 잘 살아!

백세까지는 널 데리러 오지 않을 것 일세.

안녕!

그를 살릴 수 있는 로프를 …

(밥값은 하는 넘이거든)

오래 전! 부산에서 아파트 화재가 났다.

그때의 상황을 잠시 소개한다.

매캐한 연기가 스며들고 있다는 것을, 그는 잠결에서도 느낀다.

일어나 집 안팎을 둘러본다.

아래층에서 뜨거운 열기가 위로 향한다.

그는 본능적으로 큰방으로 뛰어들어 아내를 깨운다.

그러고는 아내에게 뛰어 내리라고 말한다.

그의 아파트는 20층이다.

항우장사도 그 높이에선 살아남 지 못할 것이다.

정신이 나간 행동이다.

그는 베란다 쪽으로 향한다.

뜨거운 열기가 쏟아지자 이성을 잃는다.

미친 사람이라고 욕할지 모르지만, 그런 상황이라면 충분히 이해가 된다.

그릴 위에서 굽히는 고기 신세가 다가오고 있는데,

당신 같으면 어찌 하겠나?
그는 아내에게 뛰어 내리라고 말하며 솔선수범을 보인다.
아내는 평소 남편의 행동에 신뢰감을 갖고 있지 않다.
젊은 시절! 그는 외박을 하고도 아내에게 곧 들어갈게.
이렇게 전화로 속삭였거든.
칠순이 다 되어 가는 나이지만 아내는 그때의 트라우마를
갖고 있다.
그녀는 추락한 남편을 물끄러미 쳐다보면서,
살 길을 모색한다.
그녀는 등산을 좋아했고 특히 산악 등반도 평소 즐겼다.
아마 중에선 프로 정도이다.
순간 로프를 떠 올린다.
줄을 몸에 감고 베란다 난간에 고리를 건다.
그러고는 암벽 타기를 하듯 밑으로 향한다.
아래 집 창문을 발로 차며 사람 살려라! 고 소리 친다.
그때는 모두가 잠든 새벽 시간이다.
하늘이 무너져도 솟아날 구멍이 있다고 했던가?
아래 집 개가 짖기 시작한다.
그렇게 해 그녀는 목숨을 구한다.
개를 집에서 키우는 이유를 알 것 같다.
밥값은 하는 넘이거든.
사람이 살다 보면 이런 일들을 종종 경험한다.
엇그제 폐암 진단을 받은 친구의 병문안을 다녀왔다.

그는 그동안 어떤 증상도 없었다.
요로 결석이란 비뇨기 계통의 질병으로 병원을 찾았다가,
폐암이라는 말을 듣게 된다.
조기발견으로 치유가 가능할 것이란
막연한 생각으로 그를 찾았다.
그런데 그는 폐 소 세포 암으로 예후가 좋지 않은 병이다.
빠르게 진행하며 전이가 잘 되는 특징을 가지고 있다.
전조증상이 없고 발견이 되면 말기인 경우가
대부분이라고 한다.
그도 그런 케이스다.
슬프고 속이 상한다.
이 일을 어찌 해야 하나?
정말 울고 싶은 심정이다.
오진이었으면 좋겠다.
그는 20대 초반에 나와 헤어져 45여년 만에 다시 만난 친구다.
헤어짐이 긴만큼 더 많이 그리고 더 오랫동안 사랑하며
살자고 했다.
그런 그가 죽음과 싸우고 있다.
사랑할 수 있을 때 사랑하지 않았더니,
사랑하고 싶을 때 사랑할 수 없었다.
이런 글이 생각난다.
아파트 화재로 남편은 아래로 뛰어 내려 죽음을 맞이한 반면,
그의 아내는 로프로 삶을 이어 나간다.

친구의 심정이 이와 같을 것이다.
절벽 위에서 두 손으로 바위를 잡고 있는 그런 형국이다.
친구에게도 그를 살릴 수 있는 로프를 하느님께서
내려주시기를 간절히 기도한다.
이 세상에 영원한 것은 아무 것도 없다.
만남의 끝엔 항상 이별이 따라 다닌다.
어쩌다 생각이 나겠지.
냉정한 사람이지만, 그렇게 사랑했던 기억을 잊을 수는 없을 거야.
때로는 보고파 지겠지.
둥근달을 쳐다 보며는 그날 밤 그 언약을 생각하면서,
지난 날을 후회할 거야.
(중략)
잊을 수는 없을 거야,
패티 김이 부른 이별이란 곡의 가사다.
나는 친구와 이렇게 헤어지고 싶지는 않다.
벚꽃이 만개한 봄날이다.
돌담 사이에 예쁘게 핀 꽃들이 많다.
어떤 이는 꽃의 아름다움을 눈에 담는다.
그런가 하면 집에 가지고 가서 오랫동안 보려고
꽃을 따는 사람도 있다.
정말 이기적으로 남을 배려하는 마음은 눈곱만큼도 없다.
친구는 누구나 탐내는 사람이다.
베풀고 살며 칭찬과 격려도 아끼지 않는 마음이 부자이다.

이런 그를 하느님이 데려 간다면, 꽃을 꺾는 사람과
무엇이 다르겠나?
신은 배려도 알고 사랑도 안다.
그렇게 하지는 않을 것이다.
나쁜 마음을 가진 사람은 벌을 받고 착한 사람은
하늘의 보살핌을 받는다는, 우리 전래 동화
"해님 달님"의 얘기가 생각난다.
떡 하나 주면 안 잡아먹지!
이렇게 말하는 호랑이의 대사!
누구나 어릴 때 한번쯤은 들어 봤을 것이다.
나무 위로 피신한 오누이는 호랑이에게 잡아먹히기 직전에,
하느님께 기도한다.
하느님! 저희들을 살려 주세요.
튼튼한 동아줄을 내려 주세요.
오누이는 동아줄을 꽉 잡고 하늘로 올라간다.
어둠을 무서워하던 누이동생은 해가 되고, 오빠는 달이 된다.
반면에 나쁜 짓을 하던 호랑이이겐, 썩은 동아줄이 내려와
죽게 한다는 줄거리다.
친구에게도 삶의 동아줄이 내려오기를,
진심으로 기도하며 바래본다.
나무 밑에 있는 먹이 하나를 가져가기 위해,
개미 여럿이 힘들게 들고 나르는 모습을 보았을 것이다.
발로 밟아 문지르면 그 개미는 자신의 의사와는 관계없이,

죽음을 받아들일 수밖에 없다.

그런데 어렵게 먹이를 옮기는 그들이 너무 착하게 보인다.

그래서 인간은 차마 그렇게 하지 못한다.

저 미물도 생명인데 …

하느님께서도 하늘에서 인간을 보면,

개미와 다를 바가 없을 것이다.

죽음과 삶을 관장하는 주님의 은총이,

친구에게도 내려졌으면 좋겠다.

이제 내가 쓰고 있는 글도 종착역을 앞두고 있다.

헤어짐이란 몸에 배여 있지 않은 서툰 언어를 써야 할 것 같다.

이글이 책으로 나와 친구가 읽어 보기를 바란다.

그리고 다음에 낼 책도, 또 그 다음에 낼 책도 읽고,

또 읽고 … 오래 오래 건강하기를 소망한다.

사랑의 반대말은 싫어함도 아니요. 미워함도 아니다.

사랑하지 못하는 … 사랑할 대상이 없다는 것이다.

삶과 죽음 사이에서 줄다리기를 하고 있는 친구가 애처롭다.

하루 빨리 쾌유를 바란다.

그가 건강을 회복해 오래토록 사랑하며,

함께 늙어갈 수 있기를 희망 한다

닫는 글

(밥만 축내고 산다는 말을 들어서야 되겠는가?)

정글에 혼자 떨어진 인간 모글리가 늑대들의 무리에서
자라다가 인간을 만나지만, 사람 속에 있기를 거부하고
정글의 영웅으로 살아간다는 줄거리의 영화 모글리!
그가 그렇게 살 수 있었던 것은, 함께 생활하던 짐승들의
도움이 있었기 때문이다.
인적 자원의 네트워크가 잘 형성되어, 그가 위험에 처할 때마다
늑대를 비롯해 뱀, 곰, 재규어, 코끼리 등
동물이란 동물은 모두 나와 인간 늑대를 에워싸며
그들의 적인 호랑이의 공격을 막아낸다.
우리 집 반려견도 가겠다며 KTX 열차표를 끊어 달라고 해,
혼이 난 적이 있다.
그 넘 그것! 몸집은 작아도 대단한 넘이다.
반려견 주제에 …
벗 테크가 중요함을 시사하는 대목이다.
인적 네트워크는 생명까지 구할 수도 있다.

처칠과 플레밍의 일화가 이를 대변한다.
어릴 때의 이야기다.
처칠이 시골에서 수영을 하다가 물에 빠져 허우적거리자,
시골 출신 플레밍이 그를 구해주게 된다.
이일로 가난한 그에게 도움을 줄 테니,
소원을 말하라고 얘기한다.
그는 의과대학에 진학해 의사가 되고 싶다고 말한다.
훗날 처칠이 수상 시절! 폐렴에 걸려 사경을 헤매고 있을 때,
플레밍이 개발한 페니실린이 공수돼 처칠을 살릴 수 있었다는
일화는 너무나 유명하다.
이렇듯 인맥은 사람을 살리기도 하는 큰 재산일 수도 있다.
또 미국에서 연구한 결과가 흥미롭다.
술, 담배가 수명에 무관한 것은 아니나, 오래 사는 사람들의
대부분이 친구가 많다고 한다.
인생의 희로애락을 함께 나누다 보면, 스트레스를 덜
받는다는 것이다.
술, 담배를 친구(?)로 삼는 것도 나쁘진 않을 것 같다는
개인적인 생각도 가져본다. ㅋㅋ
스트레스 해소엔 술, 담배만한 것이 없기 때문이다.
기쁨은 함께 나누면 두 배로 늘고, 슬픔은 반으로
줄어든다는 말도 있지 않는가?
오래 살려면 친구를 늘려라!
하지만 함께 할 친구를 만든다는 것은 쉬운 일이 아니다.

버리기는 쉬워도 가지기는 어려운 것이 친구이기 때문이다.
그렇게 볼 때 현재 가까이 지내는 사람의 관리가,
더 중요하다고 할 수도 있다.
그리고 건강해야 한다는 것이다.
거리를 지나다 보면 네발로 걷는 노인이 눈에 많이 띈다.
솔직히 말해 네 발로 걷는 사람과 친구 하겠다는 사람이
몇이나 될까?
건강해야 친구도 생길 수 있다.
이성간의 친구는 더 그러할 것이다.
곧 요양병원에 갈 것 같은 사람과 친구하면,
무자격 간병 보호사 말고는 할 일이 있겠는가?
그래서 건강 테크가 필요하다.
요양병원과 가까이 하지 않으려면 지금부터라도
많이 걷고 움직여야 한다.
우유를 먹는 사람 보다, 배달하는 사람이 더 건강하다는
말도 있지 않는가?
이렇게 해 오래 산다고 좋아할 일만은 아니다.
돈이 받쳐 주지 못하면 인간다운 삶을 살기가 어렵다.
가진 것 모두 자식한테 주고, 손가락 빨고 있는
노인들을 보면 안쓰럽다.
절대로 자식한테 다 주지 말고 은행에 맡겨라.
보관료는 없다고 한다.
그리고 하는 일이 없다면 취미생활을 권하고 싶다.

요즘 복지관이나 구청!
이런 곳에서 노인들이 놀 수 있는 공간을 많이 만들고 있다.
밥도 2천원이면 먹을 수 있고 거기서 하루 종일 공부하고
취미생활을 즐겨도, 뭐라고 말 할 사람은 아무도 없다.
공부도 하고 취미생활도 여럿이 함께 할 수가 있으니,
자연스레 친구도 만들 수 있을 것이다.
집에서 방구들 짊어지고 삼식이 소리를 듣지 않으려면,
대문을 박차고 나와라!
우아한 노년을 위해선 취미생활도 재테크 할 필요가
있지 않을까? 싶다.
취미생활을 열심히 하다 보면,
어느 날! 아마추어에서 프로로 우뚝 선 자신을
발견할 수도 있다.
일본의 100세 시인 시바다 도요 할머니는 90이 넘어
시를 썼고 약해지지 마, 바람과 햇살과 나 …
이런 시들로 일본인의 감성을 자극해
100만부 이상의 시집이 팔렸다고 한다.
바람이 유리문을 두드려 문을 열어 주었지.
그랬더니 햇살까지 따라 들어와 셋이서 수다를 떠네.
할머니 혼자서 외롭지 않아?
바람과 햇살이 묻기에 사람은 어차피 다 혼자야.
나는 대답했네.
"바람과 햇살과 나"란 시의 일부이다.

그 연세에 어찌 이런 소녀 같은 감성이 있었는 지,
그저 놀라울 따름이다.
이런 것을 봐도 늙음을 한탄하기보다, 자신이 좋아하는
것에 도전하는 것도 좋을 듯 싶다.
취미는 영원히 변치 않는 절친이 될 수 있기 때문이다.
마지막으로 베풀고 봉사하는 삶을 사는 것도 노후에 필요하다.
의미 없는 삶은 제대로 된 인생이라고 말할 수 없을 것이다.
밥만 축내고 산다는 말을 들어서야 되겠는가?
도움을 받는 쪽보다 봉사하는 사람이,
더 행복하다는 말이 있다.
비오는 날! 초라한 모습의 할머니가 백화점 앞을 서성인다.
이 모습을 멀리서 본 백화점 직원이 할머니에게 다가와
안으로 들어오라고 한다.
비가 그칠 때까지 기다렸다가 가시라는 것이다.
자판기(?) 커피까지 한잔 뽑아 드리면서 …
그러자 할머니는 그에게 명함을 부탁한다.
그날 저녁! 아들에게 오늘 있었던 일을 얘기하며,
명함을 아들 손에 쥐어준다.
할머니의 아들은 철강 왕/ 카아네기 이다.
다음날 아들은 백화점으로 찾아가
그 점원에게 감사를 표한다.
후에 점원은 카아네기가 운영하는 회사의 사장이
된다는 내용이다.

나무는 조금 틀렸을 수 있다.

오래 전에 읽었던 글이라 기억이 가물가물하다.

하지만 숲은 그렇다는 얘기다.

남을 돕는 일을 하면 때로는 로또보다 더한

행운이 찾아오기도 한다.

봉사 테크의 끝판 왕이다.

기억이 외출나가기 전에 남은 시간을 재미있고,

의미있게 살았으면 얼마나 좋을까?

이런 생각도 해 본다.

그러기 위해선 건강 테크, 재 테크, 벗 테크, 취미 테크,

봉사 테크! 테크란 테크는 다 해야겠다.

이 글을 읽는 모든 분들이 행복하길 바라면서 …

이제 『까칠한 남자의 횡 · 설 · 수 · 설』도 접어야 할 것 같다.

•

•

•

•

그동안 읽어 주심에 감사드린다.

까칠한 남자의 횡·설·수·설

초판1쇄 발행 2020년 9월 22일

엮은이 이승건
펴낸이 하상규
펴낸곳 새문화출판사

주소 부산광역시 동래구 안락1동 522-6
전화 051) 522-1607
핸드폰 010-5091 1607
전자우편 ha2677@hanmail.net
출판등록 2009년 12월 3일 제2009-000008호
인쇄 세종출판사 T. 051-463-5898

ISBN 978-89-964486-7-9 [03810]

정가 15,000원

이 도서의 국립중앙도서관 출판예정도서목록(cip)은 서지정보유통지원시스템 홈페이지(http://seoji.nl.go.kr)와 국가자료공동목록시스템(http://www.nl.go.kr/kolisnet)에서 이용하실 수 있습니다.(cip2020040044)